U0899816

潤德堂叢書全編⑥

选吉探原 八字萬年曆

[清] 袁树珊◎撰

谢路军◎主编

郑同◎校

华龄出版社
HUALING PRESS

责任编辑：薛　治
责任印制：李未圻

图书在版编目（CIP）数据

润德堂丛书全编．6／（清）袁树珊撰；谢路军主编．
—北京：华龄出版社，2018.10
ISBN 978-7-5169-1315-4

Ⅰ．①润…　Ⅱ．①袁…②谢…　Ⅲ．①袁树珊—文集
Ⅳ．①Z424.9

中国版本图书馆 CIP 数据核字（2018）第 257592 号

书　　名：润德堂丛书全编．6：选吉探原　八字万年历
作　　者：（清）袁树珊 撰　谢路军 主编

出版发行：华龄出版社
地　　址：北京市东城区安定门外大街甲 57 号　**邮　　编：**100011
电　　话：（010）58122246　**传　　真：**（010）84049572
网　　址：http://www.hualingpress.com

印　　刷：三河市九洲财鑫印刷有限公司
版　　次：2020 年 5 月第 1 版　2025 年 5 月第 3 次印刷
开　　本：710×1020　1/16　**印　　张：**14
字　　数：210 千字
定　　价：38.00 元

《润德堂丛书六种》出版说明

中国术数学本是周易象数学发展起来的分支，它最初奠基于战国时期驺衍为首的阴阳家学派，汉代兴盛一时，后流入道教，被道教占验派所宗。占验派道士皆精研易理，推崇象数易学，并将之用于社会、人事等未知事物的预测，创造出丰富多彩的占验术数。在一定意义上说，术数学乃是一种杂有迷信成分的社会、人生预测学。中国历史上由于家长制封建政权的压迫，民众中封建迷信思想盛行，缺乏现代科学实证精神和人文思想的启蒙，术数学著作中杂有大量非科学的迷信内容是毫不足怪的。然而我们知道，一些术数在中国流传数千年，必有其本身存在的价值和流传的社会原因。在这些社会原因没消除之前，社会上的术数占验活动根本无法禁断。追求预知社会、人生、事物的未知状态是人类一个永恒的目标。如果一些追求预知的术数活动要以是否应验来寻求在社会上的立足之地，必然被社会实践迫使它们暗中向科学靠拢。科学研究是没有禁区的，术数学必将成为中国科学史、哲学史与其他社会科学领域研究的重要课题。[①]

《润德堂丛书六种》是是清末著名易学家、术数学家袁树珊先生的著作，包括《新命理探原》、《命谱》、《述卜筮星相学》、《中西相人探原》、《大六壬探原》、《选吉探原》等六种，因袁树珊先生行医的堂号为“润德堂”而得名。《润德堂丛书六种》代表着中国的术数文化发展到一定阶段后，中华文明对术数文化的新认识，破除了以往的对古人和古书的盲目推崇，重新以中国文化的视角，对清以前的术数之学进行了科学总结和批判。指出：术数学是中国文化的一部分，有劝善指引之功能。术数学只是对事务发展趋势的一种推断，仅具有参考之用，不可执着和迷信。作者学问广博，知行并举，故而此丛书是中国学术史上非常重要的著作，对于中国传统文化的研究，有重要的学术价值。

① 见胡孚琛教授著《道学通论（增订版）》，社会科学文献出版社，2004年6月第2版。

中央民族大学教授、博士生导师谢路军先生长期从事宗教学、术数学的教学与研究，亲自主持了本书的编纂和出版工作。《润德堂丛书六种》作为中国道教协会术数学研究的重点课题，已经被列入中央民族大学2010年重点古籍整理目录，并被推荐列入2010年全国高校古籍整理目录。相信本书的出版，将为道教学的学者们和术数学的研究者们提供一个最好的、最完善的版本，并为推进国学的研究，作出重要贡献。

选吉探原凡例

一　邱平甫《选吉歌》云："方方位位煞神临，避得山过向又侵。只有山家真旺处，天机妙处好留心。枝如不合干中取，迎福消凶旺处寻。任是罗睺阴府煞，也须藏伏九泉阴。"读此可知选吉以干枝衰旺为体，方位神煞为用。若泥于神煞，不辨衰旺，有用无体，岂能迎福消凶乎？本编大旨论神煞，则专以随从太岁月建之重要者为主；论选吉、造葬，则以干枝正五行旺气，扶龙、补山、益化命、助本命为主。入学、上官、婚姻、嫁娶、开市、交易、栽种、牧养等事，则以辅佐值事人本命为主。其余琐碎怪异之神煞，概置不论。

一　《协纪辨方书》所载神煞虽多，而开山立向修方吉者，年家惟岁德、岁德合、岁枝德、岁禄、岁马、阳贵、阴贵、奏书、博士、三元紫白而已，月家亦惟天道、天德、天德合、月德、月德合、月空、贵人、禄马、三元紫白、八节三奇而已。余如盖山黄道、通天窍、走马六壬、四利三元，按其实际，与岁德、岁德合，小异大同。本编论开山、立向、修方，皆基于此。年家只载岁德、岁德合，月家亦只载天道、天德诸吉神，余均不论。惟精惟一，庶趋避较简易尔。

一　本编开山立向修方凶者，年家只载太岁、岁破、劫煞、灾煞、岁煞、伏兵、大祸、五黄、戊己都天，月家只载月建、月破、劫煞、灾煞、月煞，余均不论。《协纪辨方书》云："太岁、岁破不可犯。"三煞犹可制化，况其他乎？可见真正凶煞，惟此数者而已。至阴府、年克、打头火、浮天空亡、大小月建，《协纪利用篇》多非议之，不得谓为凶煞，故概置不论。其余小煞，更不足道也。

一　本编月表，以月为网，以日为目。月首起建，历建、除、满、平、定、执、破、危、成、收、开、闭，而十二枝咸备。每枝分五干，而六十甲子咸备。按照逐月干枝，凡吉神多者，应宜各事，悉遵《协纪辨方书》，逐日注明。凶煞多者，应忌各事，概不列入。大凶之日，即注诸事不宜。其有注一概无取者，因只不宜本编所载祭祀、祈福、求嗣、入学、上官赴任、结婚姻、嫁娶、移徙、安床、修造动土、竖柱上梁、开市、立券、交易、栽种、牧养、破土、安葬、启攒一十九事。而《协纪辨方书》所载沐浴、剃头、整手足甲、伐木、捕捉、畋猎等事，是日或有注宜者。因此等事，于人生关系至微，为本编所不选及，故只注一概无取，以示区别耳。

一　选吉要道，书有明文。视事体之大小缓急，辨神煞之向背从违。《万年书》载御用六十七事，民用三十七事。《通书》亦载选吉有六十事，可谓完备而详明矣。本编仅择其为人民所常用，如上条所载之十九事。名目虽减少，而敬天地、孝父母、教子孙、叙彝伦，与夫冠婚丧祭、士农工商、所恒需者，悉已包括无遗。善用者触类旁通，必可左宜右有，无取乎繁琐为也。

一　本编《选年篇》，载明廿四山向，及年家吉凶神煞，孰宜孰忌。凡选吉造葬者，一经检查，自能明了。

一　本编《选月篇》，亦载明开山、立向、修方、吉凶神煞。细心检查，则山向方道之吉凶，了如指掌；而修造葬埋，孰宜孰忌，立可解决。

一　本编《选日篇》，载明值事人本命凶煞干枝表。凡选吉日，总以值事人本命，不犯枝冲、三煞、天罡四旺煞，乃为十全。其有不及回避枝冲，而能不犯本命八煞者，亦能召福。阅者慎毋忽之。

一　本编《选时篇》。最为简明。凡与值事人本命，及所用山方，所选之年、月、日、生扶拱合，或得长生、贵人、禄马、贵登天门、四大吉时者，皆为吉时。与值事人本命，及所用山方，所选年、月、日、等处，犯刑、冲、克、害者，皆为凶时。至六十甲子，时家吉凶神煞，概置不论。庶免吉凶聚讼，无所适从之患。

一　本编《月表》，逐日干枝注宜之事，乃是固定不移。其中有随太岁干枝变更吉凶者，如上朔、岁破是也。有随节气变更吉凶者，如土王用事、四离、四绝、气往亡是也。有随日期变更吉凶者，如月朔、月望、①

① 十五日义同。

月晦、月忌，及《周堂图》值夫、妇、翁、姑是也。阅者须将月表须知数条，细心熟玩，始无遗误。他如结婚姻、嫁娶，是两事；动土、破土，亦是两事。世俗不察，每多贻误，故特冠之于首。

一 《协纪辨方书》云："五行名目，多不可言，要以正五行为本。"俗术不明此义，势必动辄得咎，无所适从。如以甲山而论，正五行属木，洪范五行则属水，阴府五行则属土，墓龙变运则又属火，或又属金。行止有五，而一山已占其四。一年、月、日、时，而干、枝、纳音、化气，又占其四。求其不克，不亦难乎？此诚破的之论也。本编谨遵此旨。《利用篇》所采，皆先贤造命真诠，专以正五行为标准。其他驳杂不纯，似是而非者不录。至吴兴沈亮功所立补龙表，其法本诸补龙古课，堪为二十四龙取局之用，浅显易明，尤为捷诀，特取用焉。若修造安葬权法，虽属变通，实有至理。造葬者苟山方不利，或为天时人事所限，尽可如法用之。

一 邱平甫云："诸家年月多差舛，惟有紫白却可凭。"桑道茂及一行禅师，又云："紫白所到方，不避太岁、将军、官符、诸凶，不避宅长一切凶年，惟不能制天罡四旺煞而已。"则紫白之吉，古所共宗。就此观之，天罡四旺煞之凶，概可想见。而岁破、劫煞、灾煞、岁煞、伏兵、大祸、之凶，其力尤大，更当谨避。故本编于年月紫白表中，不惜一再言之。

一 杨筠松《千金歌》云："三奇诸德能降煞，吉制凶神发福多。"可见三奇诸德之吉，足以制伏中煞小煞。故本编于三奇诸德，一一列表载明，而于三奇尤为详细，庶阅者易于检查。

一 《辨讹》四篇，其一为大偷修日，《通书》美其名为"诸神朝天"，谓为动土、破土可以肆无忌惮。其二为亘复日，有不忌葬埋，而世俗有误为概忌葬埋者。其三为二十八宿，本无吉凶，《玉匣记》指吉为吉，指凶为凶，转使真吉真凶，不能趋避。其四为《董氏诹吉新书》，选吉之道，并无真诠，惟诱人以黄罗紫檀、金银宝藏、田塘库珠，吓人以损长幼、招官司、蛇伤虎咬，使人不得不信。此皆讹言谬说，最足误人者，不可不辨。

一 《选择宗镜》云："大煞避之，中煞制之，小煞可不必论。"但得八字停当，吉星照临，自然贞吉。若捏造之假煞，删之而已。如杨公忌、红沙、天狗日、上兀、下兀、四不祥、九良星、披麻煞、斧头煞、鲁班煞、星曜煞、冲丁煞、消灭煞、山方煞、李广箭、日流太岁、天地燥火、黄泉八煞、金神七煞、天地转煞、入地空亡，种种名目，不胜枚举，毫无义理，概从删除。

一　《附录》十三篇，始则说明建寅不始于夏，及建除十二神，由来已久，与夫四大吉时之详解；继则历叙婚嫁丧葬之礼，并志石墓碑之必要；终则殿之以夏氏择日之神妙。俾资藉镜，非辞费也。

一　本编法虽简易，语必求详，俾人人得识普通选吉之道。惟著者弇僿，罅漏定所不免，仍希海内博雅君子，惠以教书，匡其不逮，则幸甚幸甚。

目　录

选吉探原卷上

选年篇

选年大旨

《清会典》载《万年书》“御用六十七事，民用三十七事”，《通书》亦载“选吉有六十事”，可谓巨细靡遗矣。本编删繁就简，择其为家常日用，四民所恒有者：曰祭祀，曰祈福，曰求嗣，曰入学，曰上官赴任，曰结婚姻，曰嫁娶，曰移徙，曰安床，曰修造动土，曰竖柱上梁，曰开市，曰立券，曰交易，曰栽种，曰牧养，曰破土，曰安葬，曰启攒，凡十九事。此十九事中，惟修造动土、竖柱上梁、破土、安葬、启攒，必须值年太岁，与所用之山向，所修之方道，得三元紫白，及岁德、岁德合、阳贵人、阴贵人、岁禄、岁马、奏书、博士。到宫者，始为通利，无则次之。若犯太岁、岁破、劫煞、灾煞、岁煞、伏兵、大祸、五黄、戊己都天[①]诸大恶煞者，万不可用。若山向方道，得紫白诸吉，又不犯诸大恶煞，而宅长本命、[②]葬者化命、祭主本命，[③]与值年太岁相冲相克者，仍不可用，具详于后。至于嫁娶，只须男女冠笄及年，即可选吉成礼，不必选年。俗书虽载男婚凶年，女嫁凶年，按其起例，毫无义理，殊不足信。其他十三事，时日吉利，即可举行，更无选年之说矣。

---

① 戊己都天煞亦有不忌者，详见后说。

② 修造事。

③ 葬理事。

值年太岁[①]

甲子	乙丑	海中金	丙寅	丁卯	炉中火
戊辰	己巳	大林木	庚午	辛未	路傍土
壬申	癸酉	剑锋金	甲戌	乙亥	山头火
丙子	丁丑	涧下水	戊寅	己卯	城头土
庚辰	辛巳	白蜡金	壬午	癸未	杨柳木
甲申	乙酉	泉中水	丙戌	丁亥	屋上土
戊子	己丑	霹雳火	庚寅	辛卯	松柏木
壬辰	癸巳	长流水	甲午	乙未	沙中金
丙申	丁酉	山下火	戊戌	己亥	平地木
庚子	辛丑	壁上土	壬寅	癸卯	金箔金
甲辰	乙巳	覆灯火	丙午	丁未	天河水
戊申	己酉	大驿土	庚戌	辛亥	钗钏金
壬子	癸丑	桑柘木	甲寅	乙卯	大溪水
丙辰	丁巳	沙中土	戊午	己未	天上火
庚申	辛酉	石榴木	壬戌	癸亥	大海水

二十四山向

乾山巽向兼亥巳　亥山巳向兼乾巽
壬丙

① 即六十甲子，每年一位，以次顺序是也。

壬山丙向兼亥巳子午　子山午向兼壬丙癸丁

癸山丁向兼子午丑未　丑山未向兼癸丁艮坤

艮山坤向兼丑未

自乾山巽向兼亥巳，至艮山坤向兼丑未，忌用坐三煞寅、午、戌，及冲山、年、月、日、时。

艮山坤向兼寅申　寅山申向兼艮坤甲庚

甲山庚向兼寅申卯酉　卯山酉向兼甲庚乙辛

乙山辛向兼卯酉辰戌　辰山戌向兼乙辛巽乾

巽山乾向兼辰戌

自艮山坤向兼寅申，至巽山乾向兼辰戌，忌用坐三煞巳、酉、丑，及冲山、年、月、日、时。

巽山乾向兼巳亥　巳山亥向兼巽乾丙壬

丙山壬向兼巳亥午子　午山子向兼丙壬丁癸

丁山癸向兼午子未丑　未山丑向兼丁癸坤艮

坤山艮向兼未丑

自巽山乾向兼巳亥，至坤山艮向兼未丑，忌用坐三煞申、子、辰，及冲山、年、月、日、时。

坤山艮向兼申寅　申山寅向兼坤艮庚甲

庚山甲向兼申寅酉卯　酉山卯向兼庚甲辛乙

辛山乙向兼酉卯戌辰　戌山辰向兼辛乙乾巽

乾山巽向兼戌辰

自坤山艮向兼申寅，至乾山巽向兼戌辰，忌用坐三煞亥、卯、未，及冲山、年、月、日、时。

年三元九星[①]

			甲子	乙丑	丙寅	丁卯	戊辰	己巳	庚午	辛未	壬申
			癸酉	甲戌	乙亥	丙子	丁丑	戊寅	己卯	庚辰	辛巳
			壬午	癸未	甲申	乙酉	丙戌	丁亥	戊子	己丑	庚寅
			辛卯	壬辰	癸巳	甲午	乙未	丙申	丁酉	戊戌	己亥
			庚子	辛丑	壬寅	癸卯	甲辰	乙巳	丙午	丁未	戊申
上元	中元	下元	己酉	庚戌	辛亥	壬子	癸丑	甲寅	乙卯	丙辰	丁巳
			戊午	己未	庚申	辛酉	壬戌	癸亥			
一白	四绿	七赤	中	乾	兑	艮	离	坎	坤	震	巽
二黑	五黄	八白	乾	兑	艮	离	坎	坤	震	巽	中
三碧	六白	九紫	兑	艮	离	坎	坤	震	巽	中	乾
四绿	七赤	一白	艮	离	坎	坤	震	巽	中	乾	兑
五黄	八白	二黑	离	坎	坤	震	巽	中	乾	兑	艮
六白	九紫	三碧	坎	坤	震	巽	中	乾	兑	艮	离
七赤	一白	四绿	坤	震	巽	中	乾	兑	艮	离	坎
八白	二黑	五黄	震	巽	中	乾	兑	艮	离	坎	坤
九紫	三碧	六白	巽	中	乾	兑	艮	离	坎	坤	震

三元九星，以紫白为吉，其原始于《黄帝遁甲经》。一白在坎配休门，二黑在坤配死门，三碧在震配伤门，四绿在巽配杜门，五黄在中宫不配门，六白在乾配开门，七赤在兑配惊门，八白在艮配生门，九紫在离配景门。八门之中，以休、生、景、开为吉。故九星之中，以一白、六白、八白、九紫为吉也。其法上元甲子年中宫起一白，乙丑年中宫起九紫，俱顺飞九星。入中之星，每年递退一位。盖星顺行而前，则入中之星，自不得不退行而后。修造者如其方遇紫、白飞到则吉，遇五黄飞到则凶。如叠戊

① 事选紫白到山、到向、到方用之，则不犯五黄矣。如与岁破、三煞、伏兵、大祸同临，仍忌。

己，则更凶。动土修茔，犯之主灾。

假如民国十二年癸亥，本属上元。检查此表上元癸亥年，即知一白到坎，二黑到坤，三碧到震，四绿到巽，五黄到中，六白到乾，七赤到兑，八白到艮，九紫到离。约言之，紫白到方为吉。五黄到方为凶，叠戊己尤凶，为黑、碧、绿、赤无取。今一白到坎，六白到乾，八白到艮，九紫到离，凡此四卦，皆为吉方。《经》云："一卦管三山。"坎卦壬、子、癸三山，乾卦戌、乾、亥、三山，艮卦丑、艮、寅、三山，离卦丙、午、丁、三山，凡此十二山，虽太岁坐山，太岁冲命，均可动土、破土。桑道茂云："紫、白所到方，不避太岁诸凶，不避宅长一切凶年。"曾文迪云："太岁叠吉星则贡福。"此之谓也。若再得岁德、岁德合诸大吉神同临，更为通利。若与岁破、劫煞、灾煞、岁煞、伏兵、大祸同临，仍以凶论。造葬大事，究不可用。至于五黄到中，则中宫为凶方，一切不利。二黑到坤，三碧到震，四绿到巽，七赤到兑，则未、坤、申、属坤卦，甲、卯、乙、属震卦，辰、巽、巳、属巽卦，庚、酉、辛、属兑卦，此十二山皆无取。如得吉神同临，亦可用。余仿此。

按：民国十三年甲子，即交中元，当视中元所载之紫、白为准。逾六十年后，即交下元，当视下元所载之紫、白为准。周而复始，皆作如是观也。

岁干吉神表[①]

岁干 / 方位	甲	乙	丙	丁	戊	己	庚	辛	壬	癸
岁德	甲	庚	丙	壬	戊	甲	庚	丙	壬	戊
岁德合	己	乙	辛	丁	癸	己	乙	辛	丁	癸
岁禄	寅	卯	巳	午	巳	午	申	酉	亥	子
阳贵	未	申	酉	亥	丑	子	丑	寅	卯	巳
阴贵	丑	子	亥	酉	未	申	未	午	巳	卯

① 开山、立向、修方吉者。

岁干凶煞表[①]

岁干／方位	甲	乙	丙	丁	戊	己	庚	辛	壬	癸
戊己	辰	寅子	戌	申	午	辰	寅子	戌	申	午
都天	巳	卯丑	亥	酉	未	巳	卯丑	亥	酉	未

《协纪辨方书》曰“戊己属土，忌动土”，犹“土王用事，忌动土”之义。惟戊癸年戊为岁德，甲己年己为岁德，可以化之，不作凶论。如乙卯年卯山，乙丑年丑山，丙戌年戌山，丁酉年酉山，庚寅年寅山，庚子年子山，辛亥年亥山，壬申年申山，戊己叠太岁，为堆黄煞，凶不可制。或与年月五黄并，或与月建并，皆凶。凡修造葬埋，万不可犯。余年不论到山、到向、到方，得紫、白、德合、贵人、禄马解之，仍可用。[②]

岁枝吉神表[③]

岁枝／方位	子	丑	寅	卯	辰	巳	午	未	申	酉	戌	亥
岁枝德	巳	午	未	申	酉	戌	亥	子	丑	寅	卯	辰
岁马	寅	亥	申	巳	寅	亥	申	巳	寅	亥	申	巳
奏书	乾	乾	艮	艮	艮	巽	巽	巽	坤	坤	坤	乾
博士	巽	巽	坤	坤	坤	乾	乾	乾	艮	艮	艮	巽

① 开山立向、修方凶者、如叠太岁并五黄、或并月建、则为大凶。

② 按：戊己都天，如不叠太岁，不并五黄，不并月建，即为次凶，故曰“得紫白解之，可用。”惟必须慎重再三，非可孟浪从事也。

③ 开山、立向、修言吉者。

岁枝凶煞表[①]

方位＼岁枝	子	丑	寅	卯	辰	巳	午	未	申	酉	戌	亥
太岁	子	丑	寅	卯	辰	巳	午	未	申	酉	戌	亥
岁破	午	未	申	酉	戌	亥	子	丑	寅	卯	辰	巳
劫煞	巳	寅	亥	申	巳	寅	亥	申	巳	寅	亥	申
灾煞	午	卯	子	酉	午	卯	子	酉	午	卯	子	酉
岁煞	未	辰	丑	戌	未	辰	丑	戌	未	辰	丑	戌
伏兵	丙	甲	壬	庚	丙	甲	壬	庚	丙	甲	壬	庚
大祸	丁	乙	癸	辛	丁	乙	癸	辛	丁	乙	癸	辛

假如癸亥年用事，先检查岁干吉神表，即知癸亥年岁德到戊山，[②] 岁德合到癸山，岁禄到子山，阳贵到巳山，阴贵到卯山。凡此五山，皆为吉山。再查岁枝吉神表，即知亥年岁枝德到辰山，岁马到巳山。奏书到乾山，[③] 博士到巽山，[④] 凡此四山，亦为吉山。然后再查岁干岁枝凶煞表，即知癸年戊都天到午山，己都天到未山，太岁到亥山，岁破到巳山，劫煞到申山，灾煞到酉山，岁煞到戌山，伏兵到庚山，大祸到辛山。凡此九山，皆为凶山。吉凶互较，是巳山虽值阳贵、岁马，而岁破临之，凶不可遏，造葬大事，仍不宜用。午山虽值戊都天，而逢岁德，又值九紫，仍为通利。未山虽值己都天，不叠太岁，不值五黄，得吉化解，亦可用。惟亥山值太岁，申山值劫煞，酉山值灾煞，戌山值岁煞，庚山值伏兵，辛山值大祸，例无化解，勿造、勿葬可也。余如癸山、子山、卯山、辰山、乾山、巽山，皆为通利。其他各山次之，为空利方。凡修造葬埋，一切大事，再选吉月吉日吉时，以辅佐之，则获福征祥，捷于影响矣。

---

① 开山、立向、修方凶者。
② 戊即中宫，盖二十四山无戊己也。
③ 戌乾亥。
④ 辰巽巳。

干枝正五行

甲、乙、寅、卯，属木。丙、丁、巳、午，属火。庚、辛、申、酉，属金。壬、癸、亥、子，属水。戊、己、辰、戌、丑、未，属土。

八卦正五行

兑、乾，属金。坎，属水。离，属火。震、巽，属木。艮、坤，属土。山向：兑即酉，坎即子，离即午，震即卯。惟乾、坤、艮、巽，在四维入用。乾金，左从亥水，右从戌土；巽木，左从巳火，右从辰土；坤土，左从申金，右从未土，艮土，左从寅木，右从丑土。一应生克制化，皆以正五行为用。此五行本性也。

五行相克

金克木，木克土，土克水，水克火，火克金。

六　冲

子午冲，丑未冲，寅申冲，卯酉冲，辰戌冲，巳亥冲。

如太岁癸亥，而宅长本命丁巳；① 或葬者化命，及祭主本命丁巳，② 岁干癸水克丁火命，岁枝亥冲巳命，此为天克地冲，又为旬冲。或癸巳本

① 修造事。

② 葬埋事。

命，岁干癸比癸命，岁枝亥冲巳命，此为天比地冲，又为正冲，其凶无匹。即巳命与太岁亥单冲，亦主大凶。《经》云：“太岁冲命最凶，月次之，日又次之，时为轻。”此之谓也。其他本命与太岁不冲者，只要山向方道，不犯诸大恶煞，均可选吉用事。俗谓“子年子命，丑年丑命，不利动土破土”者，非是。至修造以家长一人为主，家长利，一家自利；葬埋以化命为主，亡者安，生者自安。再兼看祭主，则更周密矣。其余之人，皆不必看。即遇有犯冲者，临时回避片刻，可也。

选月篇

选月大旨

修造葬埋，既查明所用山向，所修方道，合得三元紫白等吉神，又不犯诸大恶煞，而宅长本命，[①] 葬者化命，祭主本命，[②] 又与太岁不犯冲克，再选吉月用事，自应攸往咸宜。若年吉月凶，依然不利。月家吉神，如孟仲季之紫白，八节九宫之三奇，天德、天德合、月德、月德合、月空、阳贵人、阴贵人、飞天禄、飞天马，皆为最重要者。若到山，则开山大利；到向，则立向大利；到方，则修方大利，并能化解一切恶煞。若遇值年太岁、岁破、劫煞、灾煞、岁煞、伏兵、大祸、五黄、戊己都天叠太岁，仍不可用。月家凶煞，如孟仲季之五黄，月建、月破、月厌、月刑、月害、劫煞、灾煞、月煞，皆不宜到山、到向、到方。若与值年诸大凶煞同宫，则动辄得咎，更不宜用。其详见后。至嫁娶无须择月，俗书辄有行嫁大小利月、及妨翁姑、妨女父母、妨夫主、妨女身之说，《协纪辨方书》早经辞辟，兹不赘言。其余各事，更无有拘于选月者矣。

---

① 修造事。

② 葬埋事。

月三元九星表[①]

仲年为上元	季年为中元	孟年为下元	正	二	三	四	五	六	七	八	九	十	十一	十二
八白	五黄	二黑	中	乾	兑	艮	离	坎	坤	震	巽	中	乾	兑
九紫	六白	三碧	乾	兑	艮	离	坎	坤	震	巽	中	乾	兑	艮
一白	七赤	四绿	兑	艮	离	坎	坤	震	巽	中	乾	兑	艮	离
二黑	八白	五黄	艮	离	坎	坤	震	巽	中	乾	兑	艮	离	坎
三碧	九紫	六白	离	坎	坤	震	巽	中	乾	兑	艮	离	坎	坤
四绿	一白	七赤	坎	坤	震	巽	中	乾	兑	艮	离	坎	坤	震
五黄	二黑	八白	坤	震	巽	中	乾	兑	艮	离	坎	坤	震	巽
六白	三碧	九紫	震	巽	中	乾	兑	艮	离	坎	坤	震	巽	中
七赤	四绿	一白	巽	中	乾	兑	艮	离	坎	坤	震	巽	中	乾

《通书》云："子午卯酉年为上元，正月八白入中宫。辰戌丑未年为中元，正月五黄入中宫。寅申巳亥年为下元，正月二黑入中宫。俱取九星顺飞。其入中之星，每月递退一位，与年九星同。"

假如选用民国十二年癸亥七月，为孟年，属下元。检查此表下元七月，即知二黑到坤，三碧到震，四绿到巽，五黄到中，六白到乾，七赤到兑，八白到艮，九紫到离，一白到坎。紫白为吉，五黄为凶，黑、碧、绿、赤无取，其义与年家紫白同。若乾、艮、坎、四吉方，虽有月建、月厌、月刑、月害，亦不拘忌。再得八节之三奇，及天道、天德等吉神同宫，而又选吉日、吉时以辅佐之，则妙不可言矣。中宫值五黄，为凶方，慎勿轻犯。其他黑、碧、绿、赤等方无取。如逢吉神同宫，亦可用。余仿此。

① 凡紫白到山方者皆吉，五黄皆凶，黑碧绿赤无取，故以大小字别之。

八节三奇表[1]

年	奇	立春	春分	立夏	夏至	立秋	秋分	立冬	冬至
甲子 乙酉 年	乙奇	艮	震	巽	离	坤	兑	乾	坎
	丙奇	艮	震	巽	离	坤	兑	乾	坎
	丁奇	离	巽	中	艮	坎	乾	中	坤
乙丑 丙子 丁亥 戊戌 庚戌 辛酉 年	乙奇	兑	坤	震	坎	震	艮	兑	离
	丙奇	艮	震	巽	离	坤	兑	乾	坎
	丁奇	离	巽	中	艮	坎	乾	中	坤
丙寅 丁丑 戊子 庚子 辛亥 壬戌 年	乙奇	乾	坎	坤	坤	巽	离	艮	艮
	丙奇	兑	坤	震	坎	震	艮	兑	离
	丁奇	艮	震	巽	离	坤	兑	乾	坎
丁卯 戊寅 庚寅 辛丑 壬子 癸亥 年	乙奇	中	离	坎	震	中	坎	离	兑
	丙奇	乾	坎	坤	坤	巽	离	艮	艮
	丁奇	兑	坤	震	坎	震	艮	兑	离
戊辰 庚辰 辛卯 壬寅 癸丑 年	乙奇	巽	艮	离	巽	乾	坤	坎	乾
	丙奇	中	离	坎	震	中	坎	离	兑
	丁奇	乾	坎	坤	坤	巽	离	艮	艮
己巳 甲寅 年	乙奇	巽	艮	离	巽	乾	坤	坎	乾
	丙奇	巽	艮	离	巽	乾	坤	坎	乾
	丁奇	中	离	坎	震	中	坎	离	兑

① 先查某年干枝，后查某月节气。凡乙丙丁三奇所到之山方，皆能制煞。

		立春	春分	立夏	夏至	立秋	秋分	立冬	冬至
庚午 辛巳 壬辰 癸卯 乙卯 年	乙奇	震	兑	艮	中	兑	震	坤	中
	丙奇	巽	艮	离	巽	乾	坤	坎	乾
	丁奇	中	离	坎	震	中	坎	离	兑
辛未 壬午 癸巳 乙巳 丙辰 年	乙奇	坤	乾	兑	乾	艮	巽	震	巽
	丙奇	震	兑	艮	中	兑	震	坤	中
	丁奇	巽	艮	离	巽	乾	坤	坎	乾
壬申 癸未 乙未 丙午 丁巳 年	乙奇	坎	中	乾	兑	离	中	巽	震
	丙奇	坤	乾	兑	乾	艮	巽	震	巽
	丁奇	震	兑	艮	中	兑	震	坤	中
癸酉 乙酉 丙申 丁未 戊午 年	乙奇	离	巽	中	艮	坎	乾	中	坤
	丙奇	坎	中	乾	兑	离	中	巽	震
	丁奇	坤	乾	兑	乾	艮	巽	震	巽
甲戌 己未 年	乙奇	离	巽	中	艮	坎	乾	中	坤
	丙奇	离	巽	中	艮	坎	乾	中	坤
	丁奇	坎	中	乾	兑	离	中	巽	震
乙亥 丙戌 丁酉 戊申 庚申 年	乙奇	艮	震	巽	离	坤	兑	乾	坎
	丙奇	离	巽	中	艮	坎	乾	中	坤
	丁奇	坎	中	乾	兑	离	中	巽	震
乙卯年	乙奇	中	离	坎	震	中	坎	离	兑
	丙奇	中	离	坎	震	中	坎	离	兑
	丁奇	乾	坎	坤	坤	巽	离	艮	艮
甲申年	乙奇	坎	中	乾	兑	离	中	巽	震
	丙奇	坎	中	乾	兑	离	中	巽	震
	丁奇	坤	乾	兑	乾	艮	巽	震	巽

		立春	春分	立夏	夏至	立秋	秋分	立冬	冬至
己丑年	乙奇	乾	坎	坤	坤	巽	离	艮	艮
	丙奇	乾	坎	坤	坤	巽	离	艮	艮
	丁奇	兑	坤	震	坎	震	艮	兑	离
甲午年	乙奇	坤	乾	兑	乾	艮	巽	震	巽
	丙奇	坤	乾	兑	乾	艮	巽	震	巽
	丁奇	震	兑	艮	中	兑	震	坤	中
己亥年	乙奇	兑	坤	震	坎	震	艮	兑	离
	丙奇	兑	坤	震	坎	震	艮	兑	离
	丁奇	艮	震	巽	离	坤	兑	乾	坎
甲辰年	乙奇	震	兑	艮	中	兑	震	坤	中
	丙奇	震	兑	艮	中	兑	震	坤	中
	丁奇	巽	艮	离	巽	乾	坤	坎	乾

《通书》曰："天上三奇乙丙丁者，出于贵人之干德，游行十二枝辰。阳贵顺行，则乙德在丑，丙德在寅，丁德在卯。三干之德，相联而无间断。阴贵逆行，则乙德在未，丙德在午，丁德在巳。三干之德，亦相联而无间断。以其随贵人在天，故谓之天上三奇，能制煞发祥。余如戊、己、庚、辛、壬、癸，随贵人所涉，或间罗网，或间天空，皆不相联也。"

《宗镜》曰："八节三奇，从八节本宫起甲子，冬至起坎，立春起艮，春分起震，立夏起巽。此为阳遁，俱从甲子顺飞九宫。夏至起离，立秋起坤，秋分起兑，立冬起乾。此为阴遁，俱从甲子逆飞九宫。寻见本年太岁所泊之宫，便于其宫起本年虎遁，依八节顺逆，飞寻三奇，分布取用。"如庚申年冬至节用事，从坎一宫起甲子，顺飞九宫。寻见太岁庚申，在震三宫。乙庚年，五虎遁得戊寅，便从震三宫起戊寅，亦顺飞九宫。乙酉在坎一，丙戌在坤二，丁亥在震三，即庚申年冬至节，乙奇在坎，丙奇在坤，丁奇在震也。修作到山到方，主进田产生贵子，旺丁财。

假如癸亥年用事，检查此表，即知立春后，春分前，乙奇到中宫，丙奇到乾山，丁奇到兑山；春分后，立夏前，乙奇到离山，丙奇到坎山，丁奇到坤山；立夏后，夏至前，乙奇到坎山，丙奇到坤山，丁奇到震山；夏至后，立秋前，乙奇到震山，丙奇到坤山，丁奇到坎山；立秋后，秋分前，乙奇到中宫，丙奇到巽山，丁奇到震山；秋分后，立冬前，乙奇到坎山，丙奇到离山，丁奇到艮山，立冬后，冬至前，乙奇到离山，丙奇到艮山，丁奇到兑山；冬至后，立春前，乙奇到兑山，丙奇到艮山，丁奇到离山。如在是年，立秋后，秋分前，修造葬埋，则中宫得乙奇，巽山得丙奇，[①] 震山得丁奇，[②] 皆为吉山，尽可选吉用事。间有月建、月厌、月刑、月害同宫，亦可化凶为吉。杨筠松云："三奇诸德能降煞，吉制凶神发福多。"此之谓也。

月干吉神表[③]

方位＼月	正	二	三	四	五	六	七	八	九	十	十一	十二
天道	南	西南	北	西	西北	东	北	东北	南	东	东南	西
天德	丁	坤	壬	辛	乾	甲	癸	艮	丙	乙	巽	庚
天德合	壬		丁	丙		己	戊		辛	庚		乙
月德	丙	甲	壬	庚	丙	甲	壬	庚	丙	甲	壬	庚
月德合	辛	己	丁	乙	辛	己	丁	乙	辛	己	丁	乙
月空	壬	庚	丙	甲	壬	庚	丙	甲	壬	庚	丙	甲

---

① 辰巽巳三山。

② 甲卯乙三山。

③ 开山立向修方吉者。

阳贵人表[①]

方位＼月	正	二	三	四	五	六	七	八	九	十	十一	十二
甲年	坎	离	艮	兑	乾	中	坎	离	艮	兑	乾	中
乙年	坤	坎	离	艮	兑	乾	中	坎	离	艮	兑	乾
丙年	震	坤	坎	离	艮	兑	乾	中	坎	离	艮	兑
丁年	中	巽	震	坤	坎	离	艮	兑	乾	中	坎	离
庚戊年	兑	乾	中	巽	震	坤	坎	离	艮	兑	乾	中
己年	乾	中	巽	震	坤	坎	离	艮	兑	乾	中	坎
辛年	中	坎	离	艮	兑	乾	中	巽	震	坤	坎	离
壬年	乾	中	坎	离	艮	兑	乾	中	巽	震	坤	坎
癸年	艮	兑	乾	中	坎	离	艮	兑	乾	中	巽	震

① 开山立向修方吉者。

阴贵人表①

方位＼月	正	二	三	四	五	六	七	八	九	十	十一	十二
甲年	兑	乾	中	巽	震	坤	坎	离	艮	兑	乾	中
乙年	乾	中	巽	震	坤	坎	离	艮	兑	乾	中	坎
丙年	中	巽	震	坤	坎	离	艮	兑	乾	中	坎	离
丁年	震	坤	坎	离	艮	兑	乾	中	坎	离	艮	兑
庚戊年	坎	离	艮	兑	乾	中	坎	离	艮	兑	乾	中
己年	坤	坎	离	艮	兑	乾	中	坎	离	艮	兑	乾
辛年	离	艮	兑	乾	中	坎	离	艮	兑	乾	中	巽
壬年	艮	兑	乾	中	坎	离	艮	兑	乾	中	巽	震
癸年	乾	中	坎	离	艮	兑	乾	中	巽	震	坤	坎

① 开山立向修方吉者。

飞天禄表①

月 方位	正	二	三	四	五	六	七	八	九	十	十一	十二
甲年	中	坎	离	艮	兑	乾	中	巽	震	坤	坎	离
乙年	乾	中	坎	离	艮	兑	乾	中	巽	震	坤	坎
戊丙年	艮	兑	乾	中	坎	离	艮	兑	乾	中	巽	震
己丁年	离	艮	兑	乾	中	坎	离	艮	兑	乾	中	巽
庚年	坤	坎	离	艮	兑	乾	中	坎	离	艮	兑	乾
辛年	震	坤	坎	离	艮	兑	乾	中	坎	离	艮	兑
壬年	中	巽	震	坤	坎	离	艮	兑	乾	中	坎	离
癸年	乾	中	巽	震	坤	坎	离	艮	兑	乾	中	坎

① 天山立向修方吉者。

飞天马表[①]

方位＼月	正	二	三	四	五	六	七	八	九	十	十一	十二
申子辰年	中	坎	离	艮	兑	乾	中	巽	震	坤	坎	离
巳酉丑年	中	巽	震	坤	坎	离	艮	兑	乾	中	坎	离
寅年戌年	坤	坎	离	艮	兑	乾	中	坎	离	艮	兑	乾
亥卯未年	艮	兑	乾	中	坎	离	艮	兑	乾	中	巽	震

月枝凶煞表[②]

方位＼月	正	二	三	四	五	六	七	八	九	十	十一	十二
月建小时土府	寅	卯	辰	巳	午	未	申	酉	戌	亥	子	丑
月破大耗	申	酉	戌	亥	子	丑	寅	卯	辰	巳	午	未
月厌地火	戌	酉	申	未	午	巳	辰	卯	寅	丑	子	亥
月刑	巳	子	辰	申	午	丑	寅	酉	未	亥	卯	戌
月害	巳	辰	卯	寅	丑	子	亥	戌	酉	申	未	午
劫煞	亥	申	巳	寅	亥	申	巳	寅	亥	申	巳	寅
灾煞天火	子	酉	午	卯	子	酉	午	卯	子	酉	午	卯
月煞月虚	丑	戌	未	辰	丑	戌	未	辰	丑	戌	未	辰

① 开山立向修方吉者。

② 开山立向修方凶者。

假如选用正月，检查吉神表，即知天道南行，天德到丁，天德合到壬，月德到丙，月德合到辛，月空到壬。如是甲年正月，阳贵人到坎，阴贵人到兑，飞天禄到中宫。如是子年，飞天马又到中宫，是南方与丁、壬、丙、辛、坎、兑、中宫等方，皆为最吉。再查正月凶煞表，月建到寅，月破到申，月厌到戌，月刑到巳，月害亦到巳，劫煞到亥，灾煞到子，月煞到丑。虽天道南行为吉方，值月刑、月害之巳，则减力矣。[①] 阳贵到坎，亦为吉方。值亥子丑月家三煞，则无功矣。[②] 除却天道之南，阳贵之坎，其余丁、壬、丙、辛、兑、中宫等吉方，皆不与月家凶煞同宫。如再不犯值年最恶之煞，而又与值年吉神、及月三元之紫白、八节之三奇同宫，无论修造葬埋，均可获福。寅、申、戌、巳、亥、子、丑七凶方，虽同忌修造[③]葬埋，[④] 而以月破、劫煞、灾煞、月煞为最凶，例无制法。若月建、月厌、月刑、月害等方，得紫白、三奇、德合、禄马诸吉神同宫，或得吉日以化解之，仍可用事。

按：以上仅就月家吉凶神煞，互相比较言之，是丁、壬、丙、辛、兑、中宫，皆为吉方。若再以值年甲子衡之，丁为大祸，丙为伏兵，则一年不能造葬，遑论正月乎？特志数语，以告阅者，幸毋忽也。

---

① 月厌、月刑、月害、为中煞，吉可化之，故曰减力。

② 月破、劫煞、灾煞、月煞、为大煞，吉不能制，故曰无功。

③ 动土。

④ 破土。

选日篇

选日大旨

修造、[①]葬埋，[②]虽得吉山、吉向、吉年、吉月，若无吉日辅佐，犹鸟之无翼，舟之无帆，岂能翱翔霄汉，容与中流？即祭祀、祈福、求嗣、入学、上官赴任、结婚姻、嫁娶、移徙、安床、开市、立券、交易、栽种、牧养等事，虽不选年月，若无吉日辅佐，岂能上迓天庥，下膺景福？《曲礼》云："外事用刚日，内事用柔日。"日之时义大矣哉！本编谨遵《协纪辨方书》，从夏正顺时令。按：立春后为正月，寅日起建；惊蛰后为二月，卯日起建；清明后为三月，辰日起建；立夏后为四月，巳日起建；芒种后为五月，午日起建；小暑后为六月，未日起建；立秋后为七月，申日起建；白露后为八月，酉日起建；寒露后为九月，戌日起建；立冬后为十月，亥日起建；大雪后为十一月，子日起建；小寒后为十二月，丑日起建。历建、除、满、平、定、执、破、危、成、收、开、闭十二枝咸备。每枝分五干，六十甲子咸备。凡吉神多者。应宜各事，逐日注明。凶煞多者，应忌各事，概不列入。其有大凶之日，只注一概不取，或诸事不宜。纲举目张，了如指掌。选吉者只须将《万年历》书，或每年新《时宪书》，先行检查，看其交节之日，值何干枝。过立春节为正月，惊蛰节为二月之类。[③]如正月初十日壬午立春，则从正月午日值定查起，看壬午注宜何事，即知利于何事。某月、某日、某干枝值建，某干枝值除，以次顺排，周而复始，则某日宜某事，某日不宜某事，不假思索，一望可知。然有是日虽注宜修造动土、竖柱上梁，宜破土、安葬、启攒，宜结婚姻、嫁娶，宜入学、上官赴任，宜开市、立券、交易，而竟不能用，用之必不祥者，盖别

---

① 动土、竖柱上梁。

② 破土、启攒、安葬。

③ 如遇闰月，亦以交节日时为主。

有说焉。兹分类言之。

选修造动土、竖柱上梁、破土、安葬、启攒之日法

造须动土，葬须破土，此二事关系重大，不容忽略，必须将所用山向，详细考究。如犯本山坐三煞日，或冲山日，虽《月表》注宜，亦断不能用。如亥山、壬山、子山、癸山、丑山，正五行皆属水。《通天窍》云："水之位，煞在南方巳午未，忌用寅、午、戌，坐三煞日。又忌用冲山日。[①] 若不知此而误犯之，积善之家，虽或不至为害，然而凶煞险危，不可不慎也。年月时亦然。"余仿此。

按：《通天窍》云："寅午戌日，火之位，[②] 煞在北方亥子丑。凡亥、壬、子、癸、丑、等山，为犯三煞，俱忌用。亥卯未日，木之位，煞在西方申酉戌。凡申、庚、酉、辛、戌等山，为犯三煞，俱忌用。申子辰日，水之位，煞在南方巳午未。凡己、丙、午、丁、未等山，为犯三煞，俱忌用。巳酉丑日，金之位，煞在东方寅卯辰。凡寅、甲、卯、乙、辰等山，为犯三煞，俱忌用。"其义与亥壬子癸丑五水山，忌用寅午戌坐三煞相同。然此犹言大概。如欲明吉凶悔吝之道，生克制化之理者，仍须参观本编《利用篇》。

如所选修造葬埋之日，独不注宜动土、破土。可择前数日，或旬日，注宜动土、破土者用之。如仅为盖屋，而不动土；仅为厝柩，而不破土者，坐三煞年月日时，概不拘忌。若冲山日，总宜不用。

如所选之日，虽不坐三煞、不冲山，而竟为宅主本命、[③] 葬者化命、祭主本命之命破、旬冲、正冲、天罡四旺煞、寸土无光、劫煞、灾煞、岁煞者，仍不宜用，[④] 否则吉祥未至，凶祸随之。可不慎哉！兹特列表于左，俾可查避。

---

① 如亥山巳日、子山午日、未山丑日之类。

② 寅午戌年月时，亦如是论。

③ 修造。

④ 宅长祭主，皆不忌寸土无光，惟化命忌之。

本命凶煞干枝表[①]

	命破	劫煞	灾煞	岁煞	天罡 四杀	旬冲	正冲	寸土 无光
甲子命	庚午	己巳	庚午	辛未	未	庚午	甲午	戊午
乙丑	癸未	戊寅	己卯	庚辰	辰	辛未	乙未	己未
丙寅	丙申	己亥	庚子	辛丑	丑	壬申	丙申	甲申
丁卯	己酉	戊申	己酉	庚戌	戌	癸酉	丁酉	乙酉
戊辰	壬戌	丁巳	戊午	己未	未	甲戌	戊戌	庚戌
己巳	乙亥	丙寅	丁卯	戊辰	辰	乙亥	己亥	辛亥
庚午	戊子	丁亥	戊子	己丑	丑	丙子	庚子	壬子
辛未	辛丑	丙申	丁酉	戊戌	戌	丁丑	辛丑	癸丑
壬申	壬寅	乙巳	丙午	丁未	未	戊寅	壬寅	丙寅
癸酉	乙卯	甲寅	乙卯	丙辰	辰	己卯	癸卯	丁卯
甲戌	戊辰	乙亥	丙子	丁丑	丑	庚辰	甲辰	壬辰
乙亥	辛巳	甲申	乙酉	丙戌	戌	辛巳	乙巳	癸巳
丙子	甲午	癸巳	甲午	乙未	未	壬午	丙午	庚午
丁丑	丁未	壬寅	癸卯	甲辰	辰	癸未	丁未	辛未
戊寅	庚申	癸亥	甲子	乙丑	丑	甲申	戊申	庚申
己卯	癸酉	壬申	癸酉	甲戌	戌	乙酉	己酉	辛酉
庚辰	丙戌	辛巳	壬午	癸未	未	丙戌	庚戌	甲戌
辛巳	己亥	庚寅	辛卯	壬辰	辰	丁亥	辛亥	乙亥
壬午命	壬子	辛亥	壬子	癸丑	丑	戊子	壬子	甲子

① 寸土无光，惟葬者化命忌之。祭主不论，余事更不论。

癸未	乙丑	庚申	辛酉	壬戌	戌	己丑	癸丑	乙丑
甲申	丙寅	己巳	庚午	辛未	未	庚寅	甲寅	戊寅
乙酉	己卯	戊寅	己卯	庚辰	辰	辛卯	乙卯	己卯
丙戌	壬辰	己亥	庚子	辛丑	丑	壬辰	丙辰	戊辰
丁亥	乙巳	戊申	己酉	庚戌	戌	癸巳	丁巳	己巳
戊子	戊午	丁巳	戊午	己未	未	甲午	戊午	丙午
己丑	辛未	丙寅	丁卯	戊辰	辰	乙未	己未	丁未
庚寅	甲申	丁亥	戊子	己丑	丑	丙申	庚申	壬申
辛卯	丁酉	丙申	丁酉	戊戌	戌	丁酉	辛酉	癸酉
壬辰	庚戌	乙巳	丙午	丁未	未	戊戌	壬戌	丙戌
癸巳	癸亥	甲寅	乙卯	丙辰	辰	己亥	癸亥	丁亥
甲午	丙子	乙亥	丙子	丁丑	丑	庚子	甲子	戊子
乙未	己丑	甲申	乙酉	丙戌	戌	辛丑	乙丑	己丑
丙申	庚寅	癸巳	甲午	乙未	未	壬寅	丙寅	甲寅
丁酉	癸卯	壬寅	癸卯	甲辰	辰	癸卯	丁卯	乙卯
戊戌	丙辰	癸亥	甲子	乙丑	丑	甲辰	戊辰	庚辰
己亥	己巳	壬申	癸酉	甲戌	戌	乙巳	己巳	辛巳
庚子	壬午	辛巳	壬午	癸未	未	丙午	庚午	壬午
辛丑命	乙未	庚寅	辛卯	壬辰	辰	丁未	辛未	癸未
壬寅	戊申	辛亥	壬子	癸丑	丑	戊申	壬申	丙申
癸卯	辛酉	庚申	辛酉	壬戌	戌	己酉	癸酉	丁酉
甲辰	甲戌	己巳	庚午	辛未	未	庚戌	甲戌	壬戌
乙巳	丁亥	戊寅	己卯	庚辰	辰	辛亥	乙亥	癸亥
丙午	庚子	己亥	庚子	辛丑	丑	壬子	丙子	庚子
丁未	癸丑	戊申	己酉	庚戌	戌	癸丑	丁丑	辛丑

戊申	甲寅	丁巳	戊午	己未	未	甲寅	戊寅	庚寅
己酉	丁卯	丙寅	丁卯	戊辰	辰	乙卯	己卯	辛卯
庚戌	庚辰	丁亥	戊子	己丑	丑	丙辰	庚辰	甲辰
辛亥	癸巳	丙申	丁酉	戊戌	戌	丁巳	辛巳	乙巳
壬子	丙午	乙巳	丙午	丁未	未	戊午	壬午	甲午
癸丑	己未	甲寅	乙卯	丙辰	辰	己未	癸未	乙未
甲寅	壬申	乙亥	丙子	丁丑	丑	庚申	甲申	戊申
乙卯	乙酉	甲申	乙酉	丙戌	戌	辛酉	乙酉	己酉
丙辰	戊戌	癸巳	甲午	乙未	未	壬戌	丙戌	戊戌
丁巳	辛亥	壬寅	癸卯	甲辰	辰	癸亥	丁亥	己亥
戊午	甲子	癸亥	甲子	乙丑	丑	甲子	戊子	丙子
己未	丁丑	壬申	癸酉	甲戌	戌	乙丑	己丑	丁丑
庚申命	戊寅	辛巳	壬午	癸未	未	丙寅	庚寅	壬寅
辛酉	辛卯	庚寅	辛卯	壬辰	辰	丁卯	辛卯	癸卯
壬戌	甲辰	辛亥	壬子	癸丑	丑	戊辰	壬辰	丙辰
癸亥	丁巳	庚申	辛酉	壬戌	戌	己巳	癸巳	丁巳

按：命破，即五虎遁枝冲者。如甲子命起丙寅，顺数至庚午日，与命相冲是也。劫煞、灾煞、岁煞，即本命地枝绝、胎、养所临者。如子命属水，水长生居申，以次顺排，则绝居巳，胎居午，养居未。故子命以巳为劫煞，午为灾煞，未为岁煞也。欲知三者所乘之干，再用五虎遁法。如甲子命，起丙寅顺数，至己巳为劫煞，庚午为灾煞，辛未为岁煞是也。天罡四旺煞，即本命岁煞，论枝不论干。如子命未，丑命辰是也。旬冲，即本命之干克枝冲者。如甲子命庚午日，庚金克甲木，子午相冲是也。正冲，即本命之干比枝冲者。如甲子命甲午日，甲与甲比，子午相冲是也。寸土无光，即本命纳音受克，地枝相冲者。如甲子命，纳音属金；戊午日，纳音属火，火能克金，子午相冲是也。详观上列之表，则了然矣。

选结婚姻嫁娶之日法

结婚姻，即纳采行聘之类。嫁娶，即亲迎入赘之类。此皆与造葬之动土、破土者不同。凡值年值月恶煞，均可不论。若本命应忌之凶煞，如命破、旬冲、正冲、天罡四旺煞、劫煞、灾煞、岁煞，皆须逐一查避。若误犯之，多不安详。每见有同月、同日结婚姻、嫁娶之人，一则夫妇和谐，嗣续日盛；一则夫妇怨谪，嗣续不昌，此何故耶？盖月日虽同，主命各别。有犯恶煞者，有合吉神者。故其征验，亦种种不同。本编不厌求详，特载本命凶煞干枝表，使选吉者按图索骥，某命犯某煞，某命不犯某煞，亦即古人选日必详观本命之微意也。若值事人，志在某月举行婚嫁，即检查本编某月月表，一月三十日，注宜结婚姻、宜嫁娶者，计有几日。然后再将上列本命凶煞表，详细检查，择其与当婚男女本命，一切不犯者用之。[①] 其他眷属之命，不必如此，只避枝冲，则尽善尽美矣。至《嫁娶周堂》，[②]《协纪辨方书》并未删去，而钦天监《时宪通书》，逐年具载，世俗亦避忌惟谨，必须照例检查。其值夫值妇者，断不可用。若值翁值姑，嘱其于新人入门时，回避片刻。翁姑已逝者不忌。若喜神方，实有至理，百事迎之大吉，备录以供参考。

嫁娶周堂之图

姑	**堂**	**翁**
夫		**第**
厨	**妇**	**灶**

凡选择嫁娶日，大月，从夫向姑顺数。小月，从妇向灶逆数。择第、堂、厨、灶日用之。如遇翁、姑，而无翁姑者不忌，否则暂避亦可。

---

① 惟不忌寸土无光。

② 结婚姻者不论。

按《协纪·奏议篇》云："嫁娶周堂，原无甚义理，而载在《时宪书》，民俗便安，遵行已久，应将庄亲王等，奏请删去之处，无庸议。"观此可知，嫁娶周堂，并未删去。不宁惟是，即考之清代逐年《时宪书》，凡值夫值妇日，虽有吉星照临，从无注宜嫁娶字样者。其避忌惟谨，概可想见。其他周堂，名目殊多，实无义理，置而不论可也。

喜神方①

甲己日东北方　乙庚日西北方　丙辛日西南方

丁壬日正南方　戊癸日东南方

《考原》曰："物以相见为喜。"《易传》曰："相见乎离。"离，南方之卦也，于五行为火，于十干为丙。遁见丙干所到之方，如甲己日，遁得丙寅，寅隶艮方，故艮为喜神。余仿此。

选入学、上官赴任、开市、立券、交易之日法

造葬因动土、破土，关系忌年月恶煞，又忌本命恶煞。嫁娶，固忌本命恶煞，又忌周堂值夫值妇等日。入学、② 上官赴任、开市、立券、交易，虽不如此，亦须检查本编，某月某日，注宜某事。择其注宜之日，与值事人本命，相生相合；然后再检查上列主命恶煞表，择其一切不犯者用之，则事半功倍，左右逢源矣。

---

① 百事迎之大吉。

② 不忌本命三煞余均忌。

选祭祀、祈福、求嗣、移徙、安床、栽种、牧养之日法

祭祀、祈福、栽种、牧养，只论值事人本命。求嗣、移徙、安床，须论夫妇本命。总之先查本编某月某日，注宜某事，择其与本命生合有情，而不犯一切恶煞者，即可用之。[①]

选时篇

选时大旨

《通书》云："年吉不如月吉，月吉不如日吉，日吉不如时吉。"盖年为根本，月为枝叶，日为华茂，时为结实，故选时当与年月日并重。稍一不慎，则全璧生瑕，何吉之有哉！大要须与宅长本命，应用方向，[②] 葬者化命，祭主本命，应用山向，[③] 当婚男女本命，[④] 值事人本命，[⑤] 生扶拱合；而又必须与所选之日，干枝比和，或联为一气，或为日干五合、长生、禄元、贵人，或为日建、及日枝三合、驿马，乃为尽美。如所选之时，为贵登天门，而又不犯刑冲克害，则获福之优，可操左券矣。如所选之时干，克日干者，为五不遇；时枝、冲日枝者，为日破，皆主大凶。五不遇，如与所选年月日三处相应，亦可用。日破，则断不能用。冲坐山者，亦凶。冲岁君月令者，大事切忌，小事从权不拘。其余时家吉凶神煞，不必固执。至贵人登天门时，四大吉时，皆以中气为主。列表于后，宜细览之。

---

① 惟祭祀不忌本命三煞、余均忌。

② 修造。

③ 葬埋。

④ 嫁娶。

⑤ 祭祀等事。

年上起月

甲、己年，正月起丙寅。　乙、庚年，正月起戊寅。

丙、辛年，正月起庚寅。　丁、壬年，正月起壬寅。

戊、癸年，正月起甲寅。

年上起月者，如甲年、己年，选用正月，即为丙寅；二月，即为丁卯。三月，即为戊辰。余仿此。

日上起时

甲、己日，起甲子时。　乙、庚日，起丙子时。

丙、辛日，起戊子时。　丁、壬日，起庚子时。

戊、癸日，起壬子时。

日上起时者，如甲日、己日，选用子时，即为甲子；丑时，即为乙丑；寅时，即为丙寅。余仿此。

干　合

甲己合土，乙庚合金，丙辛合水，丁壬合木，戊癸合火。

枝　合[①]

子丑合土，寅亥合木，卯戌合火，辰酉合金，巳申合水。午未合。[②]

① 枝冲见前。

② 午太阳。未太阴。

三 合

申子辰合水，巳酉丑合金，寅午戌合火，亥卯未合木。

干合者，甲日己时，乙日庚时之类。枝合者，子日丑时，寅日亥时之类。三合者，申日子时、辰时，子日辰时、申时，辰日申时、子时之类。

日 建

子日子时，丑日丑时，寅日寅时之类。

驿 马

申子辰日在寅，巳酉丑日在亥，寅午戌日在申，亥卯未日在巳。

驿马者，申日、子日、辰日，俱寅时；巳日、酉日、丑日，俱亥时之类。惟寅、申、巳、亥日之驿马，皆值日破，有凶无吉，万不可用。

长生禄元贵人表

日干 / 时枝	甲	乙	丙	丁	戊	己	庚	辛	壬	癸
长生	亥	午	寅	酉	寅	酉	巳	子	申	卯
禄元	寅	卯	巳	午	巳	午	申	酉	亥	子
贵人	未丑	申子	酉亥	亥酉	丑未	子申	丑未	寅午	卯巳	巳卯

长生者，甲日亥时，乙日午时之类。禄元者，甲日寅时，乙日卯时之类。贵人者，甲日未时、丑时，乙日申时、子时之类。

贵登天门时表

		雨水	春分	谷雨	小满	夏至	大暑	处暑	秋分	霜降	小雪	冬至	大寒
甲日	阳贵	卯						酉	申	未	午	巳	辰
	阴贵	酉							寅	丑	子	亥	戌
乙日	阳贵					戌	酉	申	未	午	巳	辰	卯
	阴贵	戌	酉						卯	寅	丑	子	亥
丙日	阳贵				戌	酉	申	未	午	巳	辰		
	阴贵	亥	戌							卯	寅	丑	子
丁日	阳贵			酉	申	未	午	巳	辰	卯			
	阴贵	丑	子	亥	戌							卯	寅
戊庚日	阳贵	酉	申	未	午	巳	辰	卯					
	阴贵	卯	寅	丑	子	亥	戌	酉					
己日	阳贵		酉	申	未	午	巳	辰	卯				
	阴贵	寅	丑	子	亥	戌						辰	卯
辛日	阳贵	申	未	午	巳	辰	卯						
	阴贵		卯	寅	丑	子	亥	戌	酉				
壬日	阳贵	未	午	巳	辰	卯	寅						申
	阴贵			寅	丑	子	亥	戌	酉				
癸日	阳贵	巳	辰	卯	寅					酉	申	未	午
	阴贵						寅	丑	子	亥	戌	酉	申

贵登天门时，乃时之最善者，能解诸凶。如雨水后，甲日阳贵卯时，阴贵酉时；春分后，乙日无阳贵，只有阴贵酉时之类。

四大吉时表[①]

雨水后	甲、丙、庚、壬时。即卯、午、酉、子时初刻。
春分后	艮、巽、坤、乾时。即寅、巳、申、亥时初刻。
谷雨后	癸、乙、丁、辛时。即丑、辰、未、戌时初刻。
小满后	甲、丙、庚、壬时。即卯、午、酉、子时初刻。
夏至后	艮、巽、坤、乾时。即寅、巳、申、亥时初刻。
大暑后	癸、乙、丁、辛时。即丑、辰、未、戌时初刻。
处暑后	甲、丙、庚、壬时。即卯、午、酉、子时初刻。
秋分后	艮、巽、坤、乾时。即寅、巳、申、亥时初刻。
霜降后	癸、乙、丁、辛时。即丑、辰、未、戌时初刻。
小雪后	甲、丙、庚、壬时。即卯、午、酉、子时初刻。
冬至后	艮、巽、坤、乾时。即寅、巳、申、亥时初刻。
大寒后	癸、乙、丁、辛时。即丑、辰、未、戌时初刻。

按：贵登天门时，四大吉时，每月不同，皆以中气为主。中气者何?正月雨水，二月春分，三月谷雨，是也。如在雨水前选吉，作大寒后论。贵登天门时，即甲日辰戌时，乙日卯亥时。四大吉时，即癸、乙、丁、辛时。如在雨水后选吉，贵登天门时，甲日始为卯酉时，乙日始为戌时。四大吉时，始为甲、丙、庚、壬时。约言之，中气前以上月论，中气后以本月论，庶无差误。

① 四大吉时、亦时之最善者、能解诸凶。

三　刑

子刑卯，卯刑子，寅刑巳，巳刑申，申刑寅，丑刑戌。

戌刑未，未刑丑，辰刑辰，午刑午，酉刑酉，亥刑亥。

六　害

子未害，丑午害，寅巳害，卯辰害，申亥害，酉戌害。

三刑者，如子日卯时，卯日子时之类。六害者，子日未时，未日子时之类。然此不过小疵，得年月合之，即可化解。如与本命相合，尤不拘忌。若时与日冲，虽合无益也。

五行相生[①]

金生水，水生木，木生火，火生土，土生金。

五行阴阳生克定名

甲、丙、戊、庚、壬为阳干。乙、丁、己、辛、癸为阴干。

子、寅、辰、午、申、戌为阳枝。丑、卯、巳、未、亥为阴枝。

我比者，为比肩、比劫。

我克者，为正财、偏财。

克我者，为正官、七杀。

---

① 五行相克见前。

生我者，为正印、偏印。

我生者，为伤官、食神。

阳见阴，阴见阳，为比劫、正财、正官、正印、伤官。

阳见阳，阴见阴，为比肩、偏财、七杀、偏印、食神。

五行相生者，如甲日属木，选用癸酉时，是时干癸水，生日干甲木，即为生我，曰正印；时枝酉金，克日干甲木，即为克我，曰正官。戊日属土，选用壬子时，是日干戊土，克时干壬水，又克时枝子水，即为我克，曰偏财、正财。余仿此。①

按：选吉之道，宜旺相得令，忌休囚无气，而日干尤重。日之吉凶，全看衰旺；日之衰旺，全看月令。当令者旺，受生者相，皆大吉。克月令者囚，受克于月令者死，皆凶。日生月令者休，亦不为吉。至于生我、比我、我克三者，如是吉神，固为大吉；即是凶煞，亦不为祸。若克我、我生二者，虽是吉神，亦不助福；如为凶煞，其害可知。此言大纲，若夫轻重取舍，又当统观年、月、日、时八字以衡之，非吉凶宜忌之所能尽。神而明之，存乎其人耳。

又按：修造，以坐山为我，宅长本命亦为我。葬埋，以坐山为我，化命及祭主本命亦为我。嫁娶，以乾坤二造为我。余均以值事人本命为我。知我之五行何属，则知生我、比我、我克三者何从，克我、我生二者何去。此又一说也，选吉者宜细玩之。

利用篇

论造葬不同

造，葬二者，乃选择大端，不可不慎。慎之如何，曰合造命之体用而已。然竖造与葬地，亦略不同。葬以补龙为主，而山向亡命次之。造以山

① 详见命理探原。

向主命为重，而补龙次之。盖葬乘生气，生气旺，而体自暖。虽山向与亡命，不甚全利，亦无妨也。若修造，则斧斤震动，且旷日持久。倘山向不空，主命受克，未可妄议兴举。况八宅祸福，皆论坐山乎？

论补龙[①]

邱平甫曰："先观风水定其踪，次看年月要相同。吉凶合理参元妙，好向山家觅旺龙。"[②]

凡远龙不论，只以到穴之小脉为主，以正五行论生克。四柱生扶之则吉，克泄之则凶。

凡山谷阴地，耸起开窝者，近穴止有圆球，并无小脉。圆球若阔，非脉也，宜于山后峰腰处，审而补之。

按：先审其为何龙，而后择吉补之，精密极矣。

凡省城府县，非午向，则丙丁向。其午向者，必壬子癸龙也。其丙丁向者，必亥艮龙也。正脉已结衙署矣，民居或东或西，皆脉上枝分横来者，不知属何五行，只以补坐山为主。舍此则皆补脉，而阴地尤紧，盖葬乘一线之生气也。

凡龙气之衰旺，全看月令。故补龙者，必于长生月，临官月，帝旺月，或墓库月，俱吉。盖丑中有辛金，未中有乙木，辰中有癸水，戌中有丁火。四墓月仍旺，而非衰也。

凡补龙，全在四柱地枝。盖天干气轻，地枝力重也。有以地枝一气补者，如卯龙用四卯之类。或取四生，或取四旺，皆极妙，惟不用四墓。但地枝一气，必十余年始一遇。又或月家、日家，山向不空，主命未利，其可强为乎？不若三合局之活动易取也。如生旺墓三月内，凶神占方，则临官月亦可，名三合兼临官局。否则三合字不必全，二字亦可。

古人造葬八字，多以地枝补龙，天干补主命。或与命干比肩一气，或

---

① 造葬同。

② 此言先择吉地次择吉年月日时以补龙，乃千古不易之论。

合官，或合财，或合禄马贵人，又或天干合命。禄马贵人到山，或到向，而地枝又补龙脉，则上上吉课也。

凡三合补龙，有取比肩以助之者，曰旺局。有取印绶以生之者，曰相局。如龙雄带煞者，宜用财局，不补亦不泄也。至泄气局则凶，克煞局则更凶矣。

唐一行禅师、宋托长老，皆以四柱纳音补龙。昔托长老为丰城黄氏葬墓，戌龙，得甲戌火龙入穴，作辛山乙向。用庚寅年、[①] 壬午月、[②] 戊午日、[③] 己未时[④]下葬，是以木音生之，火音助之也。故其言曰：造葬八字，取用全在纳音。然以三合参之，亦相合焉。戌龙属土，又与寅午同三合火局。今托长老用寅午火局，以生戌土，则非徒木火纳音，能助甲戌火龙也。故补龙者必以三合局，或一气局为主，而参以纳音。托不补辛山，而专补戌龙，可知古人重龙不重山也。

按：托长老虽论纳音，并不忌墓龙变运之克．观于辛山乙向在庚年，而用戊午火音日可知。及考《崇正辟谬》所载古课，犯纳音克墓龙变运者，又有十六课之多，可见先贤并不拘此也。

又有一法，谓之占夺一方秀气者，亦甚吉。如木龙则用寅卯辰三字全，火龙则用巳午未三字全，金龙则用申酉戌三字全，水龙则用亥子丑三字全。再于所用三字内，多取一字，凑成四柱，不可参一别字。若参一别字，则乱格矣。

---

① 木音。

② 木音。

③ 火音。

④ 火音。

二十四龙吉凶表[①]

	四长生	四帝旺	三合旺局	三合相局	三合财局	占夺一方秀气局	泄气局	克煞局
亥壬子癸龙	四申	四子	申子辰	巳酉丑	寅午戌	亥子丑	亥卯未	
巳丙午丁龙	四寅	四午	寅午戌	亥卯未	巳酉丑	巳午未		申子辰
寅甲卯乙巽龙	四亥	四卯	亥卯未	申子辰		寅卯辰	寅午戌	巳酉丑
申庚酉辛乾龙	四巳	四酉	巳酉丑		亥卯未	申酉戌	申子辰	寅午戌
艮坤辰戌丑未龙	四申			寅午戌	甲子辰		巳酉丑	亥卯未

沈亮功曰："葬重补龙，造重扶山，乃不易之理。"四生、四旺，虽不易得；而旺局、相局、占夺秀气局，皆活动易取，有吉无凶。如山向既空，主命又利，不妨随取一局。惟子酉龙忌财局，亥巳寅龙忌相局，恐其冲龙也。余如泄气局则凶，克煞局则更凶，皆当禁用。

按：右表即本诸《选择宗镜》补龙古课，推演而成。二十四龙山取局之法，纲举目张，一望可知。其中空格有六者，因辰、戌、丑、未局，自相冲击，无论为旺、为相、为财、为泄、为煞、为一方秀气，皆不可用，故弃而不录。至于亥、壬、子、癸、丑五龙山，究不可用寅、午、戌年月日时；申、庚、酉、辛、戌五龙山，究不可用亥、卯、未年月日时。盖名为三合财局，实则坐三煞也。若夫十二枝龙，最忌逢冲，经有明文，又不仅子、酉、亥、巳、寅五龙山已也。观于本篇云"凡用三合字，不必全，二字亦可"，其义可知矣。

又按：《六圃选择》云："艮、寅、甲、卯、乙、辰、坤、申、庚、酉、辛、戌十二山属阳，宜用申、子、辰、寅、午、戌阳年月日时；乾、亥、壬、子、癸、丑、巽、巳、丙、午、丁、未十二山属阴，宜用巳、酉、丑、亥、卯、未阴年月日时。"此以东西为阳，南北为阴，古仙选择多从此，不知其故。然以余友杨君石葭所云"鹊巢门户，阳年坐东西，不

---

① 扶山同用。

向南北；阴年坐南北，不向东西”证之，益信古仙之说，确凿无疑也。

论扶山

葬以补龙为重，而扶山次之；造以扶山为重，而补龙次之。如龙与山同气，则补龙即以扶山；① 倘龙与山不同气，则葬取补龙，造取扶山，可也。

五行生旺，各有其时。惟土分三等，有阴，有阳，有半阴半阳。艮土属阳，坤土属阴，辰戌属半阳，丑未属半阴。艮旺立春之先，坤旺立秋之后，四墓于四季之月，各旺一十八日。

木山春旺，自冬至至立春为进气，谓之向令。

立春至春分为正气，谓之得令。春分至谷雨②为旺气，谓之化令。

火山夏旺，自立春至春分③为进气，谓之向令。

春分④至立夏为正气，谓之得令。立夏⑤至夏至为旺气，谓之化令。

金山秋旺，自立夏⑥至夏至为进气，谓之向令。

夏至至立秋为正气，谓之得令。立秋⑦至霜降⑧为旺气，谓之化令。

水山冬旺，自立秋至秋分⑨为进气，谓之向令。

秋分至立冬⑩为正气，谓之得令。立冬至小寒⑪为旺气，谓之化令。

用日之法，向令者益以胎息，得令者培以根元，化令者补以财禄。损益得中，斯为贞吉。

---

① 如亥龙属水，立壬山丙向，则山亦属水。是补龙扶山，无二道也。

② 《协纪》清明。

③ 《协纪》惊蛰。

④ 同上。

⑤ 《协纪》小满。

⑥ 《协纪》芒种。

⑦ 《协纪》处暑。

⑧ 《协纪》秋分。

⑨ 《协纪》白露。

⑩ 《协纪》霜降。

⑪ 《协纪》冬至。

论立向

向不必补，只要有吉神而无凶煞。何为凶煞？太岁也，月建也，都天也，向煞也，年月三煞也。此造葬同忌者也，内惟太岁、月建、都天尤凶。盖太岁、月建皆可坐不可向，而都天在向，猛于在山也。三煞可化，亦宜斟酌。然葬可而造险，盖葬暂而造久也。向杀较轻，得六德可解矣。①

论相主

相主者何？以八字辅相，主人之命也。修造以宅长为主，葬埋以亡命为主。祭主只忌冲压，余可勿拘。古人皆论生年，不论生日，而尤以生年之天干为要。或合官，或合财，合官者贵，合财者富。合则有情，不合则无情也。或用比肩，或用印绶，或用四长生，或用禄马贵人，不冲命克命，而又补龙扶山，则上上吉课也。

凡三合之力，胜于六合。但主命喜与八字六合，而三合次之。惟用三合降杀者，得主命与八字，共成三合为妙。故山向又喜与八字三合，而六合轻矣。凡主命真岁破日，造葬大凶，真三杀日次之。如甲子命，遁见庚午为岁破，己巳、庚午、辛未为三杀之类是也。又有天罡四杀日，亦凶。天罡四杀者，主命岁杀之枝辰也。②

凡太岁冲命最凶，月次之，日又次之，时为轻。惟辰戌丑未人，以土冲土，不甚拘忌。然岁冲亦凶，又有旬冲，③ 正冲，④ 造葬修方，均主伤人。其有枝冲而音克者，名寸土无光，埋葬大凶。惟化命忌之，祭主不论。

---

① 都天在向，猛于在山。此二语，读者慎毋忽略。

② 详见本命凶煞干枝表。

③ 即天克地冲。

④ 即天比地冲。

论修山修向[①]

动土为开山，定磉为立向。如隔溪涧，或隔大街，或在百步之外，皆名“开山立向”。或出火避宅，倒堂竖造，亦名“开山立向”。所谓兴造也，专论“开山立向神杀”，其年月家之修方神杀，俱不必论。如作主原有住屋，欲于屋后修造，谓之“修山”不名“开山”，则论开山兼修方神煞。其向上除太岁、月建、年月三煞外，余不必论也。或欲于屋前修造，谓之“修向”，不名“立向”，则论立向兼修方神煞。其山上除岁破、月破、年月三煞外，余不必论也。或欲于屋傍修造，谓之“修方”，则论方道神煞。其山向上年月家神煞，概弗论也。若所修之处。四围俱有屋者，谓之“修中宫”，则当以开山立向兼中宫神煞论之。

修山修向，亦有分别。凡在后不作正寝，在前不作大门，而止作书室、下房、厨灶、仓库者，则单论修方，其年月家开山立向神煞，不必论也。若在后欲作正寝，在前欲作大门，则是其宅以所修之屋为主房，仍当以开山、立向兼修方神煞论。

凡修山者，其山上不可犯岁破、月破、伏兵、大祸、年月三煞。[②]

凡修向者，其向上不可犯太岁、月建、向煞、都天、年月三煞。[③]

论修方

城镇寸金之地，所作方隅，凡隔三五尺街道，非自己地者，作之不妨。如小修葺，但要吉日，并不问吉凶方道。若乡村之地，或隔大溪，四时常流，亦不问吉凶方道。或隔小水，常流不绝，止不拘小煞。如近屋起

① 开山立向，与修山、修向、及修方修中宫，迥乎不同，宜细别之。
② 此即开山大凶煞也。
③ 此即立向大凶煞也。

楼台厅馆，不隔溪涧者，虽是修方，必方道有吉无凶乃可。

凡定方隅，须于中宫下一罗经，而后方隅乃定。而定中宫之法，要在相其形势，取其尊者为主，以临四方。如大门以厅事为中，厅后以正寝为中傍屋以大楼为中，坟茔以祖穴为中，移步换形，惟变所适。中宫定，而后方隅乃定。其有无吉凶神煞，从可知矣。[①]

方之可修者，有三种。一曰空利方，本年无甚大凶煞占方，亦无甚吉神到方，但择吉月吉日以修之，亦自平稳。二曰修吉神方，或太岁方，而带吉不带凶者。[②] 或三德方。如甲年六月，则岁德、天德、月德会于甲方也，此皆年月之吉方也。又或本命之禄马贵人方也，本命之食禄方也，此皆本命之吉方也。既合年月之吉方，又合主命之吉方，则择吉日修之，自无不吉。择吉日之法如何？曰吉方宜扶不宜克。扶则福人，克则无福。年家与此方或一气局，或三合局，又必此方旺相之月，则诸吉当权，修之自然发福矣。三曰凶煞方。除戊己叠太岁、岁破及太岁之带凶者不修外，其余皆可制而修也。制之之法，不外干犯干制，枝犯枝制，三合犯三合制，纳音犯纳音制，四者而已。然必须俟其休囚之月，乃可事半功倍。《千金》曰："吉星有气小成大。恶曜休囚不降灾。"此之谓也。

凡新造宅舍尚未归火入宅，欲于屋内起造仓库栏枋，并不问吉凶方道。

凡方道遭火，择七日内起工，半月内竖造，并不问吉凶方道。

《通书》曰：太岁以下神煞甚多，难以尽避。其各神所临之地，惟奏书博士宜向之，余各有所忌。须辨生旺休囚，制化得宜。如有破坏须修营者，以岁德、天德、月德、岁德合、天德合、月德合、天恩、天赦、母仓所会之辰，或各神出游日，并工修之无妨。

按：天恩、天赦、母仓如会凶煞，仍不可用。须择月表内注宜动土者用之，乃妥。

凡取土，忌太岁、岁破、三煞等方。若远隔百步之外，目所不见，并不问吉凶方道。

---

① 大门以厅事为中。坟茔以祖穴为中。此二语为论定修方之要诀。余类推。

② 必要三元紫白同到。

凡新立宅舍，或尽行拆除旧屋，倒堂竖造，造主人眷，既已出火避宅，其起工只就坐上架马。若修主不出火避宅，或坐宫，或移宫，但就所修之方，择吉方起工架马。若修作在百步之外，其起工架马，并不问吉凶方道。

论修中宫

四围有屋，则中间之屋，皆名中宫。太岁、月建、都天在向，岁破、月破、都天、年月三煞在山，或在向，则中宫终年不利，不可修也。

凡年月家五黄占中宫，则中宫亦不可修。盖中宫属土，而五黄又助起土煞也。凡年月家紫白占中宫，修之最稳。

凡修中宫，忌戊己日。若辰戌丑未月，尤忌戊己日。若非修中宫，又非土王用事之候，而戊己日有注宜修造动土者，不在此列。

按：凡修造动土，在辰、戌、丑、未四季之月，而又值土王用事之候者，最忌用戊己日，不独修中宫也。《西王母经》云："戊不朝真不诵经，燕不衔泥蛇不行。犯之灾殃留四季，王母当年示汉君。"此言四季之戊尤凶，与选吉书若合符节。至言戊而不言己者，盖戊为阳土，己为阴土，阳可统阴，言戊而己亦在其中矣。再证以《抱朴子》"燕知戊己"一语，益信斯言不谬。考之《协纪辨方书》，四季之月，间有戊己日值吉神，宜动土不忌破土、宜动土而忌破土者，计有十日。如三月戊寅，值天赦，宜动土、不忌破土。戊子值三合，宜动土、忌破土。六月戊寅，值母仓；己卯、己亥、己酉，值德合，均宜动土、不忌破土。九月戊申，值天赦，宜动土、不忌破土。戊午，值三合，宜动土，忌破土。十二月己巳、己酉，值三合，均宜动土、忌破土。其余戊己日，无论动土、破土，皆不可用。如是观之，四季之月，逢戊己而能动土者仅有十日。且此十日中，忌破土者，又占其四。若再除土王用事之候，吾恐并此十日，而亦难选矣。用者可不慎乎！[①]

① 同里董君星垣，道高学博，知余纂述斯编，特以《西王母经》见示，甚可感也。

论附葬

凡新择吉地、安葬父母者，止忌年月家开山立向凶煞。若附葬祖茔，又以祖穴为中宫，兼忌年月家方道凶煞。[①]

论制煞

《选择宗镜》曰："三煞乃极猛之煞，伏兵大祸次之，要制伏得倒。"占山、造、葬皆忌，惟占方可制而修也。制法有三：一要三合局以胜之；二要三合得令之月，三煞休囚之月；三要本命贵人禄马及八节三奇，或日月以照临之。小修则或月或日之纳音，克三煞方之纳音，得一吉星到方可也。三煞在南方巳午未则属火，用申子辰月日时。在东方寅卯辰则属木，用巳酉丑月日时。在西方申酉戌则属金，用寅午戌月日时。在北方亥子丑则属水，三合无土局不能制，忌用辰戌丑未相冲。曾文辿为壬申宅主修午未三煞方，取甲辰年、戊辰月、壬子日、庚子时竖柱，与壬申年生命，成申子辰水局，以克火煞，一吉也。甲戊庚天干三奇，又辰子两枝不杂，二吉也。谷雨前太阳在戌，与午方三合，而甲戊庚贵人在未，三吉也。甲年午未方，为庚午辛未，纳音属土；而戊辰月、壬子日，纳音皆属木，以木克土，四吉也。命马壬寅，岁禄岁马丙寅，俱到离，五吉也。[②] 八白在坎照离，九紫正在未坤，六吉也。古人之妙用如此。

《协纪辨方书》曰："三煞为太岁三合之冲，可向，不可坐。故占山则造葬皆忌，占方则可制而修也。"然各年不可概论。寅申巳亥年，煞在生我之方，又当休气。辰戌丑未年，煞在我生之方，又当相气。制化之法，虽轻重亦有不同，而要可制之化之，变凶而为吉也。若子午卯酉年，则三

---

① 附葬祖茔，以祖穴为中宫，当作修方论，与新择吉地安葬者不同，务宜辨别。

② 此一节无足重轻。

煞与岁破同方，对方太岁、又与大煞同位，虽有制伏，亦难以吉论矣。故子午卯酉年灾煞最凶，劫煞岁煞次之。辰戌丑未年，略与子午卯酉等。若寅申年之劫煞，卯酉年之岁煞，与太岁为六合，其凶尤小。如壬寅年，用壬寅月日时修亥方，则四禄聚亥；乙酉年，用庚辰月日时修辰方，则一气皆全，并不以岁煞论矣。又寅午戌、亥卯未年，为煞克岁；巳酉丑、申子辰年，为岁克煞。煞克岁者，俟其休囚之令用之。岁克煞者，则惟忌子午卯酉四旺月，余月皆可用，只取吉神到方，八字成格而已。又化煞变克为生，与制煞之义有别。煞克岁君者，用煞之子。如金煞克木岁，用水局月日时，则泄金以生木矣。岁克煞者，用煞之财。如水岁克火煞，用金局月日时，则泄火以生水矣。用子煞休，用财煞囚，具有妙义。惟木煞无土局，则不用化而用制，可也。水煞无土局，则不用制而用化，可也。曾文辿取用甚精。夫亦举一隅耳，引而伸之，触类而长之，选择之能事毕矣。月三煞仿此。

按：以上二篇，说理精密用法详明，不独为制化凶煞之准绳，且可为选吉造命之模范。至于“三煞占山，造葬皆忌；占方，可制而修”二语，吉凶悬殊，尤为扼要。盖山为坐山，方为别位。经曰“三煞可向不可坐”，即此义也。果其占山，无论造葬，万不可犯。若占向、占方，可遵制化之法，择吉修之。昧者不察，漫谓三煞可制而修，不辨占山与否。毫厘千里，有不偾事者乎！

论权修法

凡方道不利，而又不得不作者，则宜避宅别居，俟工竣后，入新宅可也。如年月利作震，不利作兑，则避居于西。使所修之方，昔视之为兑者，今视之为震矣。此活变之法也。

凡修作自始至终，止在一宫，选择简易。若连跨数宫，有吉有凶，则当于吉方起工，自此连及不利之方可也。或兴作月日已利，而工料未办，则略起工以应月日，自此连接作之，亦无不可。

凡修作宅舍，择大寒五日后兴工，立春前竖造，谓之岁君交承，不忌方道凶煞。如已过立春，年月凶神方位已定，不可修作。如方位无凶神，修作不妨。

凡方道不利，而宅舍破坏，不得不修者，取岁德、天德、月德、岁德合、天德合、月德合、天恩、天赦、母仓所会之辰，或各神出游日，并工修之，无妨。

论权葬法

凡择大寒五日后破土，再择立春前安葬，不忌年月家开山、立向凶煞。仍要立春前谢墓，或次年寒食清明节，加土谢墓。

凡人初死，如旬日内速葬，虽值年月家开山、立向凶煞，亦不为害。但择吉日破土，尽一日之内成坟，俟凶神过方，加土谢墓。

凡已葬墓茔，或加土，或种树，或砌祭台，或破坏修整，宜于寒间鸠工修作，不忌年月日时，一切凶煞也。

太岁以下神煞出游日

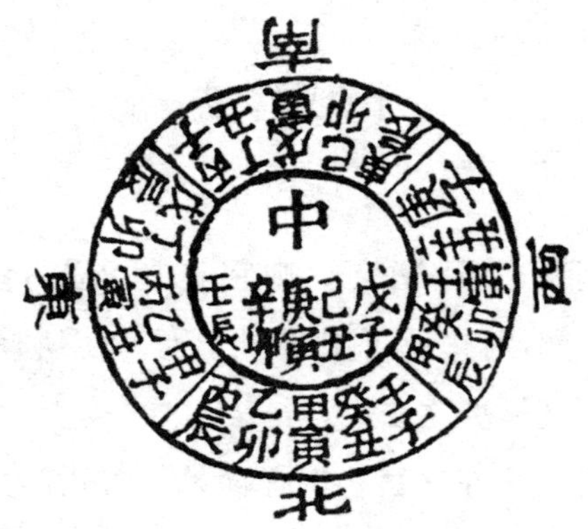

《协纪辨方书》曰：太岁者，地祇也。地祇从枝，故以五子为断。甲为东方木，故甲子至戊辰东游。丙为南方火，故丙子至庚辰南游。戊为中央土，故戊子至壬辰游中宫。庚为西方金，故庚子至甲辰西游。壬为北方水，故壬子至丙辰北游。如甲子东游，则西南北及中宫，可并工修造也。东则本属空方，犹当有所忌。若本不空，则无论矣。其曰太岁以下神煞者，诸神煞皆从太岁而有。太岁既不居本位，则诸神煞皆无矣。若谓出游之日，四方皆空，则但当举此二十五日，为悉无禁忌可也，何必分东西南北乎？其以五日为断者，天数五，地数五，五者数之终也。

正针中针缝针三盘图

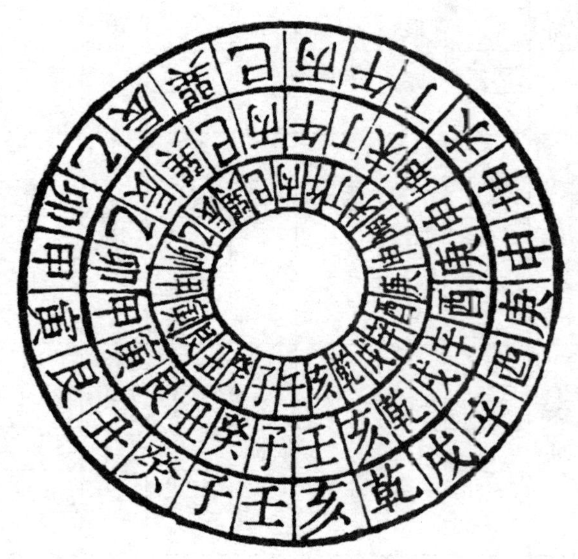

《协纪辨方书》：“是图内层所列为正针，系廿四山之正位，立向用之。选择家避鬼迎神，即此层也。中层所列为中针，比正针先半位，地理家格龙用之。盖龙为来脉，故用先至者承之。外层所列为缝针，比正针后半位，与中针正差一位，地理家消砂纳水用之。盖砂水为去路，故用后至者收之。”

分金图

<table>
<tr><td rowspan="5">壬</td><td></td><td rowspan="5">艮</td><td></td><td rowspan="5">乙</td><td></td><td rowspan="5">丙</td><td></td><td rowspan="5">坤</td><td></td><td rowspan="5">辛</td><td></td></tr>
<tr><td>丁亥</td><td>丁丑</td><td>丁卯</td><td>丁巳</td><td>丁未</td><td>丁酉</td></tr>
<tr><td></td><td></td><td></td><td></td><td></td><td></td></tr>
<tr><td>辛亥</td><td>辛丑</td><td>辛卯</td><td>辛巳</td><td>辛未</td><td>辛酉</td></tr>
<tr><td></td><td></td><td></td><td></td><td></td><td></td></tr>
<tr><td rowspan="5">子</td><td></td><td rowspan="5">寅</td><td></td><td rowspan="5">辰</td><td></td><td rowspan="5">午</td><td></td><td rowspan="5">申</td><td></td><td rowspan="5">戌</td><td></td></tr>
<tr><td>丙子</td><td>丙寅</td><td>丙辰</td><td>丙午</td><td>丙申</td><td>丙戌</td></tr>
<tr><td></td><td></td><td></td><td></td><td></td><td></td></tr>
<tr><td>庚子</td><td>庚寅</td><td>庚辰</td><td>庚午</td><td>庚申</td><td>庚戌</td></tr>
<tr><td></td><td></td><td></td><td></td><td></td><td></td></tr>
<tr><td rowspan="5">癸</td><td></td><td rowspan="5">甲</td><td></td><td rowspan="5">巽</td><td></td><td rowspan="5">丁</td><td></td><td rowspan="5">庚</td><td></td><td rowspan="5">乾</td><td></td></tr>
<tr><td>丙子</td><td>丙寅</td><td>丙辰</td><td>丙午</td><td>丙申</td><td>丙戌</td></tr>
<tr><td></td><td></td><td></td><td></td><td></td><td></td></tr>
<tr><td>庚子</td><td>庚寅</td><td>庚辰</td><td>庚午</td><td>庚申</td><td>庚戌</td></tr>
<tr><td></td><td></td><td></td><td></td><td></td><td></td></tr>
<tr><td rowspan="5">丑</td><td></td><td rowspan="5">卯</td><td></td><td rowspan="5">巳</td><td></td><td rowspan="5">未</td><td></td><td rowspan="5">酉</td><td></td><td rowspan="5">亥</td><td></td></tr>
<tr><td>丁丑</td><td>丁卯</td><td>丁巳</td><td>丁未</td><td>丁酉</td><td>丁亥</td></tr>
<tr><td></td><td></td><td></td><td></td><td></td><td></td></tr>
<tr><td>辛丑</td><td>辛卯</td><td>辛巳</td><td>辛未</td><td>辛酉</td><td>辛亥</td></tr>
<tr><td></td><td></td><td></td><td></td><td></td><td></td></tr>
</table>

《地理大全》曰："分金之法，以二十四山分十二宫，每一宫共十分金。如子癸同宫，以甲子、丙子、戊子、庚子、壬子，一布于子，再布于癸。丑艮同宫，以乙丑、丁丑、己丑、辛丑、癸丑，一布于丑，再布于艮是也。然专用丙丁庚辛者何？浑天之法，甲壬纳于乾，乙癸纳于坤，己纳于离，戊纳于坎。乾则三画纯阳，坤则三画纯阴，离则上下皆阳，坎则上下皆阴，无生育之气，故此四卦所纳之干，俱不取用。惟震纳庚。巽纳辛。艮纳丙。兑纳丁。四卦，或上阳而下阴，或上阴而下阳，皆有生机。故其所纳之干，为立向者之取用焉。"

选吉探原卷下

月表须知篇

⊙结婚姻嫁娶动土与破土似同实异者

结婚姻、嫁娶，是两事。月表内有注宜结婚姻，而不注宜嫁娶者，则不宜嫁娶；有注宜嫁娶，而不注宜结婚姻者，则不宜结婚姻。修造动土、[①]破土，[②]亦是两事。月表内有注宜修造动土，而不注宜破土者，则不宜破土；有注宜破土，而不注宜修造动土者，则不宜修造动土。至于安葬、启攒，虽为两事，尽可通用。其他各事，宜者注之，不宜者则不注，阅者务宜详细检查。

按：月表中有小字注忌动土、忌破土者，则万不宜动土、破土。有小字注不忌动土、不忌破土者，权宜用之，无妨。

⊙日之吉凶有从太岁干枝变更者

上朔：甲年癸亥日，乙年己巳日，丙年乙亥日，丁年辛巳日，戊年丁亥日，己年癸巳日，庚年己亥日，辛年乙巳日，壬年辛亥日，癸年丁巳日。诸事不宜，造葬嫁娶大凶。虽月表某日注宜某事，亦不可用。

---

① 竖造事。
② 葬埋事。

岁破：子年午日，丑年未日，寅年申日，卯年酉日，辰年戌日，巳年亥日，午年子日，未年丑日，申年寅日，酉年卯日，戌年辰日，亥年巳日。造葬嫁娶大凶。虽月表某日注宜，亦不可用。如寻常之事，与本命相合者，权宜用之，尚无大害。

⊙日之吉凶有从节气变更者

土王用事：在辰未戌丑四季之月，立夏、立秋、立冬、立春前，各十八日，共七十二日。当此期内，虽月表载某日宜动土破土字样，亦不可用。若在大寒五日后，造葬权宜期内，即不拘此。

气往亡：立春后七日，惊蛰后十四日，清明后二十一日，立夏后八日，芒种后十六日，小暑后二十四日，立秋后九日，白露后十八日，寒露后二十七日，立冬后十日，大雪后二十日，小寒后三十日。不宜上官赴任、嫁娶、移徙。虽月表某日注宜，亦不可用。四离：春分、夏至、秋分、冬至，各前一日。四绝：立春、立夏、立秋、立冬，各前一日。诸事不宜，造葬嫁娶大凶。虽月表某日注宜某事，亦不可用。如初一立春，初八为往亡，是也。

⊙日之吉凶有从固定日期变更者

月忌：初五日、十四日、二十三日。不宜入学、上官赴任、结婚姻、嫁娶、移徙、安床、修造动土、竖柱上梁、开市、立券、交易、破土、安葬、启攒。① 虽月表某日注宜某事，亦不可用。

朔日、望日、② 晦日，忌嫁娶。虽月表某日注宜，亦不可用。③ 朔日、

---

① 前清历年《时宪通书》，凡遇此日，从未注宜以上诸事者，此共明证。

② 与十五日同义。

③ 《时宪书》凡遇此日，从未注宜嫁娶者。

望日，不忌造葬。晦日仍忌。

周堂不利日：有月大月小之别。月大者，初一日、初九日、十七日、二十五日，皆值夫；初七日、十五日、二十三日，皆值妇；初四日、十二日、二十日、二十八日，皆值翁；初二日、初十日、十八日、二十六日，皆值姑。月小者。初七日、十五日、二十三日，皆值夫；初一日、初九日、十七日、二十五日，皆值妇；初四日、十二日、二十日、二十八日，皆值翁；初六日、十四日、二十二日，皆值姑。凡值夫妇翁姑之日，最忌嫁娶。虽月表注宜，亦不可用。如值翁姑日，而无翁姑者不忌。否则于新人进宅时，暂行回避，俟合卺后，相见无妨。

月表吉凶篇

正月六十甲子表

正月	甲己年	乙庚年	丙辛年	丁壬年	戊癸年
	建丙寅	建戊寅	建庚寅	建壬寅	建甲寅

立春正月节，天道南行，宜修造南方。

天德在丁，天德合在壬，月德在丙，月德合在辛，月空在壬，宜修造取土。

月建在寅，月破在申，月厌在戌，月刑在巳，月害在巳，劫煞在亥，灾煞在子，月煞在丑，忌修造取土。

立春前一日四绝，后七日往亡。

孟年	白绿碧	仲年	黄白紫	季年	黑赤白
	白黑赤		碧白绿		紫黄白
	白紫黄		赤白黑		绿碧白

寅日起建，【丙寅】天恩月德【戊寅】天赦天仓【壬寅】德合吠对均宜结婚姻、竖柱上梁、[1]立券、交易、牧养、安葬，惟丙寅壬寅兼宜启攒。【庚寅】王日要安【甲寅】五合天仓只宜立券、交易。余事不利。[2]

① 忌动土。

② 丙寅、戊寅、壬寅、均忌破土。

卯日值除，【丁卯】天德不将【辛卯】德合不将均宜祭祀、祈福、求嗣、上官赴任、结婚姻、嫁娶、移徙、修造动土、竖柱上梁、立券、交易、栽种、牧养、破土、安葬、启攒。

【癸卯】官日吠对【乙卯】玉宇吉期只宜上官赴任、结婚姻、立券、交易、破土、启攒。

【己卯】天恩不将只宜上官赴任、结婚姻、嫁娶、立券、交易。余均不利。

辰日值满，【壬辰】德合六仪【丙辰】月德月恩均宜祭祖、祈福、求嗣、上官赴任、结婚姻、嫁娶、移徙、修造动土、竖柱上梁、开市、立券、交易、牧养、安葬。①【戊辰】天恩福德【甲辰】天巫金匮只宜祭祀、祈福。【庚辰】为真无禄日，只宜祭祀，余事不利。

按：甲辰为无禄日。如在寅年寅月，岁月填实禄空，方可祈福，否则只宜祭祀。

巳日值平，【辛巳】德合宝光【丁巳】天德四相只宜祭祀，余事不利。【己巳】死神【癸巳】游祸【乙巳】五虚一概无取。

按：辛巳为无禄日。如在丙辛年寅月，岁德合、月德合所会之辰，方可选用。

午日值定，【庚午】时德鸣吠【壬午】德合天恩【甲午】时德鸣吠【丙午】月德月恩【戊午】三合时德均宜祭祀、祈福、求嗣、上官赴任、结婚姻、嫁娶、移徙、竖柱上梁、开市、立券、交易。惟壬午、甲午、丙午、戊午兼宜修造动土，②壬午、丙午兼宜栽种、牧养、破土、安葬，庚午兼宜牧养、安葬，③戊午甲午兼宜牧养。

未日值执，【辛未】德合敬安【丁未】天德四相均宜祭祀、祈福、求嗣、上官赴

① 不忌破土。

② 只庚午忌动土。

③ 忌破土。

任、移徙、修造动土、竖柱上梁、栽种、牧养、安葬，[1] 惟辛未兼宜结婚姻、嫁娶。【癸未】触水龙【乙未】五墓【己未】小耗一概无取。

申日值破，【壬申】德合【甲申】解神【内申】月德【戊申】驿马只宜祭祀，余事无取。【庚申】四废诸事不宜。

酉日值危，【丁酉】天德福生宜祭祀、祈福、求嗣、上官赴任、结婚姻、嫁娶、移徙、安床、修造动土、竖柱上梁、栽种、牧养、破土、安葬。【癸酉】阴德鸣吠【乙酉】除神鸣吠【己酉】天恩鸣吠只宜祭祀、破土、安葬，余事不利。【辛酉】四废诸事不宜。

戌日值成，【丙戌】天喜月德【壬戌】天医德合均宜祭祀、祈福、求嗣、入学、修造动土、竖柱上梁、开市、立券、交易、牧养、安葬。[2]【庚戌】天喜天恩只宜入学。【戊戌】为真无禄日，一概无取。【甲戌】大煞诸事不宜。

亥日值收，【乙亥】母仓六合【丁亥】天德不将均宜祭祀、祈福、求嗣、上官赴任、结婚姻、移徙、修造动土、竖柱上梁、开市、立券、交易、牧养、惟丁亥兼宜栽种。【辛亥】德合不将只宜祭祀、祈福、求嗣、上官赴任、结婚姻、移徙、修造动土、竖柱上梁、开市、立券、交易、栽种、牧养。【己亥】母仓五富只宜祭祀、祈福、结婚姻、开市、立券、交易、栽种、牧养。【癸亥】为干枝俱尽日，只宜祭祀，余事不利。

子日值开，【丙子】月德不将【壬子】天恩德合均宜祭祀、祈福、求嗣、入学、上官赴任、结婚姻、嫁娶、移徙、修造动土、竖柱上梁、开市、栽种、牧养。【戊子】母仓生气【庚子】益后时阳【甲子】生气青龙只宜祭祀入学，余事不利。

丑日值闭，【丁丑】天德【辛丑】续世只宜祭祀，余事不利。【己丑】天贼【癸丑】归忌【乙丑】月煞诸事不宜。

---

① 不忌破土。

② 不忌破土。

贵登天门时：雨水后，春分前，日躔在亥宫，为正月将。

甲日卯酉时　乙日戌时　丙日亥时　丁日丑时　戊日酉卯时

己日寅时　庚日酉卯时　辛日申时　壬日未时　癸日巳时

四大吉时：雨水后，春分前，宜用甲、丙、庚、壬，即卯午酉子时。

二月六十甲子表

二月	甲己年	乙庚年	丙辛年	丁壬年	戊癸年
	建丁卯	建己卯	建辛卯	建癸卯	建乙卯

惊蛰二月节，天道西南行，宜修造西南维。

天德在坤，月德在甲，月德合在己，月空在庚，宜修造取土。

月建在卯，月破在酉，月厌在酉，月刑在子，月害在辰，劫煞在申，灾煞在酉，月煞在戌，忌修造取土。

惊蛰后十四日往亡，春分前一日四离。

孟年	赤碧黑	仲年	绿紫白	季年	白白黄
	黄白白		黑赤碧		白绿紫
	紫白绿		白黄白		碧黑赤

卯日起建，【丁卯】天恩 四相 宜祭祀、祈福、求嗣、上官赴任、结婚姻、移徙、竖柱上梁、[①] 立券、交易、牧养、启攒。[②] 【辛卯】福生 五合【癸卯】六仪 明堂【乙卯】官日 吠对。只宜祭祀、上官赴任、立券、交易。【己卯】厌对诸事不宜。

辰日值除，【甲辰】月德 吉期【丙辰】守日 四相 均宜祭祀、上官赴任、移徙、修造动土、竖柱上梁、栽种，惟甲辰兼宜祈福、求嗣、结婚姻、嫁娶、牧养、安葬。[③]

【戊辰】天恩 吉期【壬辰】守日 吉期 只宜上官赴任。【庚辰】为真无禄日，一概

---

① 忌动土。

② 忌破土。

③ 不忌破土。

无取。巳日值满【己巳】德合天后【辛巳】天恩福德【癸巳】福德相日【乙巳】天后圣心【丁巳】月恩四相均宜祭祀、祈福、开市、立券、交易，惟己巳、丁巳兼宜求嗣、结婚姻、竖柱上梁、牧养，余均不宜。

按：辛巳为无禄日。如在辛年月，岁德、岁德合、天干三朋，方可选用。乙巳又为无禄日。如在卯年月，岁月填实禄空，方可选用。

午日值平，【庚午】月空【壬午】天恩【甲午】月德【丙午】四相【戊午】金匮只宜祭祀，余事不利。

未日值定，【辛未】阴德三合【癸未】天恩三合均宜祭祀、祈福、求嗣、结婚姻、嫁娶、修造动土、竖柱上梁、立券、交易。【丁未】月恩续世【己未】德合时阴宜祭祀、祈福、求嗣、上官赴任、移徙、修造动土、竖柱上梁、立券、交易、牧养，惟己未兼宜栽种、安葬。[①]【乙未】续世宝光只宜祭祀、祈福、求嗣，余事不利。

申日值执，【甲申】月德【丙申】天马只宜祭祀，余事无取。【壬申】白虎【戊申】劫煞【庚申】五离一概无取。

酉日值破，【乙酉】天火【丁酉】大耗【己酉】地火【辛酉】四废【癸酉】月厌诸事不宜。

戌日值危，【甲戌】天原月德宜祭祀、祈福、求嗣、上官赴任、结婚姻、嫁娶、移徙、安床、修造动土、竖柱上梁、开市、立券、交易、栽种、牧养、安葬，[②]其余各事，亦不禁忌。[③]【丙戌】四相只宜祭祀，余事不利。【戊戌】月煞【庚戌】月虚【壬戌】天牢一概无取。

亥日值成，【己亥】母仓天医【辛亥】天恩临日均宜入学、上官赴任、结婚姻、移徙、修造动土、竖柱上梁、开市、立券、交易、栽种、牧养，惟己亥兼

① 不忌破土。

② 不忌破土。

③ 因为德原所会之辰。

宜祭祀、祈福、求嗣。【乙亥】母仓三合只宜入学、上官赴任、移徙、修造动土、竖柱上梁、牧养。【丁亥】为真无禄日，只宜祭祀。【癸亥】为干枝俱尽日，一概无取。

子日值收，【甲子】月德只宜祭祀，余事不利。【丙子】天罡【戊子】大败【庚子】咸池【壬子】四耗诸事不宜。

丑日值开，【乙丑】天恩不将【丁丑】月恩不将【己丑】德合不将【辛丑】时阳天仓【癸丑】生气敬安均宜祭祀、祈福、求嗣、入学、上官赴任、移徙、竖柱上梁、牧养。惟乙丑丁丑己丑兼宜嫁娶、修造动土，辛丑兼宜修造动土，丁丑己丑兼宜结婚姻，己丑兼宜开市。

按：己丑为无禄日。如在甲己年卯月。岁德合、月德合、所会之辰。方可选用。

寅日值闭，【丙寅】天恩四相【戊寅】天赦青龙【庚寅】五富吠对【壬寅】五合吠对【甲寅】月德吠对均宜立券、交易、栽种、牧养。惟丙寅、庚寅、壬寅、甲寅兼宜破土、启攒，戊寅[①]、甲寅兼宜安葬。

贵登天门时：春分后，谷雨前，日躔在戌宫，为二月将。

乙日酉时　丙日戌时　丁日子时　戊日申寅时　己日酉丑时

庚日申寅时　辛日未卯时　壬日午时　癸日辰时

四大吉时：春分后，谷雨前。宜用艮、巽、坤、乾，即寅巳申亥时。

---

① 不忌破土。

三月六十甲子表

三月	甲己年	乙庚年	丙辛年	丁壬年	戊癸年
	建戊辰	建庚辰	建壬辰	建甲辰	建丙辰

清明三月节，天道北行，宜修造北方。

天德在壬，天德合在丁，月德在壬，月德合在丁，月空在丙，宜修造取土。月建在辰，月破在戌，月厌在申，月刑在辰，月害在卯，劫煞在巳，灾煞在午，月煞在未，忌修造取土。

清明后二十一日往亡。土王用事后，忌修造动土。巳午日添母仓。

孟年		仲年		季年	
	白黑白		碧白赤		紫黄绿
	绿紫黄		白白黑		赤碧白
	白赤碧		黄绿紫		黑白白

辰日起建，【壬辰】二德【丙辰】月空只宜祭祀，余事不利。【戊辰】复日【庚辰】土府【甲辰】月刑诸事不宜。

巳日值除，【丁巳】德合 四相宜祭祀、祈福、求嗣、上官赴任、结婚姻、嫁娶、移徙、修造动土、竖柱上梁、开市、立券、交易、栽种、牧养。【己巳】劫煞【辛巳】五虚【乙巳】重日【癸巳】劫煞一概无取。

午日值满，【壬午】天德 月德宜祭祀、祈福、求嗣、上官赴任、结婚姻、嫁娶、移徙、竖柱上梁、[①] 开市、立券、交易、牧养、安葬。[②] 【庚午】月恩【甲午】民日【丙午】四相【戊午】天巫只宜祭祀，余事不利。

未日值平，【丁未】德合只宜祭祀，余事不利。【辛未】朱雀【癸未】死神【乙未】月虚【己未】天罡诸事不宜。

---

① 忌动土。

② 忌破土。

申日值定，【壬申】二德【丙申】临日【庚申】月恩只宜祭祀，余事不利。【甲申】往亡【戊申】孤辰一概无取。

酉日值执，【乙酉】天原 不将【丁酉】德合 不将均宜祭祀、祈福、求嗣、上官赴任、结婚姻、嫁娶、移徙、竖柱上梁、① 立券、交易、牧养、安葬，② 惟乙酉兼宜开市。【癸酉】六合 鸣吠【己酉】六合 不将只宜祭祀、祈福、结婚姻、嫁娶、安葬，③【辛酉】六合只宜祭祀，余事不利。

戌日值破，【甲戌】解神【丙戌】月空【戊戌】福生【庚戌】月恩【壬戌】二德只宜祭祀，余事不利。

亥日值危，【丁亥】德合 不将宜祭祀、上官赴任、结婚姻、移徙、安床、修造动土、竖柱上梁、栽种、牧养，【己亥】母仓 不将【辛亥】天恩 玉堂只宜安床、栽种、牧养。【乙亥】母仓 不将只宜安床、牧养。余事不利。【癸亥】游祸一概无取。

按：丁亥为无禄日。如在丁壬年辰月，岁德合、月德合所会之辰，方可选用。

子日值成，【丙子】天喜 不将【戊子】天喜 天医【庚子】月恩 母仓【壬子】二德 三合兼宜祭祀、祈福、入学、上官赴任、结婚姻、嫁娶、修造动土、竖柱上梁、开市、立券、交易、栽种、牧养，惟丙子、庚子、壬子兼宜求嗣、破土、启攒，壬子兼宜安葬。【甲子】天恩 天仓只宜祭祀、祈福、入学、上官赴任、竖柱上梁、④ 开市、立券、交易、牧养，余事不利。

丑日值收，【丁丑】德合 不将宜祭祀、祈福、求嗣、上官赴任、结婚姻、嫁娶、移徙、修造动土、竖柱上梁、栽种、牧养、安葬。⑤【己丑】益后【辛

---

① 忌动土。

② 忌破土。

③ 忌破土。

④ 忌动土。

⑤ 不忌破土。

丑】益后【癸丑】天恩【乙丑】天恩只宜祭祀，余事不利。

寅日值开，【戊寅】天赦生气【庚寅】月恩时阳【壬寅】二德六仪【甲寅】阳德续世【丙寅】四相五合均宜入学、上官赴任、移徙、修造动土、竖柱上梁、开市、立券、交易、栽种、牧养。惟戊寅、庚寅、壬寅、丙寅兼宜结婚姻，戊寅、壬寅兼宜嫁娶。

卯日值闭，【丁卯】德合只宜祭祀，余事不利。【己卯】致死【辛卯】月害【癸卯】血支【乙卯】天吏一概无取。

贵登天门时：谷雨后，小满前，日躔在酉宫，为三月将。

丁日酉亥时　戊日未丑时　己日申子时　庚日未丑时

辛日午寅时　壬日巳时　癸日卯时

四大吉时：谷雨后，小满前，宜用癸、乙、丁、辛，即丑辰未戌时。

四月六十甲子表

四月	甲己年	乙庚年	丙辛年	丁壬年	戊癸年
	建己巳	建辛巳	建癸巳	建乙巳	建丁巳

立夏四月节，天道西行，宜修造西方。

天德在辛，天德合在丙，月德在庚，月德合在乙，月空在甲，宜修造取土。

月建在巳，月破在亥，月厌在未，月刑在申，月害在寅，劫煞在寅，灾煞在卯，月煞在辰，忌修造取土。

立夏前一日四绝，后八日往亡。

孟年	黄白紫	仲年	黑赤白	季年	白绿碧
	碧白绿		紫黄白		白黑赤
	赤白黑		绿碧白		白紫黄

巳日起建，【辛巳】天恩天德【乙巳】德合王日均宜祭祀、祈福、求嗣、上官赴任、结婚姻、嫁娶、移徙、竖柱上梁、[1]牧养。【癸巳】王日【丁巳】王日只宜上官赴任，余事不利。【己巳】阳错诸事不宜。

按：乙巳为无禄日。如在乙庚年巳月，岁德合、月德合所会之辰，方可选用。

午日值除，【庚午】青龙月德【甲午】天赦圣心均宜祭祀、祈福、求嗣、上官赴任、结婚姻、嫁娶、移徙、修造动土、竖柱上梁、栽种、牧养、破土、安葬。【壬午】天恩鸣吠只宜祭祀、祈福、上官赴任、破土、安葬。【丙午】吉期

---

[1] 忌动土。

【戊午】四相只宜祭祀，余事不利。

未日值满，【辛未】天德【癸未】天恩【乙未】天巫【丁未】明堂【己未】益后只宜祭祀，余事不利。

申日值平，【丙申】德合天原【庚申】月德五富均宜祭祀、上官赴任、移徙、修造动土、竖柱上梁、开市、立券、交易、栽种、牧养，惟丙申兼宜结婚姻、嫁娶，余事亦不禁忌。① 庚申兼宜破土、安葬。【壬申】相日【甲申】六合【戊申】续世只宜祭祀，余事不利。

按：丙申为无禄日。如在丙辛年巳月，天德合、岁德合所会之辰，方可选用。或在巳年巳月，岁月填实禄空，方可选用。

酉日值定，【癸酉】民日三合【乙酉】德合不将【丁酉】时阴不将【己酉】天恩四相【辛酉】天德除神均宜上官赴任、结婚姻、嫁娶、移徙、竖柱上梁、开市、立券、交易、牧养、安葬。② 惟乙酉、己酉、辛酉兼宜祭祀、祈福、求嗣，癸酉、乙酉、丁酉、辛酉兼宜修造动土、破土，辛酉兼宜栽种。

戌日值执，【戊戌】四相不将【庚戌】天恩月德均宜祭祀、祈福、求嗣、上官赴任、结婚姻、嫁娶、移徙、修造动土、竖柱上梁、栽种、牧养，惟庚戌兼宜安葬。③【丙戌】德合金匮只宜祭祀、祈福、求嗣。【甲戌】月空不将只宜嫁娶、余事不利。【壬戌】天贼一概无取。

按：戊戌为无禄日。如在巳年巳月，岁月填实禄空，方可选用。

亥日值破，【乙亥】德合【己亥】月恩【辛亥】天德只宜祭祀，余事不利。【丁亥】往亡【癸亥】四废一概无取。

子日值危，【丙子】德合天马【庚子】月德吠对均宜祭祀、祈福、求嗣、上官赴任、移徙、安床、修造动土、竖柱上梁、栽种、牧养，惟庚子兼宜结婚姻、嫁娶、破土、安葬、启攒。【戊子】四相只宜祭祀，余事不利。【甲子】

---

① 因为德合天原二星俱会之辰。

② 只己酉忌动土破土。

③ 不忌破土。

白虎【壬子】四废一概无取。

丑日值成，【乙丑】天恩天喜【丁丑】三合六仪【己丑】三合四相【辛丑】天德天喜【癸丑】天医玉堂均宜入学、上官赴任、修造动土、竖柱上梁、开市、立券、交易，惟乙丑、丁丑、己丑、辛丑兼宜结婚姻，乙丑、己丑、辛丑兼宜祭祀、祈福、求嗣、牧养，己丑、辛丑兼宜栽种，乙丑、辛丑兼宜嫁娶、安葬。①

按：己丑为无禄日。如在己年月，岁德、岁德合、天干三朋，方可选用。

寅日值收，【丙寅】母仓德合【庚寅】月德五合均宜上官赴任、结婚姻、嫁娶、移徙、竖柱上梁、② 立券、交易、牧养，惟庚寅兼宜安葬、启攒。③【戊寅】天牢【壬寅】月害【甲寅】劫煞一概无取。

卯日值开，【辛卯】天德五合【乙卯】德合生气均宜祭祀、祈福、求嗣、入学、上官赴任、结婚姻、嫁娶、移徙、修造动土、竖柱上梁、开市、立券、交易、牧养，惟辛卯兼宜栽种。【癸卯】阴德【丁卯】天恩【己卯】普护只宜祭祀、入学，余事不利。

辰日值闭，【庚辰】月德【丙辰】阳德只宜祭祀，余事不利。【戊辰】绝阴【壬辰】五虚【甲辰】八风诸事不宜。

贵登天门时：小满后，夏至前，日躔在申宫，为四月将。

丙日戌时　丁日申戌时　戊日午子时　己日未亥时

庚日午子时　辛日巳丑时　壬日辰寅时　癸日寅时

四大吉时：小满后，夏至前，宜用甲、丙、庚、壬，即卯午酉子时。

---

① 不忌破土。

② 忌动土。

③ 忌破土。

五月六十甲子表

五月	甲己年	乙庚年	丙辛年	丁壬年	戊癸年
	建庚午	建壬午	建甲午	建丙午	建戊午

芒种五月节，天道西北行，宜修造西北维。

天德在乾，月德在丙，月德合在辛，月空在壬，宜修造取土。

月建在午，月破在子，月厌在午，月刑在午，月害在丑，劫煞在亥，灾煞在子，月煞在丑，忌修造取土。

芒种后十六日往亡，夏至前一日四离。

孟年	绿紫白	仲年	白白黄	季年	赤碧黑
	黑赤碧		白绿紫		黄白白
	白黄白		碧黑赤		紫白绿

午日起建，【甲午】天赦只宜祭祀，余事不利。【庚午】土符【壬午】月刑【丙午】二错【戊午】月厌诸事不宜。

未日值除，【辛未】德合六合【丁未】天原六合【己未】四相六合均宜祭祀、祈福、求嗣、上官赴任、移徙、修造动土、竖柱上梁、立券、交易、栽种、牧养，惟辛未丁未兼宜结婚姻、嫁娶，辛未己未兼宜安葬，[1] 丁未兼宜开市。【癸未】天恩六合【乙未】不将六合只宜上官赴任、结婚姻、嫁娶、立券、交易、安葬，[2] 余事不利。

申日值满，【甲申】福德鸣吠【庚申】驿马鸣吠均宜祭祀、祈福、移徙、开市、

① 不忌破土。

② 不忌破土。

破土、安葬，惟甲申兼宜嫁娶。【丙申】月德不将【戊申】月恩不将宜祭祀、祈福、求嗣、上官赴任、嫁娶、移徙、修造动土、竖柱上梁、开市、栽种、牧养，惟丙申兼宜结婚姻、立券、交易、破土、安葬。【壬申】为真无禄日，只宜祭祀、余事不利。

酉日值平，【己酉】敬安【辛酉】明堂只宜祭祀，余事不利。【癸酉】致死【乙酉】天罡【丁酉】天贼一概无取。

戌日值定，【甲戌】三合不将【庚戌】天恩天仓【壬戌】月空普护均宜祭祀、祈福、上官赴任、结婚姻、嫁娶、竖柱上梁、立券、交易，[①] 惟甲戌庚戌兼宜修造动土。【丙戌】月德不将【戊戌】月恩不将宜祭祀、祈福、求嗣、上官赴任、结婚姻、嫁娶、移徙、修造动土、竖柱上梁、立券、交易、牧养，惟丙戌兼宜栽种、安葬。[②]

按：戊戌为无禄日。如在戊年月，岁德、岁德合、天干三朋，方可选用。

亥日值执，【乙亥】福生【丁亥】五富【己亥】四相【辛亥】德合【癸亥】五富只宜祭祀，余事不利。

子日值破，【丙子】月德只宜祭祀，余事不利。【甲子】五虚【戊子】招摇【庚子】天火【壬子】四废诸事不宜。

丑日值危，【乙丑】天恩【丁丑】阴德【己丑】四相【辛丑】圣心【癸丑】宝光只宜祭祀，余事不利。

寅日值成，【丙寅】月德吠对【戊寅】母仓益后【庚寅】天喜天医【壬寅】五合天马均宜入学、上官赴任、结婚姻、嫁娶、修造动土、竖柱上梁、开市、立券、交易、栽种、牧养，惟丙寅兼宜破土、安葬、启攒，庚寅、壬寅兼宜破土、启攒。【甲寅】母仓吠对只宜入学、上官赴任、修造动土、竖柱上梁、开市、立券、交易、栽种、牧养、破土、启攒。

---

① 只壬戌忌动土。

② 不忌破土。

卯日值收，【丁卯】天恩【己卯】续世【辛卯】玉堂【癸卯】五合【乙卯】母仓只宜祭祀，余事不利。

辰日值开，【戊辰】天恩四相【壬辰】时阳时德【庚辰】时阳生气【丙辰】月德生气均宜祭祀、祈福、求嗣、入学、上官赴任、结婚姻、移徙、修造动土、竖柱上梁、栽种、牧养。惟丙辰兼宜嫁娶、开市。【甲辰】为真无禄日，只宜祭祀，余事不利。

按：庚辰无禄日。如在夏至前，太阳填禄，方可用。

巳日值闭，【己巳】四相玉宇【辛巳】天恩德合只宜祭祀、栽种、牧养，余事不利。【癸巳】游祸【乙巳】血支【丁巳】复日一概无取。

按：辛巳为无禄日。如在丙辛年午月岁德合、月德合所会之辰，方可选用。

贵登天门时：夏至后，大暑前，日躔在未宫，为五月将。

乙日戌时　丙日酉时　丁日未时　戊日巳亥时

己日午戌时　庚日巳亥时　辛日辰子时　壬日卯丑时

四人吉时：夏至后，大暑前，宜用艮、巽、坤、乾，即寅巳申亥时。

六月六十甲子表

六月	甲己年	乙庚年	丙辛年	丁壬年	戊癸年
	建辛未	建癸未	建乙未	建丁未	建己未

小暑六月节，天道东行，宜修造东方。

天德在甲，天德合在己，月德在甲，月德合在己，月空在庚，宜修造取土。

月建在未，月破在丑，月厌在巳，月刑在丑，月害在子，劫煞在申，灾煞在酉，月煞在戌，忌修造取土。

小暑后二十四日往亡。土王用事后，忌修造动土。巳午日添母仓。

孟年	碧白赤	仲年	紫黄绿	季年	白黑白
	白白黑		赤碧白		绿紫黄
	黄绿紫		黑白白		白赤碧

未日起建，【辛未】月恩 圣心宜祭祀、祈福、求嗣、上官赴任、结婚姻、移徙、竖柱上梁、[①] 牧养。【癸未】天恩 不将【乙未】守日 不将只宜祭祀、上官赴任、嫁娶。【丁未】守日 圣心【己未】守日 四相均宜祭祀、上官赴任，惟己未兼宜移徙、牧养。

申日值除，【甲申】二德 不将宜祭祀、祈福、求嗣、上官赴任、结婚姻、嫁娶、移徙、修造动土、竖柱上梁、栽种、牧养、破土、安葬。【壬申】阳德【丙申】益后【戊申】除神【庚申】司命只宜祭祀，余事不利。

① 忌动土。

酉日值满，【己酉】天恩德合宜祭祀、祈福、求嗣、上官赴任、结婚姻、嫁娶、移徙、修造动土、竖柱上梁、开市、立券、交易、栽种、牧养。【癸酉】民日【乙酉】天巫【丁酉】福德【辛酉】月恩只宜祭祀，余事不利。

戌日值平，【甲戌】二德只宜祭祀，余事不利。【丙戌】月虚【戊戌】月煞【庚戌】土符【壬戌】河魁诸事不宜。

亥日值定，【己亥】德合四相【辛亥】三合六仪均宜祭祀、祈福、求嗣、上官赴任、结婚姻、移徙、修造动土、竖柱上梁、立券、交易、牧养，惟己亥兼宜栽种。【乙亥】阴德明堂【丁亥】时阴玉宇宜修造动土、竖柱上梁、牧养，惟乙亥兼宜结婚姻、立券、交易。【癸亥】四废一概无取。

按：丁亥为无禄日。如在丁年月，岁德、岁德合、天干三朋；或在大暑后，太阳填实禄空，方可选用。

子日值执，【甲子】天德月德宜祭祀、祈福、求嗣、上官赴任、结婚姻、嫁娶、修造动土、竖柱上梁、牧养、安葬。[①]【戊子】解神只宜祭祀。【丙子】触水龙【庚子】天刑【壬子】四废一概无取。

丑日值破，【己丑】德合只宜祭祀，余事不利。【乙丑】四击【丁丑】九空【辛丑】朱雀【癸丑】月破诸事不宜。

寅日值危，【丙寅】天恩母仓【戊寅】四相五富【庚寅】吠对金匮【壬寅】吠对五合【甲寅】吠对二德均宜安床、开市、立券、交易、栽种、牧养，惟丙寅、庚寅、壬寅、甲寅兼宜破土、启攒，甲寅兼宜安葬，丙寅、戊寅、庚寅、壬寅兼宜结婚姻，戊寅、甲寅兼宜上官赴任、移徙、修造动土、竖柱土梁。

卯日值成，【丁卯】天喜天恩【己卯】德合天医【辛卯】母仓吠对【癸卯】五合吠对【乙卯】三合吠对均宜入学、上官赴任、结婚姻、嫁娶、移徙、修造动土、竖柱上梁、开市、立券、交易、牧养。惟丁卯、辛卯、癸卯、乙卯兼宜破土、启

① 不忌破土。

攒，丁卯、己卯、辛卯、癸卯兼宜栽种，己卯、辛卯兼宜祭祀、祈福、求嗣。

辰日值收，【甲辰】二德 普护宜祭祀、祈福、求嗣、上官赴任、结婚姻、嫁娶、移徙、修造动土、竖柱上梁、栽种、牧养、安葬。[①] 【壬辰】天马只宜祭祀，栽种、牧养。【丙辰】时德只宜祭祀、牧养。【戊辰】四相只宜祭祀。【庚辰】真无禄日，亦只宜祭祀，余事不利。

巳日值开，【己巳】德合 福生【辛巳】天恩 玉堂【癸巳】时阳 生气【乙巳】驿马 天后只宜祭祀、入学，余事不利。【丁巳】大会诸事不宜。

午日值闭，【庚午】六合 鸣吠【壬午】天恩 鸣吠【甲午】天赦 二德均宜破土、安葬，惟甲午兼宜祭祀，其余各事，亦不禁忌。[②] 【戊午】天愿只宜祭祀，余事不利。【丙午】逐阵诸事不宜。

贵登天门时：大暑后，处暑前，日躔在午宫，为六月将。

乙日酉时　丙日申时　丁日午时

戊日辰 戌时　己日巳时　庚日辰 戌时

辛日卯 亥时　壬日寅 子时　癸日寅时

四大吉时：大暑后，处暑前，宜用癸、乙、丁、辛，即丑辰未戌时。

---

① 不忌破土。

② 因为德赦所会之辰。

七月六十甲子表

七月	甲己年	乙庚年	丙辛年	丁壬年	戊癸年
	建壬申	建甲申	建丙申	建戊申	建庚申

立秋七月节，天道北行，宜修造北方。

天德在癸，天德合在戊，月德在壬，月德合在丁，月空在丙，宜修造取土。月建在申，月破在寅，月厌在辰，月刑在寅，月害在亥，劫煞在巳，灾煞在午，月煞在未，忌修造取土。

立秋前一日四绝，后九日往亡。

孟年		仲年		季年	
	黑赤白		白绿碧		黄白紫
	紫黄白		白黑赤		碧白绿
	绿碧白		白紫黄		赤白黑

申日起建，【戊申】天赦德合【壬申】月德不将均宜祭祀、祈福、求嗣、上官赴任、结婚姻、嫁娶、移徙、竖柱上梁、牧养、安葬。[①]【甲申】鸣吠不将【丙申】月空王日【庚申】除神天仓宜上官赴任，惟甲申兼宜嫁娶。

按：壬申日在立秋后，与月德并，故不以无禄论。丙申乃无禄日，必须在丙年月，岁德、岁德合、天干三朋；或在处暑后，太阳填实禄空，方可选用。

酉日值除，【癸酉】天德四相【丁酉】德合鸣吠均宜祭祀、祈福、求嗣、结婚姻、修造动土、竖柱上梁、牧养、破土、安葬。【乙酉】吉期鸣吠【己酉】天恩鸣吠【辛酉】阴德鸣吠只宜破土、安葬，余事不利。

---

① 壬申忌动土、破土。戊申乃德合天赦所会之辰，其余各事，皆不禁忌。

戌日值满，【戊戌】德合母仓【壬戌】月恩月德均宜上官赴任、结婚姻、嫁娶、移徙、修造动土、竖柱上梁、开市、立券、交易、栽种、牧养，安葬。[①]【甲戌】六仪【丙戌】月空【庚戌】阳德只宜栽种、牧养，余事不利。

按：戊戌为无禄日。如在戊癸年申月，天德合、岁德合所会之辰；或在处暑后，太阳填实禄空，方可选用。

亥日值平，【丁亥】德合普护宜祭祀、上官赴任、结婚姻、移徙、竖柱上梁、[②]牧养。【乙亥】相日【己亥】普护【辛亥】天恩【癸亥】天德只宜祭祀，余事不利。

按：丁亥为无禄日。如在丁壬年申月，岁德合、月德合所会之辰，方可选用；或在处暑前，太阳填实禄空，方可选用。

子日值定，【甲子】天恩福生【丙子】月空时阴【戊子】德合青龙【庚子】吠对时阴【壬子】月德吠对均宜祭祀、祈福、求嗣、上官赴任、移徙、修造动土、竖柱上梁、开市、立券、交易、牧养。惟甲子、丙子、戊子、壬子兼宜结婚姻、嫁娶，壬子兼宜栽种、破土、安葬、启攒，丙子兼宜破土、启攒，戊子兼宜栽种、安葬。[③]

丑日值执，【丁丑】德合母仓【癸丑】天德母仓均宜祭祀、祈福、求嗣、上官赴任、修造动土、竖柱上梁、栽种、牧养、安葬，[④]惟丁丑兼宜结婚姻、嫁娶。【己丑】明堂只宜栽种、牧养。【乙丑】天恩只宜牧养，余事不利。【辛丑】五墓一概无取。

按：己丑为无禄日。如在处暑前，太阳填实禄空，方可选用。

寅日值破，【丙寅】天刑【庚寅】复日【甲寅】四废【戊寅】月破【壬寅】大耗一概无取。

卯日值危，【丁卯】天恩吠对【癸卯】天德四相均宜祭祀、祈福、求嗣、上官赴

① 不忌破土。

② 忌动土。

③ 不忌破土。

④ 不忌破土。

任、结婚姻、嫁娶、移徙、安床、竖柱上梁。[①] 立券、交易、牧养、安葬、启攒。[②]【辛卯】益后 吠对只宜祭祀、启攒。【己卯】五合只宜祭祀。【乙卯】四废诸事不宜。

辰日值成，【戊辰】德合 天喜【壬辰】月德 母仓均宜祭祀、祈福、求嗣、入学、修造动土、竖柱上梁、开市、立券、交易、牧养、安葬。[③]【丙辰】三合 金匮只宜祭祀入学。【甲辰】为真无禄日，只宜祭祀，余事不利。【庚辰】复日诸事不宜。

巳日值收，【己巳】天原 宝光【癸巳】天德 四相【丁巳】五富 六合均宜祭祀、祈福、求嗣、上官赴任、结婚姻、嫁娶、移徙、竖柱上梁。[④] 开市、立券、交易、牧养，惟己巳、癸巳兼宜修造动土、栽种。【辛巳】【乙巳】皆为真无禄日，只宜祭祀，余事不利。

按：辛巳、乙巳，日禄逢空，而无填实之神，故不取。

午日值开，【壬午】月德 不将【戊午】德合 不将均宜祭祀、祈福、求嗣、入学、上官赴任、结婚姻、嫁娶、移徙、修造动土、竖柱上梁、开市、栽种、牧养。【庚午】天马 生气【甲午】时阳 玉宇【丙午】月空 玉宇只宜祭祀、入学，余事不利。

未日值闭，【癸未】[⑤]【丁未】[⑥] 只宜祭祀，余事不利。【辛未】月空【乙未】血支【己未】月煞诸事不宜。

贵登天门时：处暑后，秋分前，日躔在巳宫，为七月将。

甲日酉时　乙日申时　丙日未时　丁日巳时　戊日卯 酉时

己日辰时　庚日卯 酉时　辛日戌时　壬日亥时　癸日丑时

四大吉时：处暑后，秋分前，宜用甲、丙、庚、壬，即卯午酉子时。

---

① 忌动土。

② 忌破土。

③ 不忌破土。

④ 只丁巳忌动土。

⑤ 天德。

⑥ 德合。

八月六十甲子表

<table>
<tr><td rowspan="2">八月</td><td>甲己年</td><td>乙庚年</td><td>丙辛年</td><td>丁壬年</td><td>戊癸年</td></tr>
<tr><td>建癸酉</td><td>建乙酉</td><td>建丁酉</td><td>建己酉</td><td>建辛酉</td></tr>
</table>

白露八月节，天道东北行，宜修造东北维。

天德在艮，月德在庚，月德合在乙，月空在甲，宜修造取土。

月建在酉，月破在卯，月厌在卯，月刑在酉，月害在戌，劫煞在寅，灾煞在卯，月煞在辰，忌修造取土。

白露后十八日往亡，秋分前一日四离。

<table>
<tr><td rowspan="3">孟年</td><td>白白黄</td><td rowspan="3">仲年</td><td>赤碧黑</td><td rowspan="3">季年</td><td>绿紫白</td></tr>
<tr><td>白绿紫</td><td>黄白白</td><td>黑赤碧</td></tr>
<tr><td>碧黑赤</td><td>紫白绿</td><td>白黄白</td></tr>
</table>

酉日起建，【癸酉】月恩【乙酉】德合【丁酉】益后【辛酉】六仪只宜祭祀，余事不利。【己酉】五离诸事不宜。

戌日值除，【庚戌】天恩 月德宜祭祀、祈福、求嗣、上官赴任、结婚姻、嫁娶、移徙、修造动土、竖柱上梁、栽种、牧养、安葬。[①]【甲戌】月空 母仓【丙戌】吉期 续世【戊戌】母仓 守日【壬戌】四相 守日均宜祭祀、上官赴任、栽种，惟壬戌兼宜移徙、修造动土、竖柱上梁。

按：戊戌无禄日。如在秋分前，太阳填禄，方可用。

亥日值满，【乙亥】德合 要安宜祭祀、祈福、求嗣、上官赴任、结婚姻、移徙、修造动土、竖柱上梁、开市、立券、交易、牧养。【丁亥】相日 福德【己

① 不忌破土。

亥】天巫天后均宜祭祀、祈福、移徙、开市、立券、交易。【辛亥】天恩驿马只宜祭祀、祈福、移徙。【癸亥】月恩只宜祭祀，余事不利。

子日值平，【甲子】月空【丙子】时德【戊子】民日【庚子】阳德【壬子】玉宇只宜祭祀，余事不利。

丑日值定，【乙丑】德合母仓【癸丑】天恩四相均宜祭祀、祈福、求嗣、上官赴任、移徙、修造动土、竖柱上梁、立券、交易、牧养。惟乙丑兼宜结婚姻、嫁娶、安葬。[1]【丁丑】母仓三合只宜结婚姻、嫁娶、修造动土、竖柱上梁、立券、交易、牧养。【辛丑】复日【己丑】为真无禄日。一概无取。

寅日值执，【丙寅】地囊【戊寅】归忌【庚寅】小耗【壬寅】劫煞【甲寅】八专一概无取。

卯日值破，【丁卯】天火【己卯】冲阳【辛卯】复日【癸卯】月破【乙卯】四废诸事不宜。

辰日值危，【庚辰】天原月德宜祭祀、祈福、求嗣、上官赴任、结婚姻、嫁娶、移徙、安床、修造动土、竖柱上梁、开市、立券、交易、栽种、牧养、安葬，[2]其余各事，亦不禁忌。[3]【壬辰】四相只宜祭祀。【戊辰】四击【甲辰】月煞【丙辰】天刑诸事不宜。

巳日值成，【己巳】天喜三合【辛巳】天喜不将【癸巳】天喜普护【乙巳】天喜德合【丁巳】天喜临日均宜祭祀、祈福、入学、上官赴任、结婚姻、嫁娶、移徙、修造动土、竖柱上梁、开市、立券、交易、牧养，惟癸巳、乙巳兼宜求嗣，己巳、辛巳、癸巳、丁巳兼宜栽种。

按：辛巳为无禄日。如在酉年酉月，岁月填实禄空，方可选用。乙巳又为无禄日，如在乙庚年酉月，岁德合、月德合所会之辰；或在乙年乙月，岁德、岁德合、天干三朋，方可选用。

---

① 不忌破土。

② 不忌破土。

③ 因为德合所会之辰。

午日值收，【庚午】月德【壬午】天恩【甲午】鸣吠【丙午】金匮【戊午】福生只宜祭祀，余事不利。

未日值开，【辛未】母仓不将【癸未】天恩不将【乙未】德合宝光【丁未】天仓生气【己未】时阳宝光均宜祭祀、祈福、求嗣、入学、上官赴任、移徙、竖柱上梁、[①]牧养，惟癸未、乙未兼宜结婚姻、嫁娶，辛未兼宜嫁娶，乙未兼宜开市。

申日值闭【甲申】月空鸣吠【丙申】五富鸣吠【戊申】天赦圣心【庚申】月德鸣吠均宜祭祀、牧养、安葬，惟甲申兼宜栽种、破土，戊申、庚申兼宜立券、交易、栽种，庚申兼宜破土。【壬申】为真无禄日，只宜祭祀，余事不利。

按：丙申为无禄日。如在秋分前，太阳填实禄空，方可选用。

贵登天门时：秋分后，霜降前，日躔在辰宫，为八月将。

甲日申寅时　乙日未卯时　丙日午时　丁日辰时

己日卯时　辛日酉时　壬日戌时　癸日子时

四大吉时：秋分后，霜降前，宜用艮、巽、坤、乾，即寅巳申亥时。

① 忌动土。

九月六十甲子表

九月	甲己年	乙庚年	丙辛年	丁壬年	戊癸年
	建甲戌	建丙戌	建戊戌	建庚戌	建壬戌

寒露九月节，天道南行，宜修造南方。

天德在丙，天德合在辛，月德在丙，月德合在辛，月空在壬，宜修造取土。月建在戌，月破在辰，月厌在寅，月刑在未，月害在酉，劫煞在亥，灾煞在子，月煞在丑，忌修造取土。

寒露后二十七日往亡。土王用事后，忌修造动土。巳午日添母仓。

孟年	紫黄绿	仲年	白黑白	季年	碧白赤
	赤碧白		绿紫黄		白白黑
	黑白白		白赤碧		黄绿紫

戌日起建，【丙戌】天德月德【庚戌】天恩月恩【壬戌】母仓四相均宜祭祀、上官赴任、移徙、牧养，惟丙戌、壬戌兼宜祈福、求嗣、结婚姻、竖柱上梁，[1] 丙戌兼宜嫁娶、安葬。[2]【甲戌】白虎【戊戌】复日诸事不宜。

亥日值除，【辛亥】德合天恩宜祭祀、祈福、求嗣、上官赴任、移徙、竖柱上梁、[3] 牧养。【癸亥】敬安只宜祭祀。【乙亥】重日【丁亥】八风【己亥】土符一概无取。

子日值满，【丙子】二德普护宜祭祀、祈福、求嗣、上官赴任、结婚姻、嫁娶、修造动土、竖柱上梁、开市、立券、交易、栽种、牧养、破土、安葬、启攒。【甲子】普护【戊子】民日【庚子】天巫【壬子】月空只宜祭祀，

① 忌动土。
② 忌破土。
③ 忌动土。

余事不利。

丑日值平，【辛丑】德合只宜祭祀。【乙丑】天罡【丁丑】死神【己丑】月煞【癸丑】触水龙诸事不宜。

寅日值定，【丙寅】月厌【戊寅】复日【庚寅】九坎【壬寅】九焦【甲寅】孤辰诸事不宜。

卯日值执，【辛卯】天愿德合【癸卯】四相六合均宜祭祀、祈福、求嗣、上官赴任、结婚姻、嫁娶、移徙、修造动土、竖柱上梁、栽种、牧养、破土、安葬、启攒，惟辛卯兼宜开市、立券、交易，其余各事，亦不禁忌。①【丁卯】天恩六合【己卯】天恩五合宜祭祀、祈福、结婚姻、嫁娶、安葬，② 惟丁卯兼宜破土、启攒。【乙卯】圣心只宜祭祀，余事不利。

辰日值破，【戊辰】青龙【庚辰】解神【壬辰】益后【甲辰】母仓【丙辰】二德只宜祭祀，余事不利。

巳门值危，【辛巳】德合不将【癸巳】四相不将均宜祭祀、上官赴任、结婚姻、嫁娶、移徙、安床、修造动土、竖柱上梁、栽种、牧养。【己巳】阴德【乙巳】明堂【丁巳】续世只宜祭祀、安床，余事不利。

按：辛巳为无禄日。如在丙辛年戌月，岁德合、月德合所会之辰，方可选用。乙巳又为无禄日，如在霜降后，太阳填实禄空，方可选用。

午日值成，【庚午】天喜月恩【壬午】天喜三合【甲午】天喜要安【丙午】天喜二德【戊午】天喜不将均宜入学、上官赴任、结婚姻、嫁娶、移徙、修造动土、竖柱上梁、开市、立券、交易，惟庚午、壬午、丙午兼宜祭祀、祈福、求嗣、栽种、牧养，庚午、壬午、甲午、丙午兼宜破土、安葬。

未日值收，【辛未】德合【癸未】玉宇只宜祭祀。【乙未】朱雀【丁未】八风【己未】八专一概无取。

申日值开，【甲申】生气金堂【丙申】二德除神【戊申】天赦驿马【庚申】月恩天后均宜

① 因为德原所会之辰。

② 己卯不忌破土。

祭祀、祈福、求嗣、入学、上官赴任、移徙、修造动土、竖柱上梁、开市、栽种、牧养，惟丙申、戊申兼宜结婚姻、嫁娶。【壬申】为真无禄日，只宜祭祀，余事不利。

酉日值闭，【癸酉】宝光【辛酉】德合只宜祭祀。【乙酉】五离【丁酉】月害【己酉】血支一概无取。

贵登天门时：霜降后小雪前，日躔在卯宫，为九月将。

甲日未丑时　乙日午寅时　丙日巳卯时

丁日卯时　壬日酉时　癸日酉亥时

四大吉时：霜降后，小雪前，宜用癸、乙、丁、辛，即丑辰未戌时。

十月六十甲子表

十月	甲己年	乙庚年	丙辛年	丁壬年	戊癸年
	建乙亥	建丁亥	建己亥	建辛亥	建癸亥

立冬十月节，天道东行，宜修造东方。

天德在乙，天德合在庚，月德在甲，月德合在己，月空在庚，宜修造取土。

月建在亥，月破在巳，月厌在丑，月刑在亥，月害在申，劫煞在申，灾煞在酉，月煞在戌，忌修造取土。

立冬前一日四绝，后十日往亡。

孟年	白绿碧	仲年	黄白紫	季年	黑赤白
	白黑赤		碧白绿		紫黄白
	白紫黄		赤白黑		绿碧白

亥日起建，【乙亥】天德【丁亥】续世【辛亥】王日【癸亥】宝光只宜祭祀，余事不利。【己亥】九坎诸事不宜。

子日值除，【甲子】天赦 月德【庚子】月空 吠对均宜祭祀、祈福、求嗣、上官赴任、结婚姻、嫁娶、移徙、修造动土、竖柱上梁、栽种、牧养、安葬，惟甲子诸事不忌，[①] 庚子兼宜破土、启攒。【丙子】天马 吠对只宜上官赴任、移徙、破土、启攒。【戊子】岁薄【壬子】复日一概无取。

丑日值满，【乙丑】天德【丁丑】天巫【己丑】玉宇【辛丑】守日【癸丑】玉堂只宜祭祀，余事不利。

寅日值平，【丙寅】天恩 六合【戊寅】五富 时德【庚寅】五合 不将【壬寅】天愿 吠对【甲

① 因为赦德所会之辰。

寅】月德金堂均宜上官赴任、移徙、竖柱上梁、开市、立券、交易、牧养，惟丙寅、戊寅、庚寅、壬寅兼宜结婚姻、嫁娶，丙寅、庚寅、壬寅、甲寅兼宜修造动土、栽种，① 丙寅、庚寅、甲寅兼宜破土、安葬、启攒，戊寅兼宜安葬。②

卯日值定，【丁卯】天恩三合【己卯】德合不将【辛卯】五合不将【癸卯】时阴不将【乙卯】天德四相均宜上官赴任、结婚姻、嫁娶、移徙、修造动土、竖柱上梁、开市、立券、交易、牧养，惟己卯、乙卯兼宜祭祀、祈福、求嗣，己卯兼宜栽种，丁卯、辛卯、癸卯、乙卯兼宜破土、启攒，乙卯、己卯兼宜安葬。③

辰日值执，【庚辰】天恩阳德【甲辰】月德四相均宜祭祀、祈福、求嗣、上官赴任、结婚姻、嫁娶、移徙、竖柱上梁、④ 牧养、安葬。⑤ 【戊辰】小耗【壬辰】复日【丙辰】天贼一概无取。

按：庚辰为无禄日。如在乙庚年亥月。天德合、岁德合所会之辰，方可选用。甲辰虽为无禄日，因与月德并，不以无禄论。

巳日值破，【己巳】德合【乙巳】天德只宜祭祀，余事不利。【辛巳】重日【癸巳】月破【丁巳】四废一概无取。

午日值危，【庚午】德合鸣吠【甲午】月德四相均宜祭祀、祈福、求嗣、上官赴任、结婚姻、嫁娶、移徙、安床、修造动土、竖柱上梁、栽种、牧养、破土、安葬。【壬午】青龙【丙午】普护【戊午】普护只宜祭祀，余事不利。

未日值成，【辛未】天喜福生【癸未】三合六仪【乙未】天德月恩【丁未】天医临日【己未】天喜德合均宜祭祀、祈福、入学、修造动土、竖柱上梁、开市、立券、交易，惟乙未、己未兼宜求嗣、牧养、安葬，⑥ 辛未、癸未、乙未兼宜结婚

---

① 只戊寅忌动土。

② 忌破土。

③ 只己卯不忌破土。

④ 忌动土。

⑤ 忌破土。

⑥ 不忌破土。

姻，己未兼宜栽种。

申日值收，【甲申】月德鸣吠【庚申】月空鸣吠均宜祭祀、祈福、求嗣、上官赴任、移徙、修造动土、竖柱上梁、栽种、牧养、破土、安葬，惟甲申兼宜结婚姻、嫁娶。【壬申】复日【丙申】天罡【戊申】地囊一概无取。

酉日值开，【乙酉】天德月恩【己酉】德合母仓均宜祭祀、祈福、求嗣、入学、上官赴任、结婚姻、嫁娶、移徙、修造动土、竖柱上梁、开市、牧养，惟己酉兼宜栽种。【癸酉】生气【丁酉】圣心【辛酉】除神只宜祭祀、入学，余事不利。

戌日值闭，【甲戌】月德【庚戌】天恩只宜祭祀，余事不利。【丙戌】血支【戊戌】绝阳【壬戌】复日诸事不宜。

贵登天门时：小雪后，冬至前，日躔在寅宫，为十月将。

甲日午子时　乙日巳丑时　丙日辰寅时　癸日申戌时

四大吉时：小雪后，冬至前，宜用甲、丙、庚、壬，即卯午酉子时。

十一月六十甲子表

十一月	甲己年	乙庚年	丙辛年	丁壬年	戊癸年
	建丙子	建戊子	建庚子	建壬子	建甲子

大雪十一月节，天道东南行，宜修造东南维。

天德在巽，月德在壬，月德合在丁，月空在丙，宜修造取土。

月建在子，月破在午，月厌在子，月刑在卯，月害在未，劫煞在巳。灾煞在午，月煞在未，忌修造取土。

大雪后二十日往亡，冬至前一日四离。

孟年	赤碧黑	仲年	绿紫白	季年	白白黄
	黄白白		黑赤碧		白绿紫
	紫白绿		白黄白		碧黑赤

子日起建，【甲子】天赦只宜祭祀，余事不利。【丙子】触水龙【戊子】月厌【庚子】地火【壬子】六蛇诸事不宜。

丑日值除，【乙丑】天恩 六合【丁丑】德合 不将【辛丑】阴德 不将【癸丑】天愿 宝光均宜祭祀、祈福、上官赴任、结婚姻、嫁娶、立券、交易，惟乙丑、丁丑、癸丑兼宜求嗣、移徙、修造动土、竖柱上梁、牧养，乙丑、丁丑、辛丑[①]兼宜安葬，癸丑兼宜开市、栽种，丁丑亦宜栽种。【己丑】为真无禄日，只宜祭祀，余事不利。

寅日值满，【丙寅】天恩 月空【戊寅】天马 福德【庚寅】不将 五合【壬寅】月德 不将【甲寅】月恩 四相均宜修造动土、竖柱上梁、开市、立券、交易、栽种、牧养，惟

① 均不忌破土。

壬寅兼宜上官赴任、结婚姻、嫁娶、破土、安葬、启攒，甲寅兼宜上官赴任、破土、启攒，丙寅、庚寅兼宜破土、启攒，庚寅兼宜嫁娶。

卯日值平，【丁卯】德合只宜祭祀，余事不利。【己卯】天罡【辛卯】地囊【癸卯】复日【乙卯】天吏诸事不宜。

辰日值定，【戊辰】天恩三合【壬辰】月德不将【甲辰】天仓四相【丙辰】月空时阴均宜祭祀、祈福、上官赴任、结婚姻、嫁娶、修造动土、竖柱上梁、立券、交易，惟壬辰、甲辰兼宜求嗣、移徙、牧养，壬辰兼宜栽种、安葬。① 【庚辰】为真无禄日，只宜祭祀，余事不利。

按：甲辰为无禄日。如在冬至前，太阳填实禄空，方可选用。

巳日值执，【己巳】五富【辛巳】天恩【癸巳】益后【乙巳】四相【丁巳】德合只宜祭祀，余事不利。

午日值破，【壬午】月德只宜祭祀，余事不利。【庚午】招摇【甲午】大耗【丙午】灾煞【戊午】天火诸事不宜。

未日值危，【乙未】要安【丁未】德合只宜祭祀，余事不利。【辛未】月煞【癸未】四击【己未】八专一概无取。

申日值成，【壬申】天喜月德【甲申】天喜月恩【戊申】天喜三合【庚申】天喜青龙均宜入学、上官赴任、移徙、竖柱上梁。② 开市、立券、交易、牧养，惟壬申、甲申兼宜祭祀、祈福、求嗣、结婚姻、嫁娶、安葬，③ 戊申兼宜结婚姻、嫁娶，庚申兼宜安葬。④【丙申】为真无禄日，只宜祭祀，余事不利。

酉日值收，【乙酉】除神【丁酉】金堂只宜祭祀，余事不利。【癸酉】复日【己酉】咸池【辛酉】五离一概无取。

戌日值开，【甲戌】时阳月恩【丙戌】时阳月空【庚戌】时阳天恩【壬戌】时阳月德均宜祭祀、祈福、求嗣、入学、修造动土、竖柱上梁、栽种、牧养，惟甲戌、壬戌兼宜结婚姻，壬戌兼宜开市。【戊戌】天刑为真无禄日，只宜祭祀，余

① 不忌破土。

② 忌动土。

③ 忌破土。

④ 忌破土。

事不利。

亥日值闭，【乙亥】四相【丁亥】王日均宜祭祀、牧养，惟丁亥兼宜栽种，余事不利。【己亥】游祸【辛亥】重日【癸亥】复日一概无取。

按：丁亥为无禄日。如在丁壬年子月岁德合、月德合所会之辰，方可选用。

贵登天门时：冬至后，大寒前，日躔在丑宫，为十一月将。

甲日巳亥时　乙日辰子时　丙日丑时

丁日卯时　己日辰时　癸日未酉时

四大吉时：冬至后，大寒前，宜用艮、巽、坤、乾，即寅巳申亥时。

十二月六十甲子表

十二月	甲己年	乙庚年	丙辛年	丁壬年	戊癸年
	建丁丑	建己丑	建辛丑	建癸丑	建乙丑

小寒十一月节，天道西行，宜修造西方。

天德在庚，天德合在乙，月德在庚，月德合在乙，月空在甲，宜修造取土。月建在丑，月破在未，月厌在亥，月刑在戌，月害在午，劫煞在寅，灾煞在卯，月煞在辰。忌修造取土。

小寒后三十日往亡。土王用事后，忌修造动土。巳午日添母仓。

孟年	白黑白	仲年	碧白赤	季年	紫黄绿
	绿紫黄		白白黄		赤碧白
	白赤碧		黄绿紫		黑白白

丑日起建，【乙丑】德合 四相【辛丑】月恩 不将均宜祭祀、祈福、求嗣、结婚姻、竖柱上梁、[1] 牧养，惟乙丑兼宜安葬。[2]【丁丑】往亡【己丑】复日【癸丑】阳错一概无取。

寅日值除，【庚寅】二德 五合宜上官赴任、结婚姻、嫁娶、移徙、修造动土、竖柱上梁、立券、交易、栽种、牧养、破土、安葬、启攒。【丙寅】劫煞【戊寅】五虚【壬寅】天贼【甲寅】八风一概无取。

卯日值满，【乙卯】德合 吠对宜祭祀、祈福、求嗣、上官赴任、结婚姻、嫁

① 忌动土。

② 忌破土。

娶、移徙、竖柱上梁。[①] 开市、立券、交易、牧养、安葬、启攒。[②]【丁卯】宝光【己卯】金堂【辛卯】天巫【癸卯】天仓只宜祭祀，余事不利。

辰日值平，【庚辰】二德只宜祭祀，余事不利。【戊辰】死神【壬辰】白虎【甲辰】河魁【丙辰】月煞诸事不宜。

巳日值定，【乙巳】德合 四相【辛巳】天恩 月恩均宜祭祀、祈福、求嗣、上官赴任、结婚姻、移徙、修造动土、竖柱上梁、立券、交易、牧养，惟乙巳兼宜嫁娶。【己巳】三合 六仪【癸巳】时阴 玉堂宜结婚姻、修造动土、竖柱上梁、立券、交易、牧养。【丁巳】四废诸事不宜。

按：乙巳为无禄日。如在乙庚年丑月，岁德合、月德合所会之辰，方可选用。辛巳又为无禄日，如在辛年月，岁德、岁德合、天干三朋，方可选用。

午日值执，【庚午】二德 鸣吠宜祭祀、祈福、求嗣、上官赴任、结婚姻、嫁娶、移徙、修造动土、竖柱上梁、栽种、牧养、破土、安葬。【甲午】解神只宜祭祀，余事不利。【壬午】咸池【丙午】四废【戊午】大败一概无取。

未日值破，【辛未】月恩【癸未】天恩【乙未】四相【己未】普护只宜祭祀，余事不利。【丁未】阳破诸事不宜。

申日值危，【甲申】月空 鸣吠【庚申】二德 鸣吠均宜祭祀、上官赴任、移徙、修造动土、竖柱上梁、开市、栽种、牧养、破土、安葬。惟庚申兼宜立券、交易。【戊申】五富只宜祭祀、开市、栽种、牧养。【丙申】【壬申】为真无禄日，只宜祭祀，余事不利。

酉日值成，【癸酉】天喜 母仓【乙酉】天喜 德合【丁酉】天喜 鸣吠【己酉】天喜 三合【辛酉】天喜 除神均宜入学、上官赴任、结婚姻、嫁娶、移徙、竖柱上梁、开市、立券、交易、牧养，惟乙酉、辛酉兼宜祭祀、祈福、求嗣，乙酉、丁酉、

---

① 忌动土。

② 忌破土。

己酉、辛酉兼宜修造动土，[①] 丁酉、己酉、辛酉兼宜栽种，癸酉兼宜安葬，[②] 乙酉、丁酉、辛酉兼宜破土、安葬。

戌日值收，【甲戌】月空【丙戌】青龙【戊戌】圣心【庚戌】二德【壬戌】青龙只宜祭祀，余事不利。

亥日值开，【乙亥】德合生气宜祭祀、祈福、求嗣、入学、修造动土、竖柱上梁、开市、牧养。【己亥】阴德【辛亥】益后只宜祭祀、入学。【丁亥】月厌为真无禄日，只宜祭祀，余事不利。【癸亥】四穷诸事不宜。

子日值闭，【丙子】六合吠对【庚子】二德吠对均宜祭祀、安葬、启攒。[③] 【甲子】[④] 宜祭祀、安葬，[⑤] 其余各事，亦不禁忌。[⑥] 【戊子】续世【壬子】官日只宜祭祀，余事不利。

贵登天门时：大寒后，雨水前，日躔在子宫，为十二月将。

甲日辰戌时　乙日卯亥时　丙日子时　丁日寅时

己日卯时　壬日申时　癸日午申时

四大吉时：大寒后，雨水前，宜用癸、乙、丁、辛，即丑辰未戌时。

---

① 惟癸酉忌动土。

② 忌破土。

③ 忌破土。

④ 天赦天愿。

⑤ 不忌破土。

⑥ 因为赦德所会之辰。

辨讹篇

论大偷修日之非

沈亮功曰："《通书》以壬子、癸丑、丙辰、丁巳、戊午、己未、庚申、辛酉、八日，为诸神朝天，名大偷修日。不拘山向中宫，亦不论有无凶神占守，皆可修动。但神之朝天，何以知之？即或朝天，亦未必拘此八日。万一不朝天而犯之，将何以解救？即幸而朝天，不加之罪，异日还位，能无谴责乎？以人情物理推之，其为捏造晓然矣。况有破坏须修营者，可择太岁以下神煞出游日，并工修之，何必取此八日乎？"

论二十八宿无关吉凶

虚危室壁奎娄胃　昴毕觜参井鬼柳

星张翼轸角亢氐　房心尾箕斗牛女

《考原》曰：日有六十，宿有二十八，综四百二十日为一周，故有七元之说。一元甲子起虚，二元甲子起奎，三元甲子起毕，四元甲子起鬼，五元甲子起翼，六元甲子起氐，七元甲子起箕，七元尽而甲子又起虚，周而复始。盖以虚宿隶于子宫，故自虚宿挨日顺排。但一元起于何年月日，则不可得而考矣。其以虚昴星房配日，危毕张心配月，室觜翼尾配火，壁参轸箕配水，奎井角斗配木，娄鬼亢牛配金，胃柳氐女配土者，犹十干之加于十二枝，非谓七政之果躔于此宿也。其说出于西域《吉凶时日善恶宿曜经》。以彼国不知天干地枝之名，故用二十八宿以纪日。今《时宪书》亦铺注于六十甲子之下，而无所用。历家存此，不过使绝域殊方，共晓某禽值日，系何甲子也。[①]

按：《考原》曰："今时宪书，铺注二十八宿，于六十甲子之下，而无所用。历家存此，不过使绝域殊方，共晓某禽值日，系何甲子。"细绎其义，并不主何吉凶。惟《玉匣记通书》所载，强以东汉云台二十八将配之，绘其图像，编为俚歌，指吉为吉，指凶为凶。曰：某日嫁娶，生得儿孙福寿全；某日嫁娶，男女孤眠不一双。某日造作，岁岁年年大吉昌；某日造作，兄弟相嫌似虎狼。某日埋葬，高官进职拜君王；某日埋葬，三年之后主瘟瘴。一令人喜，一令人惧，淆惑听闻，莫此为甚。考其起例，并不论年月干枝，旺相休囚，及刑冲克害，惟分十二吉，十六凶。其中又有吉者判凶，凶者判吉，颠倒错乱，惝恍迷离，诚伪煞中之尤者，故不惜辞而辟之。

论重复日之误

《协纪辨方书》曰："旧本重复日，忌为凶事，利为吉事，故忌破土安葬、启攒。然其义亦泛矣。夫葬乘生气，经有明文。今选择家亦以无禄、四废为凶日，若复日则皆令星，孟仲月又皆建禄，其吉自无可疑。巳、亥，为阴阳尽日，亦大率云然。而推以一二月，参以三合，此二日无皆凶之理。乃惟此之忌，而不避刑、厌、三煞之凶，且所宜又止于鸣吠日，而舍德、赦、六合之吉，而不知用。是与嫁娶之仅取不将，而不取德、合；惟忌章光、无翘，而不忌刑、冲、破、害等也。婚葬为人事之始终，而俗论拘忌若此，深为不便。顾相传已久，遽去之，转不足以牖世。故遇鸣吠则忌，遇德、赦、六合则不忌，识者自能辨之。亦不注宜，聊以从俗云尔。"

又曰："复日，乃月建所同之干。如正月建寅为阳木，而甲亦阳木，故正月以甲为复日。七月建申为阳金，而庚亦阳金，故七月以庚为复日。即曹震圭所谓正月甲、二月乙、三月戊、四月丙、五月丁、六月己、七月

① 觜、遵为切、读如追、支韵。

庚、八月辛、九月戊、十月壬、十一月癸、十二月己是也。世俗作为歌诀云‘正七连庚、甲’，《通书》因误以正月之庚日，七月之甲日，皆为复日。逐月皆误，俱宜改正。”

论《董氏诹吉新书》之不足凭信

《董氏诹吉新书》，世多刊本。自上海书贾附印于各种便览之书，传播益夥。据嘉庆二十二年丁丑，浙东散人蒋云、奇峰《序例》云："董氏名德彰，号银峰，不知何时人。"其实原书于八月定日，指驳《协纪辨方书》，谓"丁丑己丑二日，宜婚姻等事，此语更谬"云云。考《协纪》成于乾隆六年辛酉，董氏得见此书而驳之，是必乾隆中叶时人矣。蒋序何以谓为不知何时人也？盖蒋氏意在假托古籍。观其例言，与全书语气，如出一手，可以断定其书为蒋氏伪作，非实有董氏银峰其人也。其全书注宜注忌，亦多与《时宪书》相反，颠倒错乱，指不胜屈。且云"择日务将此书，与《时宪书》校对。《时宪书》未见大吉，此书吉，用之无妨。若《时宪书》吉。此书不吉，切不可用"，猖狂悖谬，姑不具论。兹就其凡例所称，最重要之凶煞吉神言之，曰"金神七煞，切不可犯"。煞贡、人专、直星，能解诸凶，惟不能解金神七煞。并编作俚歌云："角、亢、奎、娄、鬼、牛、星，出兵便是不回兵。行船定被大风打，居官未满即遭刑。起造婚姻逢此日，不出三年见哭声。世人若知避七煞，官商士庶永丰荣。"夫二十八宿，不主吉凶，《协纪辨方书》班班可考。《玉匣记》强以东汉云台二十八将配之，指吉为吉，指凶为凶，固已不理于人口；而《诹吉新书》，乃弃二十一宿，而论七宿，似觉独标新异，其实命名为金神七煞，仍是钞袭《玉匣记》耳。查《玉匣记》，所谓"金神七煞"者，甲己年午未日，乙庚年辰巳日，丙辛年子丑寅卯日，丁壬年戌亥日，戊癸年申酉日。考其起例，盖以五虎遁法，遁庚辛干临枝者，即名其日为"金神七煞"。以此附会，名为金神，犹有说焉；若名七煞，则无从附会。盖甲木以庚金为七煞，甲年午日遁庚似矣，未日遁辛则非。乙年、巳日遁辛似矣，辰日遁庚则非。己年、午日遁庚，未日遁辛，庚年、辰日遁庚，巳日遁辛则更非。

其余六干，不辨而亦知其非，命名金神七煞，已是两不相属，妄言大凶以欺人，识者嗤之。乃《诹吉新书》，不辨其是非，不明其起例，转以角、亢、奎、娄、鬼、牛、星七宿值日，名为金神七煞，百事皆忌。既无年月干枝之可考，又无生克合冲之可言，任意捏造，断难凭信。至于煞贡、人专、直星，完全本诸《玉匣》，毫无义理。《协纪书》谓为荒诞不经，而《诹吉新书》，竟推波助澜，尤而效之，其为不足辨论，更无疑义。至观全书月表，言吉星则曰黄罗紫檀、天皇地皇、金银、库楼田塘、月财库珠、驾马御圣、游玩帝驭，言凶煞则曰红沙白虎、鬼哭神号、煞集中宫、天地转煞、活曜土鬼、黑煞将军，既非实有此星，又且必无此理。《协纪·奏议篇》云："其他神煞讹谬错误，尚有出于臣等所奏之外者。"此类是也。或曰："如子所言，《诹吉新书》谬妄如此，固不足凭信矣。然百余年来，传播甚广，此何故耶?"曰："有二说焉。作此书者，善用诱惑恐吓之术。其令人喜也，则曰用某月某日，在六十日，或一百二十日内，进横财、增田产、贵人接引、加官进爵。其令人惧也，则曰用某月某日，在六十日，或一百二十日内，损家长、害子孙、马踢虎伤、口舌官司。祸福两途，言之凿凿，使人不得不信，即不敢不从。且其书文虽鄙俚，而月表编次简明，无须师承口授，略一翻阅，即能了解。较之协纪辨方书，卷帙繁重，议论渊深，大相悬绝，故人尤乐观之，其势几在《协纪辨方》以上。吾恐邪说诐行，诬民惑世，不可向迩，而选吉高深之学理，将卒少研求，爰不避僭妄，略举一二。俾海内阅其书者，知别真伪，而定从违。若谓好辩，而漫肆攻讦，摘人之短，而显己之长，此则非吾之所敢出也。"

按：《董氏诹吉新书》，既断为蒋奇峰伪作，甫脱稿，偶阅《长历钩元》，一名《绨袠宝书》，内容与《诹吉新书》相同，惟无"《协纪》更谬"等字样。其序云："余得无极子指授，粗知择吉涯略，然未敢自信，今先将家藏潘氏刊本，前明董银峰所著《长历钩元》重校付梓。"末署"同治十一年棱伽山民识"。似此则董银峰为前明人，其书原名为《长历钩玄》也。棱伽山民，既得无极子指授，粗知择吉涯略，于此书何以无一字发明？依样壶卢，改头换面，是棱伽山民，又一诞妄之蒋奇峰耳。其为毫无义理，不足凭信则一也。

附录篇

选吉总论

《协纪辨方书》曰：举事无细大，必择其日辰，义欤！曰敬天也。《记》曰：“易抱龟南面，天子卷冕北面。”虽有明智之心，必进断其知焉。示不敢专，以尊天也。夫古之君子，居则观其象，而玩其辞。一事之至，其合于何卦何爻，应有何变何应，早已谋诸乃心而灼然。况又谋及卿士大夫，至于庶民，夫亦何患其不审。乃又必动则观其变，而玩其占耶？凡以血气心知之性，必合诸虚灵不昧之天，而后天下之理得，使足己而不问，则未事而先失也。选择之义，亦犹夫是。天地神祇之所向则顺之，所忌则避之。既奉若于宫廷，以彰昭事之忱；又申布于闾左，以协休嘉之气。凡以敬天云尔，如曰若是则福，不若是则祸，则术士之曲说，而非其本原也。王充《论衡》，辟之不遗余力，则又儒士拘迂，而未见大义。善夫荀悦《申鉴》曰：“或问时群忌。曰：此天地之数也，非吉凶所从生也。”夫知其为天地之数，则固修身者所当顺也。知其非吉凶所从生，则一切拘牵谬悠之说具废。而所为顺之避之者，亦必有道矣。

建寅不始于夏说

《四书摭余说》曰：建正之月。自尧以来，皆以寅月为岁首。《虞书》正月上日，月正元日，并寅月也。《北史·李业兴传》载梁武之言曰：“寅宾出日，即是正月。日中星鸟，以殷仲春。”即是二月。罗泌曰：“观舜之分巡四岳，必按四仲，则知其建寅同矣。”董仲舒谓“舜绍尧，改正朔”，恐未可信。《蔡氏书传》言“三正迭建，其来久矣”，子丑之建，唐虞之前，当已有之。则改朔亦不自夏始，而为邦首夏正者，明乎夏数得天，尧舜之所同也。

释建除十二神之义

《考原》曰：按月建十二神，除、危、定、执、成、开为吉，建、破、平、收、满、闭为凶。《历书》所谓“建满平收黑，除危定执黄。成开皆可用，闭破不相当者也。”《选择宗镜》以四利三元、诸神相配，吉凶亦未尽合。如以建为太岁，除为太阳，满为丧门，破为岁破，危为龙德，此相合者也。至以平为太阴，定为官符，执为死符，成为白虎，收为福德，开为吊客，此不相合者也。大抵凡日吉神多则吉，凶神多则凶。又各视其神之宜忌，以为趋避，亦未可以执一而论也。

《协纪辨方书》曰：建者一月之主，故从建起义，而参伍于十二辰。古之所谓建除家言也。建次为除，除旧布新，月之相气也。一生二，二生三，三者数之极，故曰满。满则必溢矣。《易》曰“坎不盈，祇既平。”概满则平，继满故必以平也。平则定，建前四位则三合，合亦定也。定则可执矣，故继之以执。执者守其成也，物无成而不毁，故继之以破。对七为冲，冲则破也。救破以危，在《易》“己日乃革之”。己十干之第六，破十二辰之第七，其义同也。是故救破以危，既破而心知危。孟子曰：“危故达。”夫心能危者，事乃成矣。不必待其成，而后知为达也。《淮南子》云：“前三后五，百事可举。”平前三也，危后五也。继危者成，何以成建？三合备也。既成必收，自建至此而十，十极数也，数无终极之理，开之。开之云者，十即一也。一生二，二生三，由此一而三之，则复为建矣。建固生于开者也，故开为生气也。气始萌芽，不闭，则所谓发天地之房，而物不能以生，故受之以闭终焉。唯其能闭，故复能建，与《易》同也。又按：自建至闭十二神。其辰皆由建改而递更，古今论说纷纭，吉凶不一。夫止以建除论吉凶，未甚彰显着明也。此建则彼除，十二辰自然轮转耳。迨夫参以万事，错以二气五行，然后吉凶生焉。特其吉凶之大小剂量，则生于建除。云驶月运，舟行岸移，明者默契其微，神而明之可也。今具列各条之下，阴阳之变化无穷，夫亦举一隅云耳。又按：建除之说，见于古者，自《淮南子》外，又有太公《六韬》云："开牙门，当背建向破。"《越绝》云："黄帝之元，执辰破巳。伯王之气，见于地户。"《王莽传》云："以戊辰直定，御王冠，即真天子位。"师古曰："于建除之次，其日当定也。"知所由来久矣。盖其说与诸家，同起战国时，而并托之黄帝云。

释四大吉时之八干四卦[①]

《两般秋雨盦随笔》曰："选择家以子初为壬时，丑初为癸时，寅初为艮时，卯初为甲时，辰初为乙时，巳初为巽时，午初为丙时，未初为丁时，申初为坤时，酉初为庚时，戌初为辛时，亥初为乾时。"即今《时宪书》所谓"寅申巳亥月，宜用甲丙庚壬时。子午卯酉月，宜用艮巽坤乾时。辰戌丑未月，宜用癸乙丁辛时"是也。钱辛楣曰："都门法源寺，见辽舍利函，后题甲时。又戒坛寺，辽法禅师碑，后题乾时。又辽石幢二，一题庚时，一题坤时。"盖金辽石刻，多用斯为记也。

按：四大吉时之八干四卦，《宗镜》谓为时之上四刻，语焉不详，殊难索解。此篇谓"甲丙庚壬，即卯午酉于时之初刻。癸乙丁辛，即丑辰未戌时之初刻。艮巽坤乾，即寅巳申亥时之初刻"，措词明白。与"一时有八刻，上四曰初，下四曰正"之说，亦颇吻合。至"寅申巳亥月"云云，当以中气为主。中气者何？正月雨水节，二月春分节是也。若甫交立春，即用寅月吉时。甫交惊蛰，即用卯月吉时，则大误矣。

答婚礼问

刘榛曰：客问盟婚于襁褓，可乎？曰：无悔焉，可也。曰：何悔？曰：山川之或阻也，官骸之或伤也。或家落而见差，或行非而相浼也，皆

① 又名四煞没时。

悔也。古人六礼之行，率无远期，故《诗》曰“雝雝鸣雁，旭日始旦。士如归妻，迨冰未泮”。冰未泮而纳采，桃始华而御轮，故不至有他端之变，贻悔恨而生衅端也。客曰：娶妻不娶同姓，何谓也？曰：先儒云，为其近于禽兽也。禽兽不知嫌微之别，人乌可无别也？客曰：异姓其皆无嫌乎？曰：外姻为婚，有以奸论者矣。客曰：虽然，中表之行，近世士大夫皆用之，或犹可许也。曰：在律，婚姑舅两姨姊妹者，杖八十离异，安在其可哉！先王制礼，远嫌而养耻。又立之科条，以防不然。所以扶进斯民于人道者，至严而不可犯矣。夫所谓同姓者，犹无亲之称耳。若吾父姊妹之子，不犹夫兄弟之子乎？吾父兄弟姊妹之子，不犹之吾父兄弟姊妹之子乎？人知同姓兄弟之子不可婚，而不知异姓兄弟姊妹之子不可婚，何耶？客曰：彼世婚者皆非欤？曰：疏而无服者，可也。姑舅两姨兄弟姊妹，相为服缌麻，乃乱之以婚姻，而期且斩焉，如礼何？客曰：吾党有女养于他人，谓可解中表之迹婚而之，然欤？曰：买妾不知其姓则卜之。不知者犹卜，知而假人以免，夫谁欺？客曰：举世行之，未闻有用离异之律者，或居今而亦可从俗也。曰：俗之可从，事之无害于义尔。斁伦败礼，相率而畔于人群，可乎？盗徼幸而未发，曰“未见有律盗者”，盗顾可为乎哉！

按：读此可知，襁褓结婚固非，中表结婚尤谬。凡有子女者，均宜三覆斯言，不仅为选吉家所当晓也。

论嫁娶之期

丁杰曰：古者嫁娶之期，言人人殊。一为年之少长，一为时之早晚。今合经传考之，男自二十至三十，女自十五至二十。时自季秋至仲春，自仲春至仲夏，皆为得理之正。《大戴礼·本命篇》：“男八岁而龀，十六情通，然后其施行。女七岁而龀，十四然后其化成。”此举其端言之也。《墨子》曰：“昔圣王为法，丈夫年二十，毋敢不处家。女子年十五，毋敢不事人。”此举其中言之也。《尚书大传》：“孔子语子张曰，男子三十而娶，女子二十而嫁。”《谷梁·文十二年》：“男子二十而冠，三十而娶。女子十五而许嫁。”二十而嫁，此举其终言之也。《家语·本命解》：“孔子对哀公曰：霜降而妇功成，嫁娶者行焉。冰泮而农桑起，婚礼杀于此。”《礼运》：“孔子语言偃曰：冬合男女，春颁爵位。[①]”此言仲春以前也。《夏小正》：“二月绥多士女。”《周礼·媒氏》：“仲春之月，令会男女，奔者不禁。”《郑风》：“零露瀼瀼，与子偕臧。”《白虎通》曰：“嫁娶以春。”此言仲春之时也。《诗·召南》：“摽有梅，其实七兮。求我庶士，迨其吉兮。摽有梅，其实三兮。求我庶士，迨其今兮。”此言仲春之后也。《大戴礼·本命篇》又云：“太古男五十而室，女三十而嫁，不能行于后世。”《大戴逸篇·文王世子篇》：“文王十三生伯邑考，十五生武王。”《左氏·襄公九年传》：“晋侯曰：国君十五而生子，所以广继嗣。大夫以下，不得同之。”《内则》曰：“女子有故，二十三年而嫁，非嫁娶之常例。”今由孔子对哀公之言思之，男三十而有室，女二十而有夫，礼言其极，不是过也，则无在二十、三十之后者矣。男子二十而冠，有为人父之端；女子十五许嫁，有适人之道，亦无出于十五、二十之前者矣。群生闭藏乎阴，而为化育之始，故圣人因时以合偶。男子穷天数也，则无在霜降之前者矣。冰泮而农桑起，婚礼杀于此，亦容有出于冰泮之后者矣。知此则诗之言嫁娶者多端，可一以贯之矣。

按：读此可知男二十以前娶者，非得理之正。女二十以后嫁者，亦非得理之正。至六七八月嫁娶，不及季秋至仲春、仲春至仲夏之合礼，尤为明白。盖六七八月，正为农忙时节。观孔子对哀公“霜降而妇功成”、“冰泮而农桑起”二语，可憬然悟矣。

亲病纳妇论

郑瑶曰：“亲病不得纳妇，不待知者辩之矣。”乡俗家有疾病，辄令其子迫遽成婚，意以妇新入门，病者见之而喜，冀其速痊也。《士婚礼·请期之辞》曰：“惟是三族之不虞，使某也请吉日。”郑注：不虞：谓卒有死丧，此即世俗克期娶妇之意。顾云三族者，就主人言。谓父昆弟、己尾弟

① 此家语之礼运。

与子之昆弟也。至人子值父母有病，侍药求医，吁天祈代之不暇，而乃亟亟纳婚，猝有不虞，此岂人子所忍言耶？故言亲迎女在涂，而婿之父母死者，盖受命往迎时。父母本无恙，中途骤闻大故，非父母已病，乃恝然行亲迎之礼也。然则亲病之不宜纳妇，岂待辨哉！于是有戚某母病，母言于父，欲为子纳妇，趣令将事者，其子以侍病仓皇，坚执弗从，母病因是少增。客过而问曰：将从其母乎？抑从其子乎？余曰：子之不肯娶，情也，亦礼也。顾其母之必欲纳妇者，盖自料不起，犹冀幸于属纩之先，一见新妇。觇其容止动静，以卜能宜室家与否，而后甘心瞑目，其意重可哀矣。人子侍疾，苟可以求顺其意，而少纾其病者，无弗为之。即权宜娶妇，未为不可。第躬侍汤药，不得执亲迎之礼，选族子弟之娴于礼仪者，致命女之父母，告以病姑迫欲见妇之意，即日就途，请女之母，及亲兄弟送之来。如徼福先灵，新妇入门，姑病旋愈，实为两家之福。傥遂不讳，则援亲迎女在途，而婿之父母死，女改服布，深衣缟总，趋丧之文，入门号哭，随家人治丧礼也。或曰：女改服者，以婿亲迎之故。虽未成婚，而妇之分已定，故闻婿父母死而趋丧也。今婿不亲迎，傥在途闻变，必责其趋丧乎？答之曰：父母无恙，自不可废亲迎大礼。此则母病在床，忍死以待，为之子者，犹且委蛇容与，爵弁纁裳，缁袘，乘墨车，往迓之子之门，为之御轮始归乎？即不亲迎，女在途闻丧，将遂偕其母中道而返乎，此非准礼之论也。或又曰：女既奔丧矣，既葬，将如之何？《礼经》未有明文，意者随其母归，婿除丧而后成婚乎？则又答之曰：妇人以夫为家，既入婿门无庸归。即若今之童妇，执缝纫浣濯、井臼饎爨之役，以事夫舅。三年之丧毕，主人乃治酒食，大召乡党僚友，为其子成夫妇之礼。盖昔之以母病纳妇，仓卒不亲迎者，达权也。今之以父命成婚，慎重而合卺者，所以厚别也。如此则于礼甚宜，而于义亦协。客退遂书之，以质议礼之君子。

按：此篇论亲病纳妇，情礼俱到。为人子者，苟不得已而为之，亦须俟三年之丧毕，乃治酒食，大召乡党僚友，成夫妇之礼。若世俗所谓孝裹偷者，于亲丧之际，张灯结彩，仓猝成婚，蔑礼忘亲，莫此为甚，万不可从。

丧归宜入家论

邓瑶曰：世俗有狃于旧习，忍心悖理，绝不为怪者，丧归不入家是也。夫幽明虽隔，情理无殊。今人离乡井远出，或数年、十数年始归，而其子孙，舍于宅外，不使入家，己之心安乎？远归者许乎？则不幸以客死，丧抵里门，为之子孙者，乃不迎请入室，遽送之荒郊墟陇间，犹有鬼神，其肯许乎？子孙之心，又能安乎？吾知死者，必不许；子孙之心，亦必不安也。然而终不能改者，则亦狃于习俗，无以古义责之耳。《礼》："曾子问曰：君出疆，以三年之戒，以椑从。君薨其入，如之何？孔子曰：入自阙，升自西阶，如小敛。柩入自门，升自阼阶，君大夫士一节也。"《杂记》："诸侯行，而死于馆，丧至于庙门，不毁墙，遂入适所殡。大夫士死于道，至于家，载以輲车，入自门，至于阼阶，下而说车，举自阼阶，升适所殡。"此皆丧归入门，事死如生之明证。圣人准情定礼，至当不易之道也。又《周礼》："殡在西阶之上。惟死于外者，殡当两楹之中，示不忍远之也。"盖待死于外者，尤有加礼。古人用意之厚如此。《左传》载齐庄公，以襄公二十五年，为崔杼所弑，葬诸士孙之里。二十八年，齐人迁庄公殡于大寝。此则死已三年，以其先殡不成礼，犹从郭外出而迁诸路寝，为之改殡。齐人卒无所忌，以为必如是，臣子之心始安也。今之为人子者，不幸亲死于外，奈何不援礼治丧，使其亲魂魄远归，竟不得一入家门，少纾客死之恸耶？今制，以王事死于外者，许入城治丧。都邑之有城门，犹人家之有大门也。朝廷于臣子之丧，曲加恩恤，许令入城；子孙于祖父之丧，乃不许其入家，悖孰甚焉！或曰："一家之中，有诸父兄弟在，且多聚族而居，以尸入，虑众有违言。"顾有异宅而处，亦不肯以亲丧入门者，此岂虑诸父昆弟之有违言乎？且诸父昆弟，不令以丧入，问心亦岂能自安耶？盖有"舆尸入门，其家不利"之说据于中，遂相率背礼，虽孝子慈孙，不免为所惑，岂不大可伤欤！夫世俗之说固已，然有未尝舆尸入门，而潭潭第宅，不数年转鬻他人，且或夷为田圃者，又何解耶？夫家门之兴败关系，岂在于此！仁孝之心未笃，故利害之见，得而淆之也。

抑近时阎百诗在京邸易箦时，语其子曰："汝扶榇回淮，到则位我本宅，葬宜速。"其子从之。以是知客死者，其魂梦固眷眷家门，游处之所。必以亲至为慊，即归土无遗憾也。呜呼！世之忍死其亲于数千里外，不迎丧入门者，抑何薄耶！悖谬之俗，不可不易，因援引《礼经》以明其惑。世有读书守礼君子，尚其敬念之哉！

按：光绪丙午四月，先君子弃养于京江寓庐，七期内扶榇回扬。及丧抵里门，亲族咸命迎请灵榇，入篷厂设奠。余惊讶曰："胡不升堂?"曰："棺柩不宜入家，风俗使然。况屋乃共居，非汝独有。稍一不慎，咎将谁归?"余闻而呜咽不能言。无已，翌晨，乃厝柩高田，大寒始得筮吉合葬。后读斯篇，方知狃于俗习，误作此忍心悖理之举也，至今有余痛焉。兹因拙撰告成，特录邓先生文，以告天下之为人子者，不幸亲殁于外，扶榇回家，务宜迎入本宅，然后小葬。慎毋蹈不肖之覆辙，而致抱恨于终天也。

论停丧之非

《日知录》曰：停丧之事，自古所无。自建安离析，永嘉播窜，于是有不得已而停者。魏晋之制，祖父未葬者，不听服官。而御史中丞刘隗，奏诸军败亡，失父母，未知吉凶者，不得仕进宴乐，皆使心丧。有犯，君子废，小人戮。[①] 生者犹然，况于既殁？是以齐高帝时，乌程令顾昌元，坐父法。秀北征，尸骸不反，而昌元宴乐嬉游，与常人无异，有司请加以清议。振武将军邱冠先，为休留茂所杀，丧尸绝域，不可复寻。世祖特敕其子雄，方敢入仕。当江左偏安之日，而犹申此禁，岂有死非战场，棺非异域，而停久不葬，自同平人，如今人之所为者哉！唐郑延祚，[②] 母卒二十九年，殡僧舍垣地，颜真卿劾奏之，兄弟终身不齿，天下耸动。后周太祖敕曰：古者立封树之制，定丧葬之期，著在经典，是为名教。洎乎世俗衰薄，风化陵迟，亲殁而多阙送终，身后而便为无主。或羁束于仕宦，或

① 通典。

② 朔方令。

拘忌于阴阳，旅榇不归，遗骸何托？但以先王垂训，孝子因心，非以厚葬为贤，只以称家为礼，扫地而祭，尚可以告虔；负土成坟，所贵乎尽力。宜颁条令，用警因循。庶几九原绝抱恨之魂，千古无不归之骨。今后有父母、祖父母亡殁，未经迁葬者，其主家之长，不得辄求仕进，所由司亦不得申举解送。宋王子韶，以不葬父母贬官。刘昺兄弟，以不葬父母夺职。后之王者，以礼治人，则周祖之诏，鲁公之勠，不可不著之申令。但使未葬其亲之子若孙，缙绅不许入官，士人不许赴举，则天下无不葬之丧矣。

请禁停丧禀

舒化民《禀文》：窃维俗奢示俭，礼贵称财。州境地瘠民贫，风俗日趋华靡，冠婚交际皆然，而丧葬一事尤甚。惟夫竞事奢华，而力有不逮，遂有停丧不举。停柩不葬，或数年，或数十年，甚有终身不葬者。访诸城乡，比比皆然。似此习俗相沿，伊于胡底。某当于三月间出示，并传集地方庄长，将所管保屯，查明未葬之柩，共有若干，开单汇齐呈报去后，嗣据各地方禀报，城关内外，共有停棺，二百七十一柩。四乡三十四保，共有停棺，一千九百二十六柩。各卫屯所，共有停棺，二千七百二十九柩。查阅之余，不胜骇异。遂复剀切晓谕，定限三个月内，一律埋竣。顷定期已届，现据城乡禀报，已葬者二千三百余柩。其有实因山向年月不利者，恳请展限，秋以为期，四百二十余柩。当示之初，士庶之家，中人之产，多有以为不便者。迨催促再三，谕令绅士作倡，百姓遂多观感兴起者。某诚恐绅士中，相沿向来饰外之观，骤难破除门面之习，先于一应旛杠执事，及吹手抬夫人等，咸禁其平减受值，毋许多求；篷厂宾筵，概从节省。称家有无，随宜办理，则又咸以为便。计城乡停丧之家，此时已葬去十分之九矣。因思此种风俗，各处皆然。即如某前曾任长清历城等处，询悉民间，俱不免蹈兹积习，则他处可想而知。合无禀请宪台，俯赐通饬各属，颁发告谕。凡停丧之家，俱示以限期，一律埋葬。其无主暴露者，饬令地方官给掩埋之资。该地保人等，亦无不乐于从事者。如此，则无论家之贫富，时之久暂，在亡者皆可以得土为安，而生者皆可以量力终事。似于人心风俗，均有裨益矣。

吉人通体是吉说

《言行汇纂》曰："世人立宅、营墓、交易、婚嫁，以至动一椽一瓦，出行数百里，无不占方向，择日辰，汲汲以趋吉避凶为事。不知自己一个元吉主人，却不料理。"《慈湖先训》云："心吉则百事俱吉。古人于为善者，命曰吉人，此人通体是吉。世间凶神恶煞，何处干犯得他？"

立志石墓碑法

《言行汇纂》曰：名公巨卿邱墓，内有墓志，外有丰碑，再有华表人兽，以及神道碑亭。至士庶之家，虽限于分，而志石墓碑，不在禁例。稍有力者，内志以石。或记事功，或止勒亡者生庚故葬，年月山向，四至大概，附埋冢内。上树碑一道，不必过于高大，嫌于僭也。碑面照有无封赠职衔，据实开列，[①] 某某之墓，旁书子某孙某敬立。碑阴仍将父母生庚故葬年月，并所葬坐山朝向，及坟地四至丈尺，墓田亩数，明白刊刻，庶可以示久远，以防侵占。葬远乡者，尤不可不急讲也。

记夏氏择日之神妙

绍兴诸暨县之店口镇，有陈氏之屋，每遇火灾，而屋不毁。相传国初有陈紫衣者，将建此屋，亲至绍兴城中，请夏姓者卜日。夏视之，一田舍翁也。乃曰："请少待，为君择之。"陈即出银十两为谢。夏曰："既如此，请三日后来。"陈知其以酬谢之多寡，为选择之精粗。乃以白金百两，揖

① 考妣。

而进之曰："老朽一生辛苦，始有此举，幸先生留意焉。"夏曰："既如此，请一月后来。"及期而往，则曰："日已选矣，幸勿稍有更动。"陈谨如所教，屋成而镇上大火，前后左右，尽为焦土，惟陈之新屋岿然独存。自是以后，历三十余次火灾矣，至今陈氏犹世守之。而夏之子孙，亦尚以择日为业。

按是篇采录《艺术笔记》，极言夏氏择日之神妙，惜未说明陈紫衣，主命是何干枝，正屋是何坐向，及夏氏所择年月日时，干枝何属，学者究难效法。以管见测之，屋成而镇上大火，前后左右，尽为焦土，陈氏之新屋，岿然独存，非八白到向，九紫到山而何耶？后历三十余次火灾，而竟无恙，非干逢庚壬、枝会子申辰之造课而何耶？至今陈氏犹世守之，子孙势必蕃衍，非主命壬申，坐向壬丙而何耶？否则能避一次火灾，必不能避三十余次之火灾；能避三十余次之火灾，必不能世守。三吉俱备，庶几似之。无心道人有云："生人以生下日时为命，造制以成器日时为命，葬埋以入地日时为命。"夏氏所选之造命，[①] 吾不得而知之，要亦不出此范围耳。

① 又谓造课。

八字萬年曆

《八字万年历》自序

孔子圣诞，相传为九月廿八日。近读孔诞祭祀会纪念刊物，征引《阙里文献考》，始知孔子为鲁襄公廿一年己酉，冬十月二十一日庚子生。周正建子，乃夏历九月二十一日，并非二十八日。该会决定每年改从夏历九月二十一日，为亿万年真正孔诞祭祀之纪元，藉以植本国复兴民族之基础。由是观之，该会所以能改正此重大之错误者，赖有年月干枝之可考。否则，周正、夏正，纷扰纠缠，从何辨别耶？不宁惟是，即民国廿五年，蒋委员长五十寿辰，有谓十月廿九日，有谓三十一日，两者相差竟有二日，以致全国庆祝发生疑问。后经褚中委多方解释，谓为一从所生之年，以阴历折合国历；一从本年寿辰，以阴历折合国历，二者均有根据。盖自民国肇造，采用阳历；我国阴历，虽宜在屏弃，然有数千年之历史，民间仍多习用。故自廿五岁以上之国民，每年均有两重生日；有时或可凑合者，亦会逢其适，非常有也。由是观之，阳历固为人民所当遵奉，阴历似亦暂难屏弃，而干枝名称，尤不可尽行抹煞。珊本此二义，爰有《标准万年历》之校勘，质诸高明，或不以为荒谬，则幸甚幸甚。

民国二十六年二月二十三日镇江袁树珊

此序盖据《阙里文献考》所云："孔子诞生，乃己酉年阳历九月廿一日，非廿八日。"近读孔子七十世孙**广牧**所辑《先圣生卒年月考》，谓为"先圣之生，年从《史记》，月从《谷梁》，日从《公羊》、《谷梁》，当为庚戌年"。今之九月廿八日庚子，他书有谓"己酉年九月廿一日"者，有谓"庚戌年九月廿八日"者，皆非。兹特补记于此，亦可见余之随波逐流，皆由读书太少故也。

庚辰冬月朔丙子树珊识

阴阳历之异同

地球绕日一周，历三百六十五日六时九分九秒。自春分回至春分，须三百六十五日五时四十八分四十六秒，是谓岁实。盖春分点逐渐西行，故岁实较地球周天之时刻为短，相差凡三十分二十三秒，是谓岁差。自正月一日至次年之正月一日，谓之年。授时之要，首在节气，必年长与岁实相等，庶春秋之代谢有常。然一年之内，不能有奇零时数，故以三百六十五日为平年，每年所余之五时四十八分四十六秒，积至四年，约满一日。故每过三年，增加一日，为闰年。但四年之闰余，仅二十三时十五分四秒，今闰一日，未免过多，所过之四十四分五十六秒积至二十五闰，约得四分日之三，故每满百年废一闰，至第四百年又不废。如是每四年置一闰，而每四百年中减三闰，平均计算，每年得三百六十五日五时四十九分十二秒。须三千年后，始有一日之差。置闰之法，为便利故，取公历纪元计算，凡公历年数之可以四除尽者，悉为闰年，惟世纪年则不闰。世纪年之世纪数，可以四除尽者，则仍为闰年。例如一千九百十二年、一千九百十六年、一千九百三十二年等，皆为闰年。一千八百年、一千九百年，则不闰。一千六百年、二千年，则仍为闰年。至年之首日，则据闰法推算而定，实与节气天象无关。此阳历年法之大略也。

阳历每年分十二月，其日数有定。七月以前，单月皆三十一日，而双月三十日。八月以后，双月皆三十一日，而单月三十日。二月平年二十八日，闰年二十九日。

民国以前，历代之历法，虽制作各异，为法不一，然其要旨则同。其异于阳历者，则在月法。新历之月，仅为年之分段，与晦朔弦望无关。故其日数，可以规定。阴历之月，乃以日月合朔之日为首。二次合朔，相距约二十九日有半。故月之日数，或为二十九，或为三十。因月法之不同，年法亦异。年以近立春之朔日为始，一年之内，月数不能有奇零。然积十二零，仅得三百五十四日，以之为年，与岁实较相差约十一日。积至三年，已少三十三日，故每三年须置一闰月。再积二年，又少二十五日，亦可置一闰。平均计算，每十九年，须置七闰。一月之内，寻常有一节一气。然每一节气之日数，平均约三十日又十分之四。每月之月数，则为二十九日有半。故每历二三年，必遇一月，其内仅有节无气者，即用以为闰年。此阴历之大概也。

凡 例

（1）本书每年干枝上端附注西历纪年，每月以阳历阴历互相对照为主。故于阴历每月初一日，即将阳历某月某日，冠于阴历上端。俾检阅是书者，既知阳历某月某日某干枝，即可知阴历某月某月某干枝。既知阴历某月某日某干枝，更可知阳历某月某日某干枝矣。

（2）本书所载阳历每年十二月，每月之大小，皆可固定。大月三十一日，如一、三、五、七、八、十、十二月，是也。小月三十日，如四、六、九、十一月，是也。惟二月稍有变更，平年则廿八日，闰年则廿九日，从无三十日、卅一日者。故本书每逢阳历闰年之二月，特注闰字，以示区别。

（3）本书所载阴历，每年十二月，逢闰年则十三月。其月建大小，从无固定。大者为三十日，小者仅廿九日。其每月大小之下，所注干枝，即初一、十一、廿一之干枝也。

例如道光戊申年，阳历闰二月五日。按照本书，即知为阴历正月初一日，其干枝为丙子。阳历平年二月，只廿八日。此为闰年二月，须廿九日，以次顺排，即知阳历三月一日，为阴历正月廿六日，其干枝为辛丑矣。

又如道光己酉年，阴历正月初一日庚午，即知为阳历一月廿四日，其干枝亦为庚午。阳历一月大，当有三十一日，阴历正月十一日庚辰，即知为阳历二月三日，其干枝亦为庚辰。以次顺排，即知阴历正月廿一日庚寅，为阳历二月十三日，其干枝亦为庚寅。阴历二月初一日庚子，则阳历即为二月廿三日庚子矣。

（4）阳历一月，每在阴历十一、十二月间。例如民国元年，阳历一月一日，即宣统三年辛亥阴历十一月十三日，其干枝为丙子。民国三年，阳历一月一日，即癸丑阴历十二月初六日。其干枝为丁亥。年头岁尾，互相衔接。纪年确数，易滋舛误。故本书特将年数，及一月一日，即阴历某月某日，特别详载于每年岁首干枝之下。

（5）阴历之月建大小，各种历书，间有连贯两月或三月，大小不同者。如咸丰丙辰之十、十一月，同治丙寅之三、四月，己巳之三、四月，光绪丁亥之二、三月，庚寅之六、七月，乙未十二月与丙申之正月。民国甲寅之九、十月，乙卯之十二月与丙辰之正月。庚申之九、十月，甲子之十一、十二月，乙丑之八、九、十月，癸酉之闰五及六月。各本互异，令人迷惑。本书于前清，自道光戊申，至宣统辛亥，悉以家藏当年颁行之《时宪书》为主。民国壬子后，概以观象台编制之历书为主。

附录教育部、中央观象台，所制《历书凡例》一则。

甲寅年历书，系用东西各国通行之法推算，且以太阳平时为标准。与旧法推算之结果，微有不同。例如旧历九、十两月建，以旧法言之，应为九大十小，而新法则九小十大矣。

（6）本书所载节气时候，从当年颁行之《时宪书》者，概以北平为主。从观象台编制之历书者，概以南京为主。

（7）本书自道光戊申，至民国已丑，业有百年。以人寿百年计之，固可应用。自己丑至丙午，又廿余年，尤觉裕余。兹再续增六十五年于后。间有纰漏，来哲一匡诸。

民国二十六年二月二十三日

镇江袁树珊识于铁瓮城西之润德堂

1848 **戊申** 道光二十八年 廿九年一月一日即阴历十二月初七日											
闰2月 5日	3月 5日	4月 4日	5月 3日	6月 1日	7月 1日	7月 30日	8月 29日	9月 27日	10月 27日	11月 26日	12月 26日
正月小	二月大	三月小	四月小	五月大	六月小	七月大	八月小	九月大	十月大	十一月大	十二月小
丙 子戌申	乙 巳卯丑	乙 亥酉未	甲 辰寅子	癸 酉未巳	癸 卯丑亥	壬 申午辰	壬 寅子戌	辛 未巳卯	辛 丑亥酉	辛 未巳卯	辛 丑亥酉
十五戌	初一酉 十六酉	初一夜子 十七辰	初三酉 十九辰	初五夜子 廿一申	初七巳 廿三寅	初九戌 廿五巳	初十亥 廿六卯	十二午 廿七申	十二未 廿七午	十二卯 廿七子	十一酉 廿六巳
雨水	惊蛰 春分	清明 谷雨	立夏 小满	芒种 夏至	小暑 大暑	立秋 处暑	白露 秋分	寒露 霜降	立冬 小雪	大雪 冬至	小寒 大寒

1849 **己酉** 道光二十九年 三十年一月一日即阴历十二月十九日												
1月 24日	2月 23日	3月 24日	4月 23日	5月 22日	6月 20日	7月 20日	8月 18日	9月 17日	10月 16日	11月 15日	12月 14日	1月 13日
正月大	二月小	三月大	四月小	闰四月小	五月大	六月小	七月大	八月小	九月大	十月小	十一月小	十二月大
庚 午辰寅	庚 子戌申	己 巳卯丑	己 亥酉未	戊 辰寅子	丁 酉未巳	丁 卯丑亥	丙 申午辰	丙 寅子戌	乙 未巳卯	乙 丑亥酉	甲 午辰寅	甲 子戌申
十二寅 廿七子	十一夜子 廿七子	十三卯 廿八未	十三夜子 廿九未	十六卯	初二亥 十八申	初四巳 二十丑	初六申 廿二寅	初七午 廿二酉	初八亥 廿三戌	初八酉 廿三午	初九卯 廿三亥	初八申 廿三巳
立春 雨水	惊蛰 春分	清明 谷雨	立夏 小满	芒种	夏至 小暑	大暑 立秋	处暑 白露	秋分 寒露	霜降 立冬	小雪 大雪	冬至 小寒	大寒 立春

1850 **庚戌** 道光三十年 咸丰元年一月一日即阴历十一月廿九日											
2月 12日	3月 14日	4月 12日	5月 12日	6月 10日	7月 9日	8月 8日	9月 6日	10月 5日	11月 4日	12月 4日	1月 2日
正月大	二月小	三月大	四月小	五月小	六月大	七月小	八月小	九月大	十月大	十一月小	十二月大
甲 午辰寅	甲 子戌申	癸 巳卯丑	癸 亥酉未	壬 辰寅子	辛 酉未巳	辛 卯丑亥	庚 申午辰	己 丑亥酉	己 未巳卯	己 丑亥酉	戊 午辰寅
初八卯 廿三卯	初八卯 廿三午	初九酉 廿五卯	初十戌 廿六巳	十三寅 廿八亥	十五未	初一辰 十六亥	初三巳 十八酉	初五子 二十丑	初五丑 十九夜子	初四酉 十九午	初五寅 十九亥
雨水 惊蛰	春分 清明	谷雨 立夏	小满 芒种	夏至 小暑	大暑	立秋 处暑	白露 秋分	寒露 霜降	立冬 小雪	大雪 冬至	小寒 大寒

1851 **辛亥** 咸丰元年 二年一月一日即阴历十一月十一日												
2月 1日	3月 3日	4月 2日	5月 1日	5月 31日	6月 29日	7月 28日	8月 27日	9月 25日	10月 24日	11月 23日	12月 22日	1月 21日
正月大	二月大	三月小	四月大	五月小	六月小	七月大	八月小	闰八月小	九月大	十月小	十一月大	十二月大
戊 子戌申	戊 午辰寅	戊 子戌申	丁 巳卯丑	丁 亥酉未	丙 辰寅子	乙 酉未巳	乙 卯丑亥	甲 申午辰	癸 丑亥酉	癸 未巳卯	壬 子戌申	壬 午辰寅
初四申 十九午	初四午 十九午	初四申 二十子	初六午 廿二丑	初七申 廿三巳	初十寅 廿五戌	十二未 廿八寅	十三申 廿九子	十五卯	初一辰 十六辰	初一卯 十六子	初一酉 十六巳	初一寅 十五亥 三十酉
立春 雨水	惊蛰 春分	清明 谷雨	立夏 小满	芒种 夏至	小暑 大暑	立秋 处暑	白露 秋分	寒露	霜降 立冬	小雪 大雪	冬至 小寒	大寒 立春 雨水

1852 **壬子** 咸丰二年 三年一月一日即阴历十一月二十二日											
闰2月 20日	3月 21日	4月 19日	5月 19日	6月 18日	7月 17日	8月 15日	9月 14日	10月 13日	11月 12日	12月 11日	1月 9日
正月大	二月小	三月大	四月大	五月小	六月小	七月大	八月小	九月大	十月小	十一月小	十二月大
壬 子戌申	壬 午辰寅	辛 亥酉未	辛 巳卯丑	辛 亥酉未	庚 辰寅子	己 酉未巳	己 卯丑亥	戊 申午辰	戊 寅子戌	丁 未巳卯	丙 子戌申
十三 五十 申酉	十 五 亥	初十 二七 卯酉	初十 三八 卯亥	初二 四十 申巳	初廿 七二 丑酉	初廿 九四 巳亥	初廿 十五 卯午	十廿 一六 未未	十廿 一六 午卯	十廿 一六 夜申 子	十廿 二七 巳寅
惊春 蛰分	清 明	谷立 雨夏	小芒 满种	夏小 至暑	大立 暑秋	处白 暑露	秋寒 分露	霜立 降冬	小大 雪雪	冬小 至寒	大立 寒春

1853 **癸丑** 咸丰三年 四年一月一日即阴历十二月初三日											
2月 8日	3月 10日	4月 8日	5月 8日	6月 7日	7月 6日	8月 5日	9月 3日	10月 3日	11月 1日	12月 1日	12月 30日
正月大	二月小	三月大	四月大	五月小	六月大	七月小	八月大	九月小	十月大	十一月小	十二月大
丙 午辰寅	丙 子戌申	乙 巳卯丑	乙 亥酉未	乙 巳卯丑	甲 戌申午	甲 辰寅子	癸 酉未巳	癸 卯丑亥	壬 申午辰	壬 寅子戌	辛 未巳卯
十廿 二六 子亥	十廿 二七 子寅	十廿 三八 午夜 子	十三 四十 午寅	十 五 亥	初十 二八 未辰	初十 四九 子申	初廿 六一 寅午	初廿 六一 酉戌	初廿 七二 戌申	初廿 七二 午卯	初廿 七二 亥申
雨惊 水蛰	春清 分明	谷立 雨夏	小芒 满种	夏 至	小大 暑暑	立处 秋暑	白秋 露分	寒霜 露降	立小 冬雪	大冬 雪至	小大 寒寒

1854 **甲寅** 咸丰四年　五年一月一日即阴历十一月十三日												
1月29日	2月27日	3月29日	4月27日	5月27日	6月25日	7月25日	8月24日	9月22日	10月22日	11月20日	12月20日	1月18日
正月小	二月大	三月小	四月大	五月小	六月大	七月大	闰七月小	八月大	九月小	十月大	十一月小	十二月大
辛 丑亥酉	庚 午辰寅	庚 子戌申	己 巳卯丑	己 亥酉未	戊 辰寅子	戊 戌申午	戊 辰寅子	丁 酉未巳	丁 卯丑亥	丙 申午辰	丙 寅子戌	乙 未巳卯
初七巳 廿二卯	初八寅 廿三卯	初八巳 廿三酉	初十寅 廿五酉	十一巳 廿七寅	十三戌 廿九未	十五卯 三十戌	十六辰	初二酉 十七夜子	初三丑 十八丑	初三亥 十八酉	初三午 十八寅	初三亥 十八申
立春 雨水	惊蛰 春分	清明 谷雨	立夏 小满	芒种 夏至	小暑 大暑	立秋 处暑	白露	秋分 寒露	霜降 立冬	小雪 大雪	冬至 小寒	大寒 立春

1855 **乙卯** 咸丰五年　六年一月一日即阴历十一月二十四日											
2月17日	3月18日	4月16日	5月16日	6月14日	7月14日	8月13日	9月11日	10月11日	11月10日	12月9日	1月8日
正月小	二月小	三月大	四月小	五月大	六月大	七月小	八月大	九月大	十月小	十一月大	十二月小
乙 丑亥酉	甲 午辰寅	癸 亥酉未	癸 巳卯丑	壬 戌申午	壬 辰寅子	壬 戌申午	辛 卯丑亥	辛 酉未巳	辛 卯丑亥	庚 申午辰	庚 寅子戌
初三午 十八巳	初四午 十九申	初五夜子 廿一巳	初七子 廿二申	初九辰 廿五丑	初十戌 廿六子	十二丑 廿七未	十三夜子 廿九卯	十四辰 廿九辰	十四寅 廿八夜子	十四申 廿九巳	十四寅 廿八亥
雨水 惊蛰	春分 清明	谷雨 立夏	小满 芒种	夏至 小暑	大暑 立秋	处暑 白露	秋分 寒露	霜降 立冬	小雪 大雪	冬至 小寒	大寒 立春

1856 丙辰 咸丰六年 七年一月一日即阴历十二月初六日											
闰2月 6日	3月 7日	4月 5日	5月 4日	6月 3日	7月 2日	8月 1日	8月 30日	9月 29日	10月 29日	11月 28日	12月 27日
正月大	二月小	三月小	四月大	五月小	六月大	七月小	八月大	九月大	十月大	十一月小	十二月大
己 未巳卯	己 丑亥酉	戊 午辰寅	丁 亥酉未	丁 巳卯丑	丙 戌申午	丙 辰寅子	乙 酉未巳	乙 卯丑亥	乙 酉未巳	乙 卯丑亥	甲 申午辰
十四酉 廿九申	十四酉 廿九亥	十六卯	初二申 十八卯	初三亥 十九未	初六辰 廿二丑	初七酉 廿三辰	初九戌 廿五卯	初十午 廿五未	初十未 廿五巳	初十卯 廿四亥	初十申 廿五巳
雨水 惊蛰	春分 清明	谷雨	立夏 小满	芒种 夏至	小暑 大暑	立秋 处暑	白露 秋分	寒露 霜降	立冬 小雪	大雪 冬至	小寒 大寒

1857 丁巳 咸丰七年 八年一月一日即阴历十一月十七日												
1月 26日	2月 24日	3月 26日	4月 24日	5月 23日	6月 22日	7月 21日	8月 20日	9月 18日	10月 18日	11月 16日	12月 16日	1月 15日
正月小	二月大	三月小	四月小	五月大	闰五月小	六月大	七月小	八月大	九月小	十月大	十一月大	十二月大
甲 寅子戌	癸 未巳卯	癸 丑亥酉	壬 午辰寅	辛 亥酉未	辛 巳卯丑	庚 戌申午	庚 辰寅子	己 酉未巳	己 卯丑亥	戊 申午辰	戊 寅子戌	戊 申午辰
初十寅 廿四夜子	初十亥 廿五夜子	十一寅 廿六午	十二亥 廿八午	十五寅 三十戌	十六未	初三辰 十八夜子	初四未 二十丑	初六午 廿一酉	初六戌 廿一戌	初七申 廿二午	初七寅 廿一亥	初六未 廿一巳
立春 雨水	惊蛰 春分	清明 谷雨	立夏 小满	芒种 夏至	小暑	大暑 立秋	处暑 白露	秋分 寒露	霜降 立冬	小雪 大雪	冬至 小寒	大寒 立春

1858 戊午 咸丰八年 九年一月一日即阴历十一月廿八日

2月 14日	3月 15日	4月 14日	5月 13日	6月 11日	7月 11日	8月 9日	9月 7日	10月 7日	11月 6日	12月 5日	1月 4日
正月小	二月大	三月小	四月小	五月大	六月小	七月小	八月大	九月大	十月小	十一月大	十二月大
戊 寅子戌	丁 未巳卯	丁 丑亥酉	丙 午辰寅	乙 亥酉未	乙 巳卯丑	甲 戌申午	癸 卯丑亥	癸 酉未巳	癸 卯丑亥	壬 申午辰	壬 寅子戌
初六卯 廿一寅	初七卯 廿二巳	初七酉 廿三寅	初九酉 廿五巳	十二丑 廿七戌	十三未 廿九卯	十五戌	初二辰 十七酉	初二亥 十八丑	初三丑 十七亥	初三申 十八巳	初三寅 十七戌
雨水 惊蛰	春分 清明	谷雨 立夏	小满 芒种	夏至 小暑	大暑 立秋	处暑	白露 秋分	寒露 霜降	立冬 小雪	大雪 冬至	小寒 大寒

1859 己未 咸丰九年 十年一月一日即阴历十二月初九日

2月 3日	3月 5日	4月 3日	5月 3日	6月 1日	6月 30日	7月 30日	8月 28日	9月 26日	10月 26日	11月 24日	12月 24日
正月大	二月小	三月大	四月小	五月小	六月大	七月小	八月小	九月大	十月小	十一月大	十二月大
壬 申午辰	壬 寅子戌	辛 未巳卯	辛 丑亥酉	庚 午辰寅	己 亥酉未	己 巳卯丑	戊 戌申午	丁 卯丑亥	丁 酉未巳	丙 寅子戌	丙 申午辰
初二申 十七午	初二巳 十七巳	初三申 十八夜子	初四巳 十九夜子	初六申 廿二辰	初九丑 廿四戌	初十午 廿六丑	十二未 廿七亥	十四寅 廿九辰	十四卯 廿九寅	十四亥 廿九申	十四巳 廿九丑
立春 雨水	惊蛰 春分	清明 谷雨	立夏 小满	芒种 夏至	小暑 大暑	立秋 处暑	白露 秋分	寒露 霜降	立冬 小雪	大雪 冬至	小寒 大寒

1860 **庚申** 咸丰十年 十一年一月一日即阴历十一月廿一日												
1月23日	闰2月22日	3月22日	4月21日	5月21日	6月19日	7月18日	8月17日	9月15日	10月14日	11月13日	12月12日	1月11日
正月大	二月小	三月大	闰三月大	四月小	五月小	六月大	七月小	八月小	九月大	十月小	十一月大	十二月大
丙 寅子戌	丙 申午辰	乙 丑亥酉	乙 未巳卯	乙 丑亥酉	甲 午辰寅	癸 亥酉未	癸 巳卯丑	壬 戌申午	辛 卯丑亥	辛 酉未巳	庚 寅子戌	庚 申午辰
十三戌 廿八申	十三申 廿八申	十四亥 三十卯	十五申	初一卯 十六亥	初三未 十九辰	初六子 廿一酉	初七辰 廿二戌	初九寅 廿四巳	初十未 廿五午	初十巳 廿五寅	初十亥 廿五申	初十辰 廿五丑
立春 雨水	惊蛰 春分	清明 谷雨	立夏	小满 芒种	夏至 小暑	大暑 立秋	处暑 白露	秋分 寒露	霜降 立冬	小雪 大雪	冬至 小寒	大寒 立春

1861 **辛酉** 咸丰十一年 同治元年一月一日即阴历十二月初二日											
2月10日	3月11日	4月10日	5月10日	6月8日	7月8日	8月6日	9月5日	10月4日	11月3日	12月2日	12月31日
正月小	二月大	三月大	四月小	五月大	六月小	七月大	八月小	九月大	十月小	十一月小	十二月大
庚 寅子戌	己 未巳卯	己 丑亥酉	己 未巳卯	戊 子戌申	戊 午辰寅	丁 亥酉未	丁 巳卯丑	丙 戌申午	丙 辰寅子	乙 酉未巳	甲 寅子戌
初九亥 廿四亥	初十亥 廿六寅	十一巳 廿六亥	十二午 廿八丑	十四戌 三十未	十六卯	初二夜子 十八未	初四丑 十九巳	初五申 二十酉	初五酉 二十申	初六巳 廿一寅	初六戌 廿一未
雨水 惊蛰	春分 清明	谷雨 立夏	小满 芒种	夏至 小暑	大暑	立秋 处暑	白露 秋分	寒露 霜降	立冬 小雪	大雪 冬至	小寒 大寒

1862 **壬戌** 同治元年 二年一月一日即阴历十一月十二日												
1月 30日	3月 1日	3月 30日	4月 20日	5月 28日	6月 27日	7月 27日	8月 25日	9月 24日	10月 23日	11月 22日	12月 21日	1月 19日
正月大	二月小	三月大	四月小	五月大	六月大	七月小	八月大	闰八月小	九月大	十月小	十一月小	十二月大
甲 申午辰	甲 寅子戌	癸 未巳卯	癸 丑亥酉	壬 午辰寅	壬 子戌申	壬 午辰寅	辛 亥酉未	辛 巳卯丑	庚 戌申午	庚 辰寅子	己 酉未巳	戊 寅子戌
初廿 六一 辰寅	初廿 六一 寅寅	初廿 七二 辰申	初廿 八三 寅申	初廿 十六 辰丑	十廿 一七 戌午	十廿 三八 寅戌	十三 五十 辰申	十 五 亥	初十 二七 子子	初十 一六 亥申	初十 二七 巳丑	初十 二七 戌未
立雨 春水	惊春 蛰分	清谷 明雨	立小 夏满	芒夏 种至	小大 暑暑	立处 秋暑	白秋 露分	寒 露	霜立 降冬	小大 雪雪	冬小 至寒	大立 寒春

1863 **癸亥** 同治二年 三年一月一日即阴历十一月二十二日											
2月 18日	3月 19日	4月 18日	5月 18日	6月 16日	7月 16日	8月 14日	9月 13日	10月 13日	11月 11日	12月 11日	1月 9日
正月小	二月大	三月大	四月小	五月大	六月小	七月大	八月大	九月小	十月大	十一月小	十二月大
戊 申午辰	丁 丑亥酉	丁 未巳卯	丁 丑亥酉	丙 午辰寅	丙 子戌申	乙 巳卯丑	乙 亥酉未	乙 巳卯丑	甲 戌申午	甲 辰寅子	癸 酉未巳
初十 二七 巳辰	初十 三八 巳未	初十 三九 亥巳	初二 四十 亥未	初廿 七三 辰子	初廿 八四 酉巳	十廿 一六 丑未	十廿 一七 亥寅	十廿 二七 卯卯	十廿 三七 寅亥	十廿 二七 申辰	十廿 三七 丑戌
雨惊 水蛰	春清 分明	谷立 雨夏	小芒 满种	夏小 至暑	大立 暑秋	处白 暑露	秋寒 分露	霜立 降冬	小大 雪雪	冬小 至寒	大立 寒春

1864 **甲子** 同治三年 四年一月一日即阴历十二月初四日											
闰2月8日	3月8日	4月6日	5月6日	6月4日	7月4日	8月2日	9月1日	10月1日	10月30日	11月29日	12月29日
正月小	二月小	三月大	四月小	五月大	六月小	七月大	八月大	九月小	十月大	十一月大	十二月小
癸 卯丑亥	壬 申午辰	辛 丑亥酉	辛 未巳卯	庚 子戌申	庚 午辰寅	己 亥酉未	己 巳卯丑	己 亥酉未	戊 辰寅子	戊 戌申午	戊 辰寅子
十二申 廿七未	十三申 廿八戌	十五寅 三十申	十六寅	初二戌 十八未	初四卯 二十子	初六申 廿二卯	初七酉 廿三寅	初八巳 廿三午	初九午 廿四辰	初九寅 廿三亥	初八未 廿三辰
雨水 惊蛰	春分 清明	谷雨 立夏	小满	芒种 夏至	小暑 大暑	立秋 处暑	白露 秋分	寒露 霜降	立冬 小雪	大雪 冬至	小寒 大寒

1865 **乙丑** 同治四年 五年一月一日即阴历十一月十五日												
1月27日	2月26日	3月27日	4月25日	5月25日	6月23日	7月23日	8月21日	9月20日	10月20日	11月18日	12月18日	1月17日
正月大	二月小	三月小	四月大	五月小	闰五月大	六月小	七月大	八月大	九月小	十月大	十一月大	十二月小
丁 酉未巳	丁 卯丑亥	丙 申午辰	乙 丑亥酉	乙 未巳卯	甲 子戌申	甲 午辰寅	癸 亥酉未	癸 巳卯丑	癸 亥酉未	壬 辰寅子	壬 戌申午	壬 辰寅子
初九丑 廿三亥	初八戌 廿三亥	初十丑 廿五巳	十一戌 廿七巳	十三丑 廿八酉	十五午	初一卯 十六亥	初三午 十九子	初四巳 十九申	初四酉 十九酉	初五未 二十巳	初五寅 十九戌	初四未 十九辰
立春 雨水	惊蛰 春分	清明 谷雨	立夏 小满	芒种 夏至	小暑	大暑 立秋	处暑 白露	秋分 寒露	霜降 立冬	小雪 大雪	冬至 小寒	大寒 立春

1866 **丙寅** 同治五年　六年一月一日即阴历十一月二十六日

2月 15日	3月 17日	4月 15日	5月 14日	6月 13日	7月 12日	8月 10日	9月 9日	10月 9日	11月 7日	12月 7日	1月 6日
正 月 大	二 月 小	三 月 小	四 月 大	五 月 小	六 月 小	七 月 大	八 月 大	九 月 小	十 月 大	十 一 月 大	十 二 月 大
辛 酉未巳	辛 卯丑亥	庚 申午辰	己 丑亥酉	己 未巳卯	戊 子戌申	丁 巳卯丑	丁 亥酉未	丁 巳卯丑	丙 戌申午	丙 辰寅子	丙 戌申午
初二 五十 寅丑	初二 五十 寅辰	初廿 六二 申丑	初廿 八四 申辰	初廿 十五 子酉	十廿 二八 午寅	十三 四十 酉卯	十三 五十 申亥	十 六 子	初十 一六 夜戌 子	初十 一六 申巳	初十三 一五十 丑戌未
雨惊 水蛰	春清 分明	谷立 雨夏	小芒 满种	夏小 至暑	大立 暑秋	处白 暑露	秋寒 分露	霜 降	立小 冬雪	大冬 雪至	小大立 寒寒春

1867 **丁卯** 同治六年　七年一月一日即阴历十二月初七日

2月 5日	3月 6日	4月 5日	5月 4日	6月 2日	7月 2日	7月 31日	8月 29日	9月 28日	10月 27日	11月 26日	12月 26日
正 月 小	二 月 大	三 月 小	四 月 小	五 月 大	六 月 小	七 月 小	八 月 大	九 月 小	十 月 大	十 一 月 大	十 二 月 大
丙 辰寅子	乙 酉未巳	乙 卯丑亥	甲 申午辰	癸 丑亥酉	癸 未巳卯	壬 子戌申	辛 巳卯丑	辛 亥酉未	庚 辰寅子	庚 戌申午	庚 辰寅子
十 五 巳	初十 一六 辰巳	初十 一六 未亥	初十 三八 辰亥	初廿 五一 未卯	初廿 七二 子酉	初廿 九五 巳子	十廿 一六 午亥	十廿 二七 寅卯	十廿 三八 卯丑	十廿 二七 亥未	十廿 二七 辰丑
雨 水	惊春 蛰分	清谷 明雨	立小 夏满	芒夏 种至	小大 暑暑	立处 秋暑	白秋 露分	寒霜 露降	立小 冬雪	大冬 雪至	小大 寒寒

1868 **戊辰** 同治七年 八年一月一日即阴历十一月十九日

1月25日	闰2月23日	3月24日	4月23日	5月22日	6月20日	7月20日	8月18日	9月16日	10月16日	11月14日	12月14日	1月13日
正月小	二月大	三月大	四月小	闰四月小	五月大	六月小	七月小	八月大	九月小	十月大	十一月大	十二月小
庚 戌申午	己 卯丑亥	己 酉未巳	己 卯丑亥	戊 申午辰	丁 丑亥酉	丁 未巳卯	丙 子戌申	乙 巳卯丑	乙 亥酉未	甲 辰寅子	甲 戌申午	甲 辰寅子
十一戌 廿六申	十二未 廿七申	十二戌 廿八寅	十三未 廿九寅	十五戌	初二午 十八卯	初三夜子 十九申	初六卯 廿一酉	初八寅 廿三巳	初八午 廿三午	初九辰 廿四寅	初八戌 廿三未	初八卯 廿三丑
立春 雨水	惊蛰 春分	清明 谷雨	立夏 小满	芒种	夏至 小暑	大暑 立秋	处暑 白露	秋分 寒露	霜降 立冬	小雪 大雪	冬至 小寒	大寒 立春

1869 **己巳** 同治八年 九年一月一日即阴历十一月三十日

2月11日	3月13日	4月12日	5月12日	6月10日	7月9日	8月8日	9月6日	10月5日	11月4日	12月3日	1月2日
正月大	二月大	三月大	四月小	五月小	六月大	七月小	八月小	九月大	十月小	十一月大	十二月小
癸 酉未巳	癸 卯丑亥	癸 酉未巳	癸 卯丑亥	壬 申午辰	辛 丑亥酉	辛 未巳卯	庚 子戌申	己 巳卯丑	己 亥酉未	戊 辰寅子	戊 戌申午
初八亥 廿三戌	初八亥 廿四丑	初九巳 廿四戌	初十巳 廿六丑	十二酉 廿八午	十五卯 三十亥	十六午	初二夜子 十八巳	初四未 十九酉	初四酉 十九未	初五巳 二十丑	初四戌 十九午
雨水 惊蛰	春分 清明	谷雨 立夏	小满 芒种	夏至 小暑	大暑 立秋	处暑	白露 秋分	寒露 霜降	立冬 小雪	大雪 冬至	小寒 大寒

1870 **庚午** 同治九年 十年一月一日即阴历十一月十一日												
1月 31日	3月 2日	4月 1日	5月 1日	5月 30日	6月 29日	7月 28日	8月 27日	9月 25日	10月 24日	11月 23日	12月 22日	1月 21日
正月大	二月大	三月大	四月小	五月大	六月小	七月大	八月小	九月小	十月大	闰十月小	十一月大	十二月小
丁 卯丑亥	丁 酉未巳	丁 卯丑亥	丁 酉未巳	丙 寅子戌	丙 申午辰	乙 丑亥酉	乙 未巳卯	甲 子戌申	癸 巳卯丑	癸 亥酉未	壬 辰寅子	壬 戌申午
初五辰 二十寅	初五丑 二十寅	初五辰 二十申	初六丑 廿一申	初八卯 廿三夜子	初九酉 廿五巳	十二寅 廿七酉	十三卯 廿八未	十四戌 廿九夜子	十五亥 三十戌	十五未	初一辰 十六丑 三十酉	十五午
立春 雨水	惊蛰 春分	清明 谷雨	立夏 小满	芒种 夏至	小暑 大暑	立秋 处暑	白露 秋分	寒露 霜降	立冬 小雪	大雪	冬至 小寒 大寒	立春

1871 **辛未** 同治十年 十一年一月一日即阴历十一月廿一日											
2月 19日	3月 21日	4月 20日	5月 19日	6月 18日	7月 18日	8月 16日	9月 15日	10月 14日	11月 13日	12月 12日	1月 10日
正月大	二月大	三月小	四月大	五月大	六月小	七月大	八月小	九月大	十月小	十一月小	十二月大
辛 卯丑亥	辛 酉未巳	辛 卯丑亥	庚 申午辰	庚 寅子戌	庚 申午辰	己 丑亥酉	己 未巳卯	戊 子戌申	戊 午辰寅	丁 亥酉未	丙 辰寅子
初一巳 十六辰	初一辰 十六未	初一戌 十七辰	初三亥 十九午	初五卯 二十夜子	初六申 廿二巳	初八夜子 廿四午	初九戌 廿五丑	十一卯 廿六寅	十一丑 廿五戌	十一未 廿六辰	十二子 廿六酉
雨水 惊蛰	春分 清明	谷雨 立夏	小满 芒种	夏至 小暑	大暑 立秋	处暑 白露	秋分 寒露	霜降 立冬	小雪 大雪	冬至 小寒	大寒 立春

1872 **壬申** 同治十一年　十二年一月一日即阴历十二月初三日

闰2月 9日	3月 9日	4月 8日	5月 7日	6月 6日	7月 6日	8月 4日	9月 3日	10月 2日	11月 1日	12月 1日	12月 30日
正 月 小	二 月 大	三 月 小	四 月 大	五 月 大	六 月 小	七 月 大	八 月 小	九 月 大	十 月 大	十 一 月 小	十 二 月 大
丙 戊申午	乙 卯丑亥	乙 酉未巳	甲 寅子戌	甲 申午辰	甲 寅子戌	癸 未巳卯	癸 丑亥酉	壬 午辰寅	壬 子戌申	壬 午辰寅	辛 亥酉未
十廿 一六 未未	十廿 二七 未戌	十廿 三八 丑未	十三 五十 丑酉	十 六 午	初十 二七 卯亥	初二 四十 未卯	初廿 五一 酉丑	初廿 七二 辰巳	初廿 七二 巳辰	初廿 七一 丑戌	初廿 七二 未卯
雨惊 水蛰	春清 分明	谷立 雨夏	小芒 满种	夏 至	小大 暑暑	立处 秋暑	白秋 露分	寒霜 露降	立小 冬雪	大冬 雪至	小大 寒寒

1873 **癸酉** 同治十二年　十三年一月一日即阴历十一月十三日

1月 29日	2月 27日	3月 28日	4月 27日	5月 26日	6月 25日	7月 24日	8月 23日	9月 22日	10月 21日	11月 20日	12月 20日	1月 18日
正 月 小	二 月 小	三 月 大	四 月 小	五 月 大	六 月 小	闰 六 月 大	七 月 大	八 月 小	九 月 大	十 月 大	十 一 月 小	十 二 月 大
辛 巳卯丑	庚 戌申午	己 卯丑亥	己 酉未巳	戊 寅子戌	戊 申午辰	丁 丑亥酉	丁 未巳卯	丁 丑亥酉	丙 午辰寅	丙 子戌申	丙 午辰寅	乙 亥酉未
初廿 七一 子戌	初廿 七二 戌戌	初廿 九四 子辰	初廿 九五 戌辰	十廿 二七 子酉	十廿 三九 巳寅	十 五 戌	初十 一六 午夜 子	初十 二七 辰未	初十 三八 申申	初十 三八 未辰	初十 三七 丑酉	初十 三八 午卯
立雨 春水	惊春 蛰分	清谷 明雨	立小 夏满	芒夏 种至	小大 暑暑	立 秋	处白 暑露	秋寒 分露	霜立 降冬	小大 雪雪	冬小 至寒	大立 寒春

1874 **甲戌** 同治十三年　光绪元年一月一日即阴历十一月廿四日

2月 17日	3月 18日	4月 16日	5月 16日	6月 14日	7月 14日	8月 12日	9月 11日	10月 10日	11月 9日	12月 9日	1月 8日
正月小	二月小	三月大	四月小	五月大	六月小	七月大	八月小	九月大	十月大	十一月大	十二月小
乙 巳卯丑	甲 戌申午	癸 卯丑亥	癸 酉未巳	壬 寅子戌	壬 申午辰	辛 丑亥酉	辛 未巳卯	庚 子戌申	庚 午辰寅	庚 子戌申	庚 午辰寅
初三丑 十八子	初四丑 十九卯	初五未 廿一丑	初六未 廿二卯	初八夜子 廿四申	初十巳 廿六丑	十二申 廿八卯	十三未 廿八戌	十四亥 廿九亥	十四戌 廿九未	十四辰 廿九子	十三酉 廿八午
雨水 惊蛰	春分 清明	谷雨 立夏	小满 芒种	夏至 小暑	大暑 立秋	处暑 白露	秋分 寒露	霜降 立冬	小雪 大雪	冬至 小寒	大寒 立春

1875 **乙亥** 光绪元年　二年一月一日即阴历十二月初五日

2月 6日	3月 6日	4月 6日	5月 5日	6月 4日	7月 3日	8月 1日	8月 31日	9月 29日	10月 29日	11月 28日	12月 28日
正月大	二月小	三月小	四月大	五月小	六月小	七月大	八月小	九月大	十月大	十一月大	十二月小
己 亥酉未	己 巳卯丑	戊 戌申午	丁 卯丑亥	丁 酉未巳	丙 寅子戌	乙 未巳卯	乙 丑亥酉	甲 午辰寅	甲 子戌申	甲 午辰寅	甲 子戌申
十四辰 廿九卯	十四辰 廿九午	十五戌	初二卯 十七戌	初三午 十九寅	初五亥 廿一申	初八辰 廿三亥	初九巳 廿四戌	十一丑 廿六寅	十一寅 廿六丑	初十戌 廿五未	初十卯 廿四夜子
雨水 惊蛰	春分 清明	谷雨	立夏 小满	芒种 夏至	小暑 大暑	立秋 处暑	白露 秋分	寒露 霜降	立冬 小雪	大雪 冬至	小寒 大寒

1876 **丙子** 光绪二年 三年一月一日即阴历十一月十七日

1月26日	闰2月25日	3月26日	4月24日	5月23日	6月22日	7月21日	8月19日	9月18日	10月17日	11月16日	12月16日	1月14日
正月大	二月大	三月小	四月小	五月大	闰五月小	六月小	七月大	八月小	九月大	十月大	十一月小	十二月大
癸 巳卯丑	癸 亥酉未	癸 巳卯丑	壬 戌申午	辛 卯丑亥	辛 酉未巳	庚 寅子戌	己 未巳卯	己 丑亥酉	戊 午辰寅	戊 子戌申	戊 午辰寅	丁 亥酉未
初十酉 廿五未	初十午 廿五未	初十酉 廿六丑	十二午 廿八丑	十四酉 三十巳	十六寅	初二亥 十八未	初五寅 二十申	初六丑 廿一辰	初七巳 廿二巳	初七卯 廿二丑	初六戌 廿一午	初七卯 廿一夜子
立春 雨水	惊蛰 春分	清明 谷雨	立夏 小满	芒种 夏至	小暑	大暑 立秋	处暑 白露	秋分 寒露	霜降 立冬	小雪 大雪	冬至 小寒	大寒 立春

1877 **丁丑** 光绪三年 四年一月一日即阴历十一月廿八日

2月13日	3月15日	4月14日	5月13日	6月11日	7月11日	8月9日	9月7日	10月7日	11月5日	12月5日	1月3日
正月大	二月大	三月小	四月小	五月大	六月小	七月小	八月大	九月小	十月大	十一月小	十二月大
丁 巳卯丑	丁 亥酉未	丁 巳卯丑	丙 戌申午	乙 卯丑亥	乙 酉未巳	甲 寅子戌	癸 未巳卯	癸 丑亥酉	壬 午辰寅	壬 子戌申	辛 巳卯丑
初六戌 廿一酉	初六戌 廿二子	初七辰 廿二酉	初九辰 廿四夜子	十一申 廿七巳	十三寅 廿八戌	十五巳	初一亥 十七辰	初二未 十七申	初三申 十八午	初三辰 十八丑	初三酉 十八午
雨水 惊蛰	春分 清明	谷雨 立夏	小满 芒种	夏至 小暑	大暑 立秋	处暑	白露 秋分	寒露 霜降	立冬 小雪	大雪 冬至	小寒 大寒

1878 **戊寅** 光绪四年　五年一月一日即阴历十二月初九日											
2月 2日	3月 4日	4月 3日	5月 2日	6月 1日	6月 30日	7月 30日	8月 28日	9月 26日	10月 26日	11月 24日	12月 24日
正月大	二月大	三月小	四月大	五月小	六月大	七月小	八月小	九月大	十月小	十一月大	十二月小
辛 亥酉未	辛 巳卯丑	辛 亥酉未	庚 辰寅子	庚 戌申午	己 卯丑亥	己 酉未巳	戊 寅子戌	丁 未巳卯	丁 丑亥酉	丙 午辰寅	丙 子戌申
初十 三八 卯丑	初十 三八 子丑	初十 三八 卯未	初二 五十 子未	初廿 六一 卯亥	初廿 八四 申巳	初廿 十五 丑申	十廿 二七 寅未	十廿 三八 戌亥	十廿 三八 亥酉	十廿 四九 未辰	十廿 四八 子酉
立雨 春水	惊春 蛰分	清谷 明雨	立小 夏满	芒夏 种至	小大 暑暑	立处 秋暑	白秋 露分	寒霜 露降	立小 冬雪	大冬 雪至	小大 寒寒

1879 **己卯** 光绪五年　六年一月一日即阴历十一月二十日												
1月 22日	2月 21日	3月 23日	4月 21日	5月 21日	6月 20日	7月 19日	8月 18日	9月 16日	10月 15日	11月 14日	12月 13日	1月 12日
正月大	二月大	三月小	闰三月大	四月大	五月小	六月大	七月小	八月小	九月大	十月小	十一月大	十二月小
乙 巳卯丑	乙 亥酉未	乙 巳卯丑	甲 戌申午	甲 辰寅子	甲 戌申午	癸 卯丑亥	癸 酉未巳	壬 寅子戌	辛 未巳卯	辛 丑亥酉	庚 午辰寅	庚 子戌申
十廿 四九 午辰	十廿 四九 卯辰	十廿 四九 午戌	十 六 卯	初十 一七 戌午	初十 三八 寅亥	初廿 五一 申辰	初廿 六二 亥巳	初廿 八四 戌丑	初廿 十五 寅寅	初廿 十四 子戌	初廿 十五 午卯	初廿 九四 夜酉 子
立雨 春水	惊春 蛰分	清谷 明雨	立 夏	小芒 满种	夏小 至暑	大立 暑秋	处白 暑露	秋寒 分露	霜立 降冬	小大 雪雪	冬小 至寒	大立 寒春

1880 **庚辰** 光绪六年 七年一月一日即阴历十二月初二日

闰2月10日	3月11日	4月9日	5月9日	6月8日	7月7日	8月6日	9月5日	10月4日	11月3日	12月2日	12月31日
正月大	二月小	三月大	四月大	五月小	六月大	七月大	八月小	九月大	十月小	十一月小	十二月大
己 巳卯丑	己 亥酉卯	戊 辰寅子	戊 戌申午	戊 辰寅子	丁 酉未巳	丁 卯丑亥	丁 酉未巳	丙 寅子戌	丙 申午辰	乙 丑亥酉	甲 午辰寅
初十未 廿五午	初十未 廿五酉	十二丑 廿七午	十三丑 廿八申	十四巳	初一寅 十六戌	初二未 十八寅	初三申 十九子	初五卯 二十巳	初五巳 二十卯	初六丑 二十酉	初六午 廿一寅
雨水 惊蛰	春分 清明	谷雨 立夏	小满 芒种	夏至	小暑 大暑	立秋 处暑	白露 秋分	寒露 霜降	立冬 小雪	大雪 冬至	小寒 大寒

1881 **辛巳** 光绪七年 八年一月一日即阴历十一月十二日

1月30日	2月28日	3月30日	4月28日	5月28日	6月26日	7月26日	8月25日	9月23日	10月23日	11月22日	12月21日	1月20日
正月小	二月大	三月小	四月大	五月小	六月大	七月大	闰七月小	八月大	九月大	十月小	十一月大	十二月小
甲 子戌申	癸 巳卯丑	癸 亥酉未	壬 辰寅子	壬 戌申午	辛 卯丑亥	辛 酉未巳	辛 卯丑亥	庚 申午辰	庚 寅子戌	庚 申午辰	己 丑亥酉	己 未巳卯
初五夜子 二十戌	初六酉 廿一戌	初六夜子 廿二辰	初八酉 廿四辰	初九亥 廿五申	十二巳 廿八丑	十三戌 廿九巳	十四亥	初一卯 十六午	初一申 十六申	初一午 十六卯	初二子 十六酉	初一巳 十六卯
立春 雨水	惊蛰 春分	清明 谷雨	立夏 小满	芒种 夏至	小暑 大暑	立秋 处暑	白露	秋分 寒露	霜降 立冬	小雪 大雪	冬至 小寒	大寒 立春

1882 **壬午** 光绪八年 九年一月一日即阴历十一月廿三日											
2月18日	3月19日	4月18日	5月17日	6月16日	7月15日	8月14日	9月12日	10月12日	11月11日	12月10日	1月9日
正月小	二月大	三月小	四月大	五月小	六月大	七月小	八月大	九月大	十月小	十一月大	十二月大
戊 子戌申	丁 巳卯丑	丁 亥酉未	丙 辰寅子	丙 戌申午	乙 卯丑亥	乙 酉未巳	甲 寅子戌	甲 申午辰	甲 寅子戌	癸 未巳卯	癸 丑亥酉
初二丑 十六夜子	初三子 十八卯	初三午 十八夜子	初五未 廿一寅	初六亥 廿二申	初九辰 廿五子	初十申 廿六寅	十二午 廿七酉	十二亥 廿七戌	十二酉 廿七午	十三卯 廿七夜子	十二申 廿七巳
雨水 惊蛰	春分 清明	谷雨 立夏	小满 芒种	夏至 小暑	大暑 立秋	处暑 白露	秋分 寒露	霜降 立冬	小雪 大雪	冬至 小寒	大寒 立春

1883 **癸未** 光绪九年 十年一月一日即阴历十二月初四日											
2月8日	3月9日	4月7日	5月7日	6月5日	7月4日	8月3日	9月1日	10月1日	10月31日	11月30日	12月29日
正月小	二月小	三月大	四月小	五月小	六月大	七月小	八月大	九月大	十月大	十一月小	十二月大
癸 未巳卯	壬 子戌申	辛 巳卯丑	辛 亥酉未	庚 辰寅子	己 酉未巳	己 卯丑亥	戊 申午辰	戊 寅子戌	戊 申午辰	戊 寅子戌	丁 未巳卯
十二卯 廿七卯	十三卯 廿八午	十四酉 三十卯	十五酉	初二巳 十八寅	初四戌 二十未	初六卯 廿一亥	初八巳 廿三酉	初九子 廿四寅	初九丑 廿三夜子	初八酉 廿三午	初九卯 廿三亥
雨水 惊蛰	春分 清明	谷雨 立夏	小满	芒种 夏至	小暑 大暑	立秋 处暑	白露 秋分	寒露 霜降	立冬 小雪	大雪 冬至	小寒 大寒

1884 **甲申** 光绪十年 十一年一月一日即阴历十一月十六日

1月 28日	闰2月 27日	3月 27日	4月 25日	5月 25日	6月 23日	7月 22日	8月 21日	9月 19日	10月 19日	11月 18日	12月 17日	1月 16日
正月大	二月小	三月小	四月大	五月小	闰五月小	六月大	七月小	八月大	九月大	十月小	十一月大	十二月大
丁 丑亥酉	丁 未巳卯	丙 子戌申	乙 巳卯丑	乙 亥酉未	甲 辰寅子	癸 酉未巳	癸 卯丑亥	壬 申午辰	壬 寅子戌	壬 申午辰	辛 丑亥酉	辛 未巳卯
初八申 廿三午	初八午 廿三午	初九申 廿五子	十一午 廿七子	十二申 廿八巳	十五丑	初一戌 十七午	初三寅 十八申	初五子 二十卯	初五辰 二十辰	初五卯 二十子	初五酉 二十午	初五寅 十九亥
立春 雨水	惊蛰 春分	清明 谷雨	立夏 小满	芒种 夏至	小暑	大暑 立秋	处暑 白露	秋分 寒露	霜降 立冬	小雪 大雪	冬至 小寒	大寒 立春

1885 **乙酉** 光绪十一年 十二年一月一日即阴历十一月廿七日

2月 15日	3月 17日	4月 15日	5月 14日	6月 13日	7月 12日	8月 10日	9月 9日	10月 8日	11月 7日	12月 6日	1月 5日
正月大	二月小	三月小	四月大	五月小	六月小	七月大	八月小	九月大	十月小	十一月大	十二月大
辛 丑亥酉	辛 未巳卯	庚 子戌申	己 巳卯丑	己 亥酉未	戊 辰寅子	丁 酉未巳	丁 卯丑亥	丙 申午辰	丙 寅子戌	乙 未巳卯	乙 丑亥酉
初四酉 十九酉	初四酉 十九亥	初六卯 廿一酉	初八卯 廿三亥	初九未 廿五辰	十二丑 廿七酉	十四辰 廿九戌	十五卯	初一午 十六未	初一未 十六午	初二卯 十六夜子	初一申 十六巳
雨水 惊蛰	春分 清明	谷雨 立夏	小满 芒种	夏至 小暑	大暑 立秋	处暑 白露	秋分	寒露 霜降	立冬 小雪	大雪 冬至	小寒 大寒

1886 **丙戌** 光绪十二年 十三年一月一日即阴历十二月初八日											
2月 4日	3月 6日	4月 4日	5月 4日	6月 2日	7月 2日	7月 31日	8月 29日	9月 28日	10月 27日	11月 26日	12月 25日
正月大	二月小	三月大	四月小	五月大	六月小	七月小	八月大	九月小	十月大	十一月小	十二月大
乙 未巳卯	乙 丑亥酉	甲 午辰寅	甲 子戌申	癸 巳卯丑	癸 亥酉未	壬 辰寅子	辛 酉未巳	辛 卯丑亥	庚 申午辰	庚 寅子戌	己 未巳卯
初一寅 十六子 三十亥	十六子	初二寅 十七午	初二亥 十八午	初五寅 二十戌	初六未 廿二辰	初九子 廿四未	十一丑 廿六午	十一酉 廿六戌	十二戌 廿七酉	十二午 廿七卯	十二亥 廿七申
立春 雨水 惊蛰	春分	清明 谷雨	立夏 小满	芒种 夏至	小暑 大暑	立秋 处暑	白露 秋分	寒露 霜降	立冬 小雪	大雪 冬至	小寒 大寒

1887 **丁亥** 光绪十三年 十四年一月一日即阴历十一月十八日												
1月 24日	2月 23日	3月 25日	4月 23日	5月 23日	6月 21日	7月 21日	8月 19日	9月 17日	10月 17日	11月 15日	12月 15日	1月 13日
正月大	二月大	三月小	四月大	闰四月小	五月大	六月小	七月小	八月大	九月小	十月大	十一月小	十二月大
己 丑亥酉	己 未巳卯	己 丑亥酉	戊 午辰寅	戊 子戌申	丁 巳卯丑	丁 亥酉未	丙 辰寅子	乙 酉未巳	乙 卯丑亥	甲 申午辰	甲 寅子戌	癸 未巳卯
十二巳 廿七卯	十二寅 廿七卯	十二巳 廿七酉	十四寅 廿九酉	十五巳	初二丑 十七戌	初三未 十九卯	初五戌 廿一辰	初七酉 廿二夜子	初八丑 廿三丑	初八亥 廿三酉	初八午 廿三寅	初八亥 廿三申
立春 雨水	惊蛰 春分	清明 谷雨	立夏 小满	芒种	夏至 小暑	大暑 立秋	处暑 白露	秋分 寒露	霜降 立冬	小雪 大雪	冬至 小寒	大寒 立春

1888 **戊子** 光绪十四年　十五年一月一日即阴历十一月三十日											
闰2月 12日	3月 13日	4月 11日	5月 11日	6月 10日	7月 9日	8月 8日	9月 6日	10月 5日	11月 4日	12月 3日	1月 2日
正月大	二月小	三月大	四月大	五月小	六月大	七月小	八月小	九月大	十月小	十一月大	十二月小
癸 丑亥酉	癸 未巳卯	壬 子戌申	壬 午辰寅	壬 子戌申	辛 巳卯丑	辛 亥酉未	庚 辰寅子	己 酉未巳	己 卯丑亥	戊 申午辰	戊 寅子戌
初八午 廿三巳	初八午 廿三申	初九夜子 廿五巳	初十夜子 廿六申	十二辰 廿八丑	十四戌 三十午	十六丑	初二未 十七夜子	初四卯 十九辰	初四辰 十九寅	初四夜子 十九酉	初四巳 十九寅
雨水 惊蛰	春分 清明	谷雨 立夏	小满 芒种	夏至 小暑	大暑 立秋	处暑	白露 秋分	寒露 霜降	立冬 小雪	大雪 冬至	小寒 大寒

1889 **己丑** 光绪十五年　十六年一月一日即阴历十二月十一日											
1月 31日	3月 2日	3月 31日	4月 30日	5月 30日	6月 28日	7月 28日	8月 26日	9月 25日	10月 24日	11月 23日	12月 22日
正月大	二月小	三月大	四月大	五月小	六月大	七月小	八月大	九月小	十月大	十一月小	十二月大
丁 未巳卯	丁 丑亥酉	丙 午辰寅	丙 子戌申	丙 午辰寅	乙 亥酉未	乙 巳卯丑	甲 戌申午	甲 辰寅子	癸 酉未巳	癸 卯丑亥	壬 申午辰
初四亥 十九酉	初四申 十九酉	初五亥 廿一卯	初六申 廿二卯	初七亥 廿三未	初十辰 廿六丑	十一酉 廿七辰	十三戌 廿九卯	十四午 廿九未	十五未 三十巳	十五卯 廿九夜子	十五申 三十巳
立春 雨水	惊蛰 春分	清明 谷雨	立夏 小满	芒种 夏至	小暑 大暑	立秋 处暑	白露 秋分	寒露 霜降	立冬 小雪	大雪 冬至	小寒 大寒

1890 庚寅 光绪十六年 十七年一月一日即阴历十一月廿一日

1月21日	2月19日	3月21日	4月19日	5月19日	6月17日	7月17日	8月15日	9月14日	10月14日	11月12日	12月12日	1月10日
正月小	二月大	闰二月小	三月大	四月小	五月大	六月大	七月小	八月大	九月小	十月大	十一月小	十二月大
壬	辛	辛	庚	庚	己	己	己	戊	戊	丁	丁	丙
寅子戌	未巳卯	丑亥酉	午辰寅	子戌申	巳卯丑	亥酉未	巳卯丑	戌申午	辰寅子	酉未巳	卯丑亥	申午辰
十五寅 廿九夜子	十五亥 三十夜子	十六寅	初二午 十七亥	初三午 十九丑	初五戌 廿一未	初七辰 廿二夜子	初八未 廿四丑	初十午 廿五酉	初十戌 廿五戌	十一申 廿六午	十一卯 廿五亥	十一申 廿六巳
立春 雨水	惊蛰 春分	清明	谷雨 立夏	小满 芒种	夏至 小暑	大暑 立秋	处暑 白露	秋分 寒露	霜降 立冬	小雪 大雪	冬至 小寒	大寒 立春

1891 辛卯 光绪十七年 十八年一月一日即阴历十二月初二日

2月9日	3月10日	4月9日	5月8日	6月7日	7月6日	8月5日	9月3日	10月3日	11月2日	12月1日	12月31日
正月小	二月大	三月小	四月大	五月小	六月大	七月小	八月大	九月大	十月小	十一月大	十二月大
丙	乙	乙	甲	甲	癸	癸	壬	壬	壬	辛	辛
寅子戌	未巳卯	丑亥酉	午辰寅	子戌申	巳卯丑	亥酉未	辰寅子	戌申午	辰寅子	酉未巳	卯丑亥
十一卯 廿六寅	十二卯 廿七巳	十二酉 廿八寅	十四酉 三十辰	十六丑	初二戌 十八午	初四卯 十九戌	初六辰 廿一申	初六亥 廿二丑	初七丑 廿一亥	初七酉 廿二巳	初七寅 廿一亥
雨水 惊蛰	春分 清明	谷雨 立夏	小满 芒种	夏至	小暑 大暑	立秋 处暑	白露 秋分	寒露 霜降	立冬 小雪	大雪 冬至	小寒 大寒

1892 **壬辰** 光绪十八年 十九年一月一日即阴历十一月十四日

1月30日	闰2月28日	3月28日	4月27日	5月26日	6月24日	7月24日	8月22日	9月21日	10月21日	11月19日	12月19日	1月18日
正月小	二月小	三月大	四月小	五月小	六月大	闰六月小	七月大	八月大	九月小	十月大	十一月大	十二月大
辛	庚	己	己	戊	丁	丁	丙	丙	丙	乙	乙	乙
酉未巳	寅子戌	未巳卯	丑亥酉	午辰寅	亥酉未	巳卯丑	戌申午	辰寅子	戌申午	卯丑亥	酉未巳	卯丑亥
初六申 廿一午	初七巳 廿二午	初八申 廿三夜子	初九巳 廿四夜子	十一未 廿七辰	十四丑 廿九酉	十五巳	初二丑 十七未	初二亥 十八寅	初三辰 十八辰	初四寅 十八夜子	初三申 十八巳	初三丑 十七亥
立春 雨水	惊蛰 春分	清明 谷雨	立夏 小满	芒种 夏至	小暑 大暑	立秋	处暑 白露	秋分 寒露	霜降 立冬	小雪 大雪	冬至 小寒	大寒 立春

1893 **癸巳** 光绪十九年 二十年一月一日即阴历十一月廿五日

2月17日	3月18日	4月16日	5月16日	6月14日	7月13日	8月12日	9月10日	10月10日	11月8日	12月8日	1月7日
正月小	二月小	三月大	四月小	五月小	六月大	七月小	八月大	九月小	十月大	十一月大	十二月大
乙	甲	癸	癸	壬	辛	辛	庚	庚	己	己	己
酉未巳	寅子戌	未巳卯	丑亥酉	午辰寅	亥酉未	巳卯丑	戌申午	辰寅子	酉未巳	卯丑亥	酉未巳
初二酉 十七申	初三申 十八亥	初五寅 二十申	初六寅 廿一戌	初八未 廿四卯	十一子 廿六申	十二辰 廿七戌	十四寅 廿九巳	十四未 廿九午	十五巳 三十寅	十四亥 廿九申	十四辰 廿九丑
雨水 惊蛰	春分 清明	谷雨 立夏	小满 芒种	夏至 小暑	大暑 立秋	处暑 白露	秋分 寒露	霜降 立冬	小雪 大雪	冬至 小寒	大寒 立春

1894 **甲午** 光绪二十年 廿一年一月一日即阴历十二月初六日											
2月 6日	3月 7日	4月 6日	5月 5日	6月 4日	7月 3日	8月 1日	8月 31日	9月 29日	10月 29日	11月 27日	12月 27日
正月小	二月大	三月小	四月大	五月小	六月小	七月大	八月小	九月大	十月小	十一月大	十二月大
己 卯丑亥	戊 申午辰	戊 寅子戌	丁 未巳卯	丁 丑亥酉	丙 午辰寅	乙 亥酉未	乙 巳卯丑	甲 戌申午	甲 辰寅子	癸 酉未巳	癸 卯丑亥
十廿 三八 夜亥 子	十三 四十 亥寅	十 五 巳	初十 一七 亥巳	初十 三八 丑戌	初廿 五一 午卯	初廿 七三 亥未	初廿 九四 丑巳	初廿 十五 申戌	初廿 十五 酉申	十廿 一六 巳寅	初廿 十五 亥未
雨惊 水蛰	春清 分明	谷 雨	立小 夏满	芒夏 种至	小大 暑暑	立处 秋暑	白秋 露分	寒霜 露降	立小 冬雪	大冬 雪至	小大 寒寒

1895 **乙未** 光绪二十一年 廿二年一月一日即阴历十一月十七日												
1月 26日	2月 25日	3月 26日	4月 25日	5月 24日	6月 23日	7月 22日	8月 20日	9月 19日	10月 18日	11月 17日	12月 16日	1月 15日
正月大	二月小	三月大	四月小	五月大	闰五月小	六月小	七月大	八月小	九月大	十月小	十一月大	十二月小
癸 酉未巳	癸 卯丑亥	壬 申午辰	壬 寅子戌	辛 未巳卯	辛 丑亥酉	庚 午辰寅	己 亥酉未	己 巳卯丑	戊 戌申午	戊 辰寅子	丁 酉未巳	丁 卯丑亥
初廿 十五 辰寅	初廿 十五 寅寅	十廿 一六 辰申	十廿 二七 寅申	十三 四十 辰子	十 五 酉	初十 二八 午寅	初二 四十 酉辰	初二 五十 申亥	初廿 七二 子子	初廿 六一 亥申	初廿 七二 巳寅	初廿 六一 戌未
立雨 春水	惊春 蛰分	清谷 明雨	立小 夏满	芒夏 种至	小 暑	大立 暑秋	处白 暑露	秋寒 分露	霜立 降冬	小大 雪雪	冬小 至寒	大立 寒春

1896 **丙申** 光绪二十二年 廿三年一月一日即阴历十一月廿八日

闰2月13日	3月14日	4月13日	5月13日	6月11日	7月11日	8月9日	9月7日	10月7日	11月5日	12月5日	1月3日
正月大	二月大	三月大	四月小	五月大	六月小	七月小	八月大	九月小	十月大	十一月小	十二月大
丙 申午辰	丙 寅子戌	丙 申午辰	丙 寅子戌	乙 未巳卯	乙 丑亥酉	甲 午辰寅	癸 亥酉未	癸 巳卯丑	壬 戌申午	壬 辰寅子	辛 酉未巳
初七巳 廿二巳	初七巳 廿二未	初七亥 廿三辰	初八亥 廿四未	十一卯 廿七子	十二酉 廿八巳	十五子	初一午 十六亥	初二寅 十七卯	初三卯 十八寅	初二亥 十七申	初三辰 十八丑
雨水 惊蛰	春分 清明	谷雨 立夏	小满 芒种	夏至 小暑	大暑 立秋	处暑	白露 秋分	寒露 霜降	立冬 小雪	大雪 冬至	小寒 大寒

1897 **丁酉** 光绪二十三年 廿四年一月一日即阴历十二月初九日

2月2日	3月3日	4月2日	5月2日	5月31日	6月30日	7月29日	8月28日	9月26日	10月26日	11月24日	12月24日
正月小	二月大	三月大	四月小	五月大	六月小	七月大	八月小	九月大	十月小	十一月大	十二月小
辛 卯丑亥	庚 申午辰	庚 寅子戌	庚 申午辰	己 丑亥酉	己 未巳卯	戊 子戌申	戊 午辰寅	丁 亥酉未	丁 巳卯丑	丙 戌申午	丙 辰寅子
初二戌 十七申	初三未 十八申	初三戌 十九寅	初四未 二十寅	初六戌 廿二午	初八卯 廿三夜子	初十申 廿六卯	十一酉 廿七寅	十三巳 廿八午	十三午 廿八巳	十四寅 廿八亥	十三未 廿八辰
立春 雨水	惊蛰 春分	清明 谷雨	立夏 小满	芒种 夏至	小暑 大暑	立秋 处暑	白露 秋分	寒露 霜降	立冬 小雪	大雪 冬至	小寒 大寒

1898 戊戌 光绪廿四年 廿五年一月一日即阴历十一月二十日												
1月22日	2月21日	3月22日	4月21日	5月20日	6月19日	7月19日	8月17日	9月16日	10月15日	11月14日	12月13日	1月12日
正月大	二月小	三月大	闰三月小	四月大	五月大	六月小	七月大	八月小	九月大	十月小	十一月大	十二月小
乙	乙	甲	甲	癸	癸	癸	壬	壬	辛	辛	庚	庚
酉未巳	卯丑亥	申午辰	寅子戌	未巳卯	丑亥酉	未巳卯	子戌申	午辰寅	亥酉未	巳卯丑	戌申午	辰寅子
十四丑 廿八亥	十三戌 廿八亥	十五丑 三十巳	十五戌	初二巳 十八丑	初三酉 十九午	初五卯 二十亥	初七午 廿三子	初八巳 廿三申	初九酉 廿四酉	初九申 廿四巳	初十寅 廿四戌	初九未 廿四辰
立春 雨水	惊蛰 春分	清明 谷雨	立夏	小满 芒种	夏至 小暑	大暑 立秋	处暑 白露	秋分 寒露	霜降 立冬	小雪 大雪	冬至 小寒	大寒 立春

1899 己亥 光绪廿五年 廿六年一月一日即阴历十二月初一日											
2月10日	3月12日	4月10日	5月10日	6月8日	7月8日	8月6日	9月5日	10月5日	11月3日	12月3日	1月1日
正月大	二月小	三月大	四月小	五月大	六月小	七月大	八月大	九月小	十月大	十一月小	十二月大
己	己	戊	戊	丁	丁	丙	丙	丙	乙	乙	甲
酉未巳	卯丑亥	申午辰	寅子戌	未巳卯	丑亥酉	午辰寅	子戌申	午辰寅	亥酉未	巳卯丑	戌申午
初十寅 廿五丑	初十寅 廿五辰	十一申 廿七丑	十二申 廿八辰	十五子 三十酉	十六午	初三寅 十八酉	初四卯 十九申	初四亥 二十子	初五夜子 二十戌	初五申 二十巳	初六午 二十戌
雨水 惊蛰	春分 清明	谷雨 立夏	小满 芒种	夏至 小暑	大暑	立秋 处暑	白露 秋分	寒露 霜降	立冬 小雪	大雪 冬至	小寒 大寒

1900 **庚子** 光绪廿六年 廿七年一月一日即阴历十一月十一日												
1月 31日	3月 1日	3月 31日	4月 29日	5月 28日	6月 27日	7月 26日	8月 25日	9月 24日	10月 23日	11月 22日	12月 22日	1月 20日
正月小	二月大	三月小	四月小	五月大	六月小	七月大	八月大	闰八月小	九月大	十月大	十一月小	十二月大
甲 辰寅子	癸 酉未巳	癸 卯丑亥	壬 申午辰	辛 丑亥酉	辛 未巳卯	庚 子戌申	庚 午辰寅	庚 子戌申	己 巳卯丑	己 亥酉未	己 巳卯丑	戊 戌申午
初二 五十 未巳	初廿 六一 辰巳	初廿 六一 未亥	初廿 八三 辰亥	初廿 十六 未卯	十廿 一七 夜酉 子	十廿 四九 巳夜 子	十三 五十 午亥	十 六 寅	初十 二七 卯卯	初十 二六 丑亥	初十 一六 申辰	初十 二六 丑戌
立雨 春水	惊春 蛰分	清谷 明雨	立小 夏满	芒夏 种至	小大 暑暑	立处 秋暑	白秋 露分	寒 露	霜立 降冬	小大 雪雪	冬小 至寒	大立 寒春

1901 **辛丑** 光绪廿七年 廿八年一月一日即阴历十一月廿二日											
2月 19日	3月 20日	4月 19日	5月 18日	6月 16日	7月 16日	8月 14日	9月 13日	10月 12日	11月 11日	12月 11日	1月 10日
正月小	二月大	三月小	四月小	五月大	六月小	七月大	八月小	九月大	十月大	十一月大	十二月小
戊 辰寅子	丁 酉未巳	丁 卯丑亥	丙 申午辰	乙 丑亥酉	乙 未巳卯	甲 子戌申	甲 午辰寅	癸 亥酉未	癸 巳卯丑	癸 亥酉未	癸 巳卯丑
初十 一六 申未	初十 二八 申戌	初十 三八 寅未	初二 五十 寅酉	初廿 七三 午卯	初廿 八四 亥申	十廿 一六 卯酉	十廿 二七 寅巳	十廿 三八 午午	十廿 三八 辰寅	十廿 二七 戌未	十廿 二七 辰丑
雨惊 水蛰	春清 分明	谷立 雨夏	小芒 满种	夏小 至暑	大立 暑秋	处白 暑露	秋寒 分露	霜立 降冬	小大 雪雪	冬小 至寒	大立 寒春

1902 壬寅 光绪廿八年 廿九年一月一日即阴历十二月初三日											
2月 8日	3月 10日	4月 8日	5月 8日	6月 6日	7月 5日	8月 4日	9月 2日	10月 2日	10月 31日	11月 30日	12月 30日
正月大	二月小	三月大	四月小	五月小	六月大	七月小	八月大	九月小	十月大	十一月大	十二月大
壬 戌申午	壬 辰寅子	辛 酉未巳	辛 卯丑亥	庚 申午辰	己 丑亥酉	己 未巳卯	戊 子戌申	戊 午辰寅	丁 亥酉未	丁 巳卯丑	丁 亥酉未
十二亥 廿七戌	十二亥 廿八丑	十四巳 廿九戌	十五巳	初二子 十七酉	初四午 二十寅	初五亥 廿一午	初七夜子 廿三辰	初八未 廿三酉	初九酉 廿四未	初九巳 廿四丑	初八戌 廿三未
雨水 惊蛰	春分 清明	谷雨 立夏	小满	芒种 夏至	小暑 大暑	立秋 处暑	白露 秋分	寒露 霜降	立冬 小雪	大雪 冬至	小寒 大寒

1903 癸卯 光绪廿九年 三十年一月一日即阴历十一月十四日												
1月 29日	2月 27日	3月 29日	4月 27日	5月 27日	6月 25日	7月 24日	8月 23日	9月 21日	10月 20日	11月 19日	12月 19日	1月 17日
正月小	二月大	三月小	四月大	五月小	闰五月小	六月大	七月小	八月小	九月大	十月大	十一月小	十二月大
丁 巳卯丑	丙 戌申午	丙 辰寅子	乙 酉未巳	乙 卯丑亥	甲 申午辰	癸 丑亥酉	癸 未巳卯	壬 子戌申	辛 巳卯丑	辛 亥酉未	辛 巳卯丑	庚 戌申午
初八辰 廿三寅	初九丑 廿四寅	初九辰 廿四未	十一丑 廿六未	十二卯 廿七夜子	十四申	初一巳 十七丑	初二酉 十八卯	初四未 十九戌	初五夜子 二十夜子	初五戌 二十申	初五辰 二十丑	初五戌 二十未
立春 雨水	惊蛰 春分	清明 谷雨	立夏 小满	芒种 夏至	小暑	大暑 立秋	处暑 白露	秋分 寒露	霜降 立冬	小雪 大雪	冬至 小寒	大寒 立春

1904 **甲辰** 光绪三十年 卅一年一月一日即阴历十一月廿六日											
闰2月 16日	3月 17日	4月 16日	5月 15日	6月 14日	7月 13日	8月 11日	9月 10日	10月 9日	11月 7日	12月 7日	1月 6日
正月大	二月大	三月小	四月大	五月小	六月小	七月大	八月小	九月小	十月大	十一月大	十二月小
庚 辰寅子	庚 戌申午	庚 辰寅子	己 酉未巳	己 卯丑亥	戊 申午辰	丁 丑亥酉	丁 未巳卯	丙 子戌申	乙 巳卯丑	乙 亥酉未	乙 巳卯丑
初二 五十 巳辰	初二 五十 辰未	初廿 五一 戌辰	初廿 七三 戌午	初廿 九四 卯亥	十廿 一七 申辰	十廿 三九 夜午 子	十 四 戌	初十 一六 丑卯	初十 二七 寅丑	初十 一六 亥未	初十 一六 辰子
雨惊 水蛰	春清 分明	谷立 雨夏	小芒 满种	夏小 至暑	大立 暑秋	处白 暑露	秋 分	寒霜 露降	立小 冬雪	大冬 雪至	小大 寒寒

1905 **乙巳** 光绪卅一年 卅二年一月一日即阴历十二月初七日											
2月 4日	3月 6日	4月 5日	5月 4日	6月 3日	7月 3日	8月 1日	8月 30日	9月 29日	10月 28日	11月 27日	12月 26日
正月大	二月大	三月小	四月大	五月大	六月小	七月小	八月大	九月小	十月大	十一月小	十二月大
甲 戌申午	甲 辰寅子	甲 戌申午	癸 卯丑亥	癸 酉未巳	癸 卯丑亥	壬 申午辰	辛 丑亥酉	辛 未巳卯	庚 子戌申	庚 午辰寅	己 亥酉未
初十 一六 戌申	初十 一六 未未	初十 一七 戌丑	初十 三九 未丑	初二 四十 酉巳	初廿 六一 寅亥	初廿 八四 未寅	初廿 九六 酉丑	十廿 一六 辰午	十廿 二七 巳辰	十廿 二六 丑戌	十廿 二七 未卯
立雨 春水	惊春 蛰分	清谷 明雨	立小 夏满	芒夏 种至	小大 暑暑	立处 秋暑	白秋 露分	寒霜 露降	立小 冬雪	大冬 雪至	小大 寒寒

1906 **丙午** 光绪卅二年 卅三年一月一日即阴历十一月十七日

1月 25日	2月 23日	3月 25日	4月 24日	5月 23日	6月 22日	7月 21日	8月 20日	9月 18日	10月 18日	11月 16日	12月 16日	1月 14日
正月小	二月大	三月大	四月小	闰四月大	五月小	六月大	七月小	八月大	九月小	十月大	十一月小	十二月大
己	戊	戊	戊	丁	丁	丙	丙	乙	乙	甲	甲	癸
巳卯丑	戌申午	辰寅子	戌申午	卯丑亥	酉未巳	寅子戌	申午辰	丑亥酉	未巳卯	子戌申	午辰寅	亥酉未
十二子 廿六戌	十二戌 廿七戌	十三子 廿八辰	十三酉 廿九辰	十五夜子	初一申 十七巳	初四寅 十九戌	初五巳 二十亥	初七辰 廿二未	初七申 廿二申	初八未 廿三辰	初八丑 廿二戌	初八午 廿三卯
立春 雨水	惊蛰 春分	清明 谷雨	立夏 小满	芒种	夏至 小暑	大暑 立秋	处暑 白露	秋分 寒露	霜降 立冬	小雪 大雪	冬至 小寒	大寒 立春

1907 **丁未** 光绪卅三年 卅四年一月一日即阴历十一月廿八日

2月 13日	3月 14日	4月 13日	5月 12日	6月 11日	7月 10日	8月 9日	9月 8日	10月 7日	11月 6日	12月 5日	1月 4日
正月小	二月大	三月小	四月大	五月小	六月大	七月大	八月小	九月大	十月小	十一月大	十二月小
癸	壬	壬	辛	辛	庚	庚	庚	己	己	戊	戊
巳卯丑	戌申午	辰寅子	酉未巳	卯丑亥	申午辰	寅子戌	申午辰	丑亥酉	未巳卯	子戌申	午辰寅
初八丑 廿三丑	初九丑 廿四卯	初九未 廿五子	十一未 廿七卯	十二亥 廿八申	十五巳	初一丑 十六申	初二寅 十七未	初三戌 十八亥	初三亥 十八戌	初四未 十九辰	初四丑 十八酉
雨水 惊蛰	春分 清明	谷雨 立夏	小满 芒种	夏至 小暑	大暑	立秋 处暑	白露 秋分	寒露 霜降	立冬 小雪	大雪 冬至	小寒 大寒

1908 戊申 光绪三十四年　宣统元年一月一日即阴历十二月初十日

闰2月 2日	3月 3日	4月 1日	4月 30日	5月 30日	6月 29日	7月 28日	8月 27日	9月 25日	10月 25日	11月 24日	12月 23日
正 月 大	二 月 小	三 月 小	四 月 大	五 月 大	六 月 小	七 月 大	八 月 小	九 月 大	十 月 大	十 一 月 小	十 二 月 大
丁 亥酉未	丁 巳卯丑	丙 戌申午	乙 卯丑亥	乙 酉未巳	乙 卯丑亥	甲 申午辰	甲 寅子戌	癸 未巳卯	癸 丑亥酉	癸 未巳卯	壬 子戌申
初十 四九 午辰	初十 四九 卯辰	初二 五十 午戌	初廿 七二 卯戌	初廿 八四 午寅	初廿 九五 亥申	十廿 二七 辰亥	十廿 三八 巳戌	十三 五十 丑寅	十三 五十 寅丑	十廿 四九 戌未	十三 五十 卯子
立雨 春水	惊春 蛰分	清谷 明雨	立小 夏满	芒夏 种至	小大 暑暑	立处 秋暑	白秋 露分	寒霜 露降	立小 冬雪	大冬 雪至	小大 寒寒

1909 己酉 宣统元年　二年一月一日即阴历十一月二十日

1月 22日	2月 20日	3月 22日	4月 20日	5月 19日	6月 18日	7月 17日	8月 16日	9月 14日	10月 14日	11月 13日	12月 13日	1月 11日
正 月 小	二 月 大	闰 二 月 小	三 月 小	四 月 大	五 月 小	六 月 大	七 月 小	八 月 大	九 月 大	十 月 大	十 一 月 小	十 二 月 大
壬 午辰寅	辛 亥酉未	辛 巳卯丑	庚 戌申午	己 卯丑亥	己 酉未巳	戊 寅子戌	戊 申午辰	丁 丑亥酉	丁 未巳卯	丁 丑亥酉	丁 未巳卯	丙 子戌申
十廿 四九 酉未	十三 五十 午未	十 五 酉	初十 二七 丑午	初十 四九 丑酉	初廿 五一 巳寅	初廿 七三 亥未	初廿 九四 寅申	十廿 一六 丑辰	十廿 一六 巳巳	十廿 一六 辰丑	初廿 十五 戌午	十廿 一六 卯子
立雨 春水	惊春 蛰分	清 明	谷立 雨夏	小芒 满种	夏小 至暑	大立 暑秋	处白 暑露	秋寒 分露	霜立 降冬	小大 雪雪	冬小 至寒	大立 寒春

1910 **庚戌** 宣统二年 三年一月一日即阴历十二月初一日

2月 10日	3月 11日	4月 10日	5月 9日	6月 7日	7月 7日	8月 5日	9月 4日	10月 3日	11月 2日	12月 2日	1月 1日
正月小	二月大	三月小	四月小	五月大	六月小	七月大	八月小	九月大	十月大	十一月大	十二月小
丙 午辰寅	乙 亥酉未	乙 巳卯丑	甲 戌申午	癸 卯丑亥	癸 酉未巳	壬 寅子戌	壬 申午辰	辛 丑亥酉	辛 未巳卯	辛 丑亥酉	辛 未巳卯
初十戌 廿五酉	十一戌 廿七子	十二辰 廿七酉	十四辰 廿九夜子	十六申	初二巳 十八寅	初四戌 二十巳	初五亥 廿一辰	初七未 廿二申	初七申 廿二未	初七辰 廿二丑	初六酉 廿一午
雨水 惊蛰	春分 清明	谷雨 立夏	小满 芒种	夏至	小暑 大暑	立秋 处暑	白露 秋分	寒露 霜降	立冬 小雪	大雪 冬至	小寒 大寒

1911 **辛亥** 宣统三年 民国元年一月一日即阴历十一月十三日

1月 30日	3月 1日	3月 30日	4月 29日	5月 28日	6月 26日	7月 26日	8月 24日	9月 22日	10月 22日	11月 21日	12月 20日	1月 19日
正月大	二月小	三月大	四月小	五月小	六月大	闰六月小	七月小	八月大	九月大	十月小	十一月大	十二月大
庚 子戌申	庚 午辰寅	己 亥酉未	己 巳卯丑	戊 戌申午	丁 卯丑亥	丁 酉未巳	丙 寅子戌	乙 未巳卯	乙 丑亥酉	乙 未巳卯	甲 子戌申	甲 午辰寅
初七卯 廿二丑	初七子 廿二丑	初八卯 廿三未	初九子 廿四未	十一寅 廿六亥	十三申 廿九辰	十五丑	初一申 十七寅	初三未 十八戌	初三亥 十八亥	初三酉 十八未	初四辰 十九子	初三酉 十八午
立春 雨水	惊蛰 春分	清明 谷雨	立夏 小满	芒种 夏至	小暑 大暑	立秋	处暑 白露	秋分 寒露	霜降 立冬	小雪 大雪	冬至 小寒	大寒 立春

1912 **壬子** 民国元年 二年一月一日即阴历十一月廿四日											
闰2月 18日	3月 19日	4月 17日	5月 17日	6月 15日	7月 14日	8月 13日	9月 11日	10月 10日	11月 9日	12月 9日	1月 7日
正 月 大	二 月 小	三 月 大	四 月 小	五 月 小	六 月 大	七 月 小	八 月 小	九 月 大	十 月 大	十 一 月 小	十 二 月 大
甲 子戌申	甲 午辰寅	癸 亥酉未	癸 巳卯丑	壬 戌申午	辛 卯丑亥	辛 酉未巳	庚 寅子戌	己 未巳卯	己 丑亥酉	己 未巳卯	戊 子戌申
初十 三八 辰卯	初十 三八 辰午	初二 四十 戌卯	初廿 五一 戌巳	初廿 八三 寅亥	初廿 十六 未辰	十廿 一七 亥巳	十廿 三九 戌丑	十三 五十 寅寅	十廿 五九 子戌	十廿 四九 未卯	十廿 四九 夜酉 子
雨惊 水蛰	春清 分明	谷立 雨夏	小芒 满种	夏小 至暑	大立 暑秋	处白 暑露	秋寒 分露	霜立 降冬	小大 雪雪	冬小 至寒	大立 寒春

1913 **癸丑** 民国二年 三年一月一日即阴历十二月初六日											
2月 6日	3月 8日	4月 7日	5月 6日	6月 5日	7月 4日	8月 2日	9月 1日	9月 30日	10月 29日	11月 28日	12月 27日
正 月 大	二 月 大	三 月 小	四 月 大	五 月 小	六 月 小	七 月 大	八 月 小	九 月 小	十 月 大	十 一 月 小	十 二 月 大
戊 午辰寅	戊 子戌申	戊 午辰寅	丁 亥酉未	丁 巳卯丑	丙 戌申午	乙 卯丑亥	乙 酉未巳	甲 寅子戌	癸 未巳卯	癸 丑亥酉	壬 午辰寅
十廿 四九 未午	十廿 四九 未酉	十 五 丑	初十 一七 午子	初十 二八 申巳	初二 五十 寅戌	初廿 七三 午寅	初廿 八四 申子	初廿 十五 卯巳	十廿 一六 巳卯	十廿 一五 丑戌	十廿 一六 午卯
雨惊 水蛰	春清 分明	谷 雨	立小 夏满	芒夏 种至	小大 暑暑	立处 秋暑	白秋 露分	寒霜 露降	立小 冬雪	大冬 雪至	小大 寒寒

1914 **甲寅** 民国三年 四年一月一日即阴历十一月十六日												
1月 26日	2月 25日	3月 27日	4月 25日	5月 25日	6月 23日	7月 23日	8月 21日	9月 20日	10月 19日	11月 17日	12月 17日	1月 15日
正月大	二月大	三月小	四月大	五月小	闰五月大	六月小	七月大	八月小	九月小	十月大	十一月小	十二月大
壬 子戌申	壬 午辰寅	壬 子戌申	辛 巳卯丑	辛 亥酉未	庚 辰寅子	庚 戌申午	己 卯丑亥	己 酉未巳	戊 寅子戌	丁 未巳卯	丁 丑亥酉	丙 午辰寅
初十夜子 廿五戌	初十酉 廿五戌	初十夜子 廿六卯	十二酉 廿八卯	十三亥 廿九申	十六卯	初二丑 十七酉	初四巳 十九亥	初五卯 二十午	初六申 廿一申	初七午 廿二辰	初七子 廿一酉	初七巳 廿二卯
立春 雨水	惊蛰 春分	清明 谷雨	立夏 小满	芒种 夏至	小暑	大暑 立秋	处暑 白露	秋分 寒露	霜降 立冬	小雪 大雪	冬至 小寒	大寒 立春

1915 **乙卯** 民国四年 五年一月一日即阴历十一月廿六日											
2月 14日	3月 16日	4月 14日	5月 14日	6月 13日	7月 12日	8月 11日	9月 9日	10月 9日	11月 7日	12月 7日	1月 5日
正月大	二月小	三月大	四月大	五月小	六月大	七月小	八月大	九月小	十月大	十一月小	十二月小
丙 子戌申	丙 午辰寅	乙 亥酉未	乙 巳卯丑	乙 亥酉未	甲 辰寅子	甲 戌申午	癸 卯丑亥	癸 酉未巳	壬 寅子戌	壬 申午辰	辛 丑亥酉
初七丑 廿一夜子	初七子 廿二卯	初八午 廿三夜子	初九午 廿五寅	初十戌 廿六未	十三辰 廿八夜子	十四未	初一丑 十六午	初一酉 十六戌	初二戌 十七酉	初二午 十七卯	初二夜子 十七申
雨水 惊蛰	春分 清明	谷雨 立夏	小满 芒种	夏至 小暑	大暑 立秋	处暑	白露 秋分	寒露 霜降	立冬 小雪	大雪 冬至	小寒 大寒

1916 **丙辰** 民国五年　六年一月一日即阴历十二月初八日

闰2月 3日	3月 4日	4月 3日	5月 2日	6月 1日	6月 30日	7月 30日	8月 29日	9月 27日	10月 27日	11月 25日	12月 25日
正月大	二月大	三月小	四月大	五月小	六月大	七月大	八月小	九月大	十月小	十一月大	十二月小
庚 午辰寅	庚 子戌申	庚 午辰寅	己 亥酉未	己 巳卯丑	戊 戌申午	戊 辰寅子	戊 戌申午	丁 卯丑亥	丁 酉未巳	丙 寅子戌	丙 申午辰
初十 三八 午辰	初十 三八 卯卯	初十 三八 巳酉	初二 五十 寅酉	初廿 六二 巳丑	初廿 八四 戌未	初廿 十五 卯戌	十廿 一六 辰酉	十廿 二八 夜丑 子	十廿 三七 丑亥	十廿 三八 酉午	十廿 三七 卯亥
立雨 春水	惊春 蛰分	清谷 明雨	立小 夏满	芒夏 种至	小大 暑暑	立处 秋暑	白秋 露分	寒霜 露降	立小 冬雪	大冬 雪至	小大 寒寒

1917 **丁巳** 民国六年　七年一月一日即阴历十一月十九日

1月 23日	2月 22日	3月 23日	4月 21日	5月 21日	6月 19日	7月 19日	8月 18日	9月 16日	10月 16日	11月 15日	12月 14日	1月 13日
正月大	二月小	闰二月小	三月大	四月小	五月大	六月大	七月小	八月大	九月大	十月小	十一月大	十二月小
乙 丑亥酉	乙 未巳卯	甲 子戌申	癸 巳卯丑	癸 亥酉未	壬 辰寅子	壬 戌申午	壬 辰寅子	辛 酉未巳	辛 卯丑亥	辛 酉未巳	庚 寅子戌	庚 申午辰
十廿 三八 申未	十廿 三八 午午	十 四 申	初十 一六 子巳	初十 一七 夜申 子	初二 四十 辰丑	初廿 五一 戌午	初廿 七二 丑未	初廿 八四 亥寅	初廿 九四 辰辰	初廿 九三 寅夜 子	初廿 九四 酉巳	初廿 九三 寅亥
立雨 春水	惊春 蛰分	清 明	谷立 雨夏	小芒 满种	夏小 至暑	大立 暑秋	处白 暑露	秋寒 分露	霜立 降冬	小大 雪雪	冬小 至寒	大立 寒春

1918 **戊午** 民国七年 八年一月一日即阴历十一月三十日											
2月 11日	3月 13日	4月 11日	5月 10日	6月 9日	7月 8日	8月 7日	9月 5日	10月 5日	11月 4日	12月 3日	1月 2日
正月大	二月小	三月小	四月大	五月小	六月大	七月小	八月大	九月大	十月小	十一月大	十二月大
己 丑亥酉	己 未巳卯	戊 子戌申	丁 巳卯丑	丁 亥酉未	丙 辰寅子	丙 戌申午	乙 卯丑亥	乙 酉未巳	乙 卯丑亥	甲 申午辰	甲 寅子戌
初廿 九四 酉酉	初廿 九四 酉亥	十廿 一六 卯申	十廿 三八 卯亥	十 四 未	初十 一七 辰子	初十 二八 酉辰	初二 四十 戌寅	初二 五十 巳未	初二 五十 未巳	初二 六十 卯夜 子	初二 五十 申巳
雨惊 水蛰	春清 分明	谷立 雨夏	小芒 满种	夏 至	小大 暑暑	立处 秋暑	白秋 露分	寒霜 露降	立小 冬雪	大冬 雪至	小大 寒寒

1919 **己未** 民国八年 九年一月一日即阴历十一月十一日												
2月 1日	3月 2日	4月 1日	4月 30日	5月 20日	6月 28日	7月 27日	8月 25日	9月 24日	10月 24日	11月 22日	12月 22日	1月 21日
正月小	二月大	三月小	四月小	五月大	六月小	七月小	闰七月大	八月大	九月小	十月大	十一月大	十二月大
甲 申午辰	癸 丑亥酉	癸 未巳卯	壬 子戌申	辛 巳卯丑	辛 亥酉未	庚 辰寅子	己 酉未巳	己 卯丑亥	己 酉未巳	戊 寅子戌	戊 申午辰	戊 寅子戌
初二 五十 寅子	初廿 五一 夜子 子	初廿 六一 寅午	初廿 七三 亥午	初廿 十五 丑戌	十廿 一七 未卯	十廿 三九 亥未	十 六 丑	初十 一六 巳申	初十 一六 戌戌	初十 二七 申酉	初十 二六 卯亥	初十 一六 申巳
立雨 春水	惊春 蛰分	清谷 明雨	立小 夏满	芒夏 种至	小大 暑暑	立处 秋暑	白 露	秋寒 分露	霜立 降冬	小大 雪雪	冬小 至寒	大立 寒春

1920 **庚申** 民国九年 十年一月一日即阴历十一月廿三日											
闰2月 20日	3月 20日	4月 19日	5月 18日	6月 16日	7月 16日	8月 14日	9月 12日	10月 12日	11月 10日	12月 10日	1月 9日
正月小	二月大	三月小	四月小	五月大	六月小	七月小	八月大	九月小	十月大	十一月大	十二月大
戊 申午辰	丁 丑亥酉	丁 未巳卯	丙 子戌申	乙 巳卯丑	乙 亥酉未	甲 辰寅子	癸 酉未巳	癸 卯丑亥	壬 申午辰	壬 寅子戌	壬 申午辰
初十 一六 卯寅	初十 二七 卯巳	初十 二八 酉寅	初二 四十 酉辰	初廿 七二 丑戌	初廿 八四 午卯	初廿 十六 戌辰	十廿 二七 申亥	十廿 三八 丑丑	十廿 三八 亥酉	十廿 三八 午寅	十廿 二七 亥申
雨惊 水蛰	春清 分明	谷立 雨夏	小芒 满种	夏小 至暑	大立 暑秋	处白 暑露	秋寒 分露	霜立 降冬	小大 雪雪	冬小 至寒	大立 寒春

1921 **辛酉** 民国十年 十一年一月一日即阴历十二月初四日											
2月 8日	3月 10日	4月 8日	5月 8日	6月 6日	7月 5日	8月 4日	9月 2日	10月 1日	10月 31日	11月 29日	12月 29日
正月大	二月小	三月大	四月小	五月小	六月大	七月小	八月小	九月大	十月小	十一月大	十二月大
壬 寅子戌	壬 申午辰	辛 丑亥酉	辛 未巳卯	庚 子戌申	己 巳卯丑	己 亥酉未	戊 辰寅子	丁 酉未巳	丁 卯丑亥	丙 申午辰	丙 寅子戌
十廿 二七 午巳	十廿 二七 午申	十廿 三九 夜巳 子	十 四 夜 子	初十 一七 未辰	初十 四九 丑酉	初廿 五一 巳丑	初十 七二 未亥	初廿 九四 寅卯	初廿 九四 卯寅	初廿 九四 夜酉 子	初廿 九四 巳寅
雨惊 水蛰	春清 分明	谷立 雨夏	小 满	芒夏 种至	小大 暑暑	立处 秋暑	白秋 露分	寒霜 露降	立小 冬雪	大冬 雪至	小大 寒寒

1922 **壬戌** 民国十一年 十二年一月一日即阴历十一月十五日												
1月28日	2月27日	3月28日	4月27日	5月27日	6月25日	7月24日	8月23日	9月21日	10月20日	11月19日	12月18日	1月17日
正月大	二月小	三月大	四月大	五月小	闰五月小	六月大	七月小	八月小	九月大	十月小	十一月大	十二月大
丙	丙	乙	乙	乙	甲	癸	癸	壬	辛	辛	庚	庚
申午辰	寅子戌	未巳卯	丑亥酉	未巳卯	子戌申	巳卯丑	亥酉未	辰寅子	酉未巳	卯丑亥	申午辰	寅子戌
初八亥 廿三酉	初八申 廿三酉	初九亥 廿五卯	初十申 廿六卯	十一戌 廿七未	十四卯	初一子 十六申	初二辰 十七戌	初四寅 十九午	初五午 二十午	初五巳 二十卯	初五夜子 二十申	初五巳 二十寅
立春 雨水	惊蛰 春分	清明 谷雨	立夏 小满	芒种 夏至	小暑	大暑 立秋	处暑 白露	秋分 寒露	霜降 立冬	小雪 大雪	冬至 小寒	大寒 立春

1923 **癸亥** 民国十二年 十三年一月一日即阴历十一月廿五日											
2月16日	3月17日	4月16日	5月16日	6月14日	7月14日	8月12日	9月11日	10月10日	11月8日	12月8日	1月6日
正月小	二月大	三月大	四月小	五月大	六月小	七月大	八月小	九月小	十月大	十一月小	十二月大
庚	己	己	己	戊	戊	丁	丁	丙	乙	乙	甲
申午辰	丑亥酉	未巳卯	丑亥酉	午辰寅	子戌申	巳卯丑	亥酉未	辰寅子	酉未巳	卯丑亥	申午辰
初四夜子 十九亥	初五夜子 廿一寅	初六午 廿一亥	初七巳 廿三丑	初九酉 廿五午	十一卯 廿六亥	十三午 廿九子	十四巳 廿九申	十五酉	初一酉 十六申	初一午 十六寅	初一亥 十六申
雨水 惊蛰	春分 清明	谷雨 立夏	小满 芒种	夏至 小暑	大暑 立秋	处暑 白露	秋分 寒露	霜降	立冬 小雪	大雪 冬至	小寒 大寒

1924 **甲子** 民国十三年 十四年一月一日即阴历十二月初六日											
闰2月 5日	3月 5日	4月 4日	5月 4日	6月 2日	7月 2日	8月 1日	8月 30日	9月 29日	10月 28日	11月 27日	12月 26日
正 月 小	二 月 大	三 月 大	四 月 小	五 月 大	六 月 大	七 月 小	八 月 大	九 月 小	十 月 大	十 一 月 小	十 二 月 小
甲 寅子戌	癸 未巳卯	癸 丑亥酉	癸 未巳卯	壬 子戌申	壬 午辰寅	壬 子戌申	辛 巳卯丑	辛 亥酉未	庚 辰寅子	庚 戌申午	己 卯丑亥
初十 一六 巳卯	初十 二七 寅卯	初十 二七 巳申	初十 三八 寅申	初廿 五一 辰子	初廿 六二 酉午	初廿 八三 寅酉	初廿 十五 卯申	初廿 十六 亥子	十廿 二六 子亥	十廿 一六 申巳	十廿 二六 寅亥
立雨 春水	惊春 蛰分	清谷 明雨	立小 夏满	芒夏 种至	小大 暑暑	立处 秋暑	白秋 露分	寒霜 露降	立小 冬雪	大冬 雪至	小大 寒寒

1925 **乙丑** 民国十四年 十五年一月一日即阴历十一月十七日												
1月 24日	2月 23日	3月 24日	4月 23日	5月 22日	6月 21日	7月 21日	8月 19日	9月 18日	10月 18日	11月 16日	12月 16日	1月 14日
正 月 大	二 月 小	三 月 大	四 月 小	闰 四 月 大	五 月 大	六 月 小	七 月 大	八 月 大	九 月 小	十 月 大	十 一 月 小	十 二 月 大
戊 申午辰	戊 寅子戌	丁 未巳卯	丁 丑亥酉	丙 午辰寅	丙 子戌申	丙 午辰寅	乙 亥酉未	乙 巳卯丑	乙 亥酉未	甲 辰寅子	甲 戌申午	癸 卯丑亥
十廿 二七 申午	十廿 二七 巳巳	十廿 三八 申亥	十廿 四九 巳亥	十 六 未	初十 二八 卯子	初十 三九 酉巳	初廿 六一 子午	初廿 六二 亥寅	初廿 七二 卯卯	初廿 八二 寅亥	初廿 七二 申巳	初廿 八二 丑亥
立雨 春水	惊春 蛰分	清谷 明雨	立小 夏满	芒 种	夏小 至暑	大立 暑秋	处白 暑露	秋寒 分露	霜立 降冬	小大 雪雪	冬小 至寒	大立 寒春

1926 **丙寅** 民国十五年 十六年一月一日即阴历十一月廿八日											
2月 13日	3月 14日	4月 12日	5月 12日	6月 10日	7月 10日	8月 8日	9月 7日	10月 7日	11月 5日	12月 5日	1月 4日
正月小	二月小	三月大	四月小	五月大	六月小	七月大	八月大	九月小	十月大	十一月大	十二月小
癸 酉未巳	壬 寅子戌	辛 未巳卯	辛 丑亥酉	庚 午辰寅	庚 子戌申	己 巳卯丑	己 亥酉未	己 巳卯丑	戊 戌申午	戊 辰寅子	戊 戌申午
初七酉 廿二申	初八申 廿三亥	初十寅 廿五申	十一寅 廿六戌	十三午 廿九卯	十四夜子	初一申 十七辰	初二戌 十八寅	初三巳 十八未	初四未 十九巳	初四卯 十八亥	初三申 十八辰
雨水 惊蛰	春分 清明	谷雨 立夏	小满 芒种	夏至 小暑	大暑	立秋 处暑	白露 秋分	寒露 霜降	立冬 小雪	大雪 冬至	小寒 大寒

1927 **丁卯** 民国十六年 十七年一月一日即阴历十二月初九日											
2月 2日	3月 4日	4月 2日	5月 1日	5月 31日	6月 29日	7月 29日	8月 27日	9月 26日	10月 25日	11月 24日	12月 24日
正月大	二月小	三月小	四月大	五月小	六月大	七月小	八月大	九月小	十月大	十一月大	十二月大
丁 卯丑亥	丁 酉未巳	丙 寅子戌	乙 未巳卯	乙 丑亥酉	甲 午辰寅	甲 子戌申	癸 巳卯丑	癸 亥酉未	壬 辰寅子	壬 戌申午	壬 辰寅子
初四寅 十八夜子	初三亥 十八亥	初五丑 二十巳	初六戌 廿二巳	初八丑 廿三酉	初十午 廿六卯	十一亥 廿七午	十四子 廿九巳	十四申 廿九戌	十五酉 三十申	十五巳 三十寅	十四亥 廿九未
立春 雨水	惊蛰 春分	清明 谷雨	立夏 小满	芒种 夏至	小暑 大暑	立秋 处暑	白露 秋分	寒露 霜降	立冬 小雪	大雪 冬至	小寒 大寒

1928 **戊辰** 民国十七年 十八年一月一日即阴历十一月廿一日

1月23日	闰2月21日	3月22日	4月20日	5月19日	6月18日	7月17日	8月15日	9月14日	10月13日	11月12日	12月12日	1月11日
正月小	二月大	闰二月小	三月小	四月大	五月小	六月小	七月大	八月小	九月大	十月大	十一月大	十二月大
壬 戌申午	辛 卯丑亥	辛 酉未巳	庚 寅子戌	己 未巳卯	己 丑亥酉	戊 午辰寅	丁 亥酉未	丁 巳卯丑	丙 戌申午	丙 辰寅子	丙 戌申午	丙 辰寅子
十四辰 廿九卯	十五寅 三十寅	十五辰	初一申 十七寅	初三申 十九辰	初五子 二十酉	初七午 廿三寅	初九酉 廿五卯	初十申 廿五亥	十二子 廿七子	十一亥 廿六申	十一巳 廿六寅	初十戌 廿五未
立春 雨水	惊蛰 春分	清明	谷雨 立夏	小满 芒种	夏至 小暑	大暑 立秋	处暑 白露	秋分 寒露	霜降 立冬	小雪 大雪	冬至 小寒	大寒 立春

1929 **己巳** 民国十八年 十九年一月一日即阴历十二月初二日

2月10日	3月11日	4月10日	5月9日	6月7日	7月7日	8月5日	9月3日	10月3日	11月1日	12月1日	12月31日
正月小	二月大	三月小	四月小	五月大	六月小	七月小	八月大	九月小	十月大	十一月大	十二月大
丙 戌申午	乙 卯丑亥	乙 酉未巳	甲 寅子戌	癸 未巳卯	癸 丑亥酉	壬 午辰寅	辛 亥酉未	辛 巳卯丑	庚 戌申午	庚 辰寅子	庚 戌申午
初十巳 廿五巳	十一巳 廿六未	十一亥 廿七辰	十三亥 廿九未	十六卯	初二子 十七酉	初四巳 二十子	初六午 廿一亥	初七寅 廿二卯	初八卯 廿三寅	初七亥 廿二申	初七巳 廿二丑
雨水 惊蛰	春分 清明	谷雨 立夏	小满 芒种	夏至	小暑 大暑	立秋 处暑	白露 秋分	寒露 霜降	立冬 小雪	大雪 冬至	小寒 大寒

1930 **庚午** 民国十九年 二十年一月一日即阴历十一月十三日												
1月30日	2月28日	3月30日	4月29日	5月28日	6月26日	7月26日	8月24日	9月22日	10月22日	11月20日	12月20日	1月19日
正月小	二月大	三月大	四月小	五月小	六月大	闰六月小	七月小	八月大	九月小	十月大	十一月大	十二月小
庚 辰寅子	己 酉未巳	己 卯丑亥	己 酉未巳	戊 寅子戌	丁 未巳卯	丁 丑亥酉	丙 午辰寅	乙 亥酉未	乙 巳卯丑	甲 戌申午	甲 辰寅子	甲 戌申午
初六戌 廿一申	初七申 廿二申	初七戌 廿三寅	初八未 廿四寅	初十酉 廿六午	十三卯 廿八亥	十四未	初一卯 十六酉	初三丑 十八辰	初三午 十八午	初四巳 十九寅	初三亥 十八未	初三辰 十八丑
立春 雨水	惊蛰 春分	清明 谷雨	立夏 小满	芒种 夏至	小暑 大暑	立秋	处暑 白露	秋分 寒露	霜降 立冬	小雪 大雪	冬至 小寒	大寒 立春

1931 **辛未** 民国二十年 廿一年一月一日即阴历十一月廿四日											
2月17日	3月19日	4月18日	5月17日	6月16日	7月15日	8月14日	9月12日	10月11日	11月10日	12月9日	1月8日
正月大	二月大	三月小	四月大	五月小	六月大	七月小	八月小	九月大	十月小	十一月大	十二月小
癸 卯丑亥	癸 酉未巳	癸 卯丑亥	壬 申午辰	壬 寅子戌	辛 未巳卯	辛 丑亥酉	庚 午辰寅	己 亥酉未	己 巳卯丑	戊 戌申午	戊 辰寅子
初三亥 十八亥	初三亥 十九丑	初四巳 十九戌	初六巳 廿二子	初七酉 廿三午	初十寅 廿五戌	十一午 廿八夜子	十三辰 廿八未	廿四酉 廿九酉	十四未 廿九巳	十五寅 廿九戌	十四未 廿九辰
雨水 惊蛰	春分 清明	谷雨 立夏	小满 芒种	夏至 小暑	大暑 立秋	处暑 白露	秋分 寒露	霜降 立冬	小雪 大雪	冬至 小寒	大寒 立春

1932 **壬申** 民国廿一年 廿二年一月一日即阴历十二月初六日											
闰2月 6日	3月 7日	4月 6日	5月 6日	6月 4日	7月 4日	8月 2日	9月 1日	9月 30日	10月 29日	11月 28日	12月 27日
正月大	二月大	三月大	四月小	五月大	六月小	七月大	八月小	九月小	十月大	十一月小	十二月大
丁	丁	丁	丁	丙	丙	乙	乙	甲	癸	癸	壬
酉未巳	卯丑亥	酉未巳	卯丑亥	申午辰	寅子戌	未巳卯	丑亥酉	午辰寅	亥酉未	巳卯丑	戌申午
十五寅 三十丑	十五寅 三十辰	十五申	初一丑 十六申	初三卯 十八夜子	初四申 二十巳	初七丑 廿二酉	初八卯 廿三未	初九戌 廿四夜子	初十亥 廿五戌	初十申 廿五巳	十一丑 廿五戌
雨水 惊蛰	春分 清明	谷雨	立夏 小满	芒种 夏至	小暑 大暑	立秋 处暑	白露 秋分	寒露 霜降	立冬 小雪	大雪 冬至	小寒 大寒

1933 **癸酉** 民国廿二年 廿三年一月一日即阴历十一月十六日												
1月 26日	2月 24日	3月 26日	4月 25日	5月 24日	6月 23日	7月 22日	8月 21日	9月 20日	10月 19日	11月 18日	12月 17日	1月 15日
正月小	二月大	三月大	四月小	五月大	闰五月大	六月小	七月大	八月小	九月大	十月小	十一月小	十二月大
壬	辛	辛	辛	庚	庚	庚	己	己	戊	戊	丁	丙
辰寅子	酉未巳	卯丑亥	酉未巳	寅子戌	申午辰	寅子戌	未巳卯	丑亥酉	午辰寅	子戌申	巳卯丑	戌申午
初十未 廿五巳	十一辰 廿六巳	十一未 廿六亥	十二辰 廿七戌	十四午 三十卯	十五亥	初一申 十七辰	初三亥 十九巳	初四戌 二十丑	初六寅 廿一寅	初六丑 二十亥	初六未 廿一辰	初七丑 廿一戌
立春 雨水	惊蛰 春分	清明 谷雨	立夏 小满	芒种 夏至	小暑	大暑 立秋	处暑 白露	秋分 寒露	霜降 立冬	小雪 大雪	冬至 小寒	大寒 立春

1934 **甲戌** 民国廿三年 廿四年一月一日即阴历十一月廿六日											
2月14日	3月15日	4月14日	5月13日	6月12日	7月12日	8月10日	9月9日	10月8日	11月7日	12月7日	1月5日
正月小	二月大	三月小	四月大	五月大	六月小	七月大	八月小	九月大	十月大	十一月小	十二月大
丙 辰寅子	乙 酉未巳	乙 卯丑亥	甲 申午辰	甲 寅子戌	甲 申午辰	癸 丑亥酉	癸 未巳卯	壬 子戌申	壬 午辰寅	壬 子戌申	辛 巳卯丑
初六申 廿一未	初七申 廿二戌	初八寅 廿三未	初十丑 廿五酉	十一巳 廿七寅	十二亥 廿八未	十五寅 三十申	十六丑	初二辰 十七巳	初二巳 十七辰	初二丑 十六戌	初二未 十七辰
雨水 惊蛰	春分 清明	谷雨 立夏	小满 芒种	夏至 小暑	大暑 立秋	处暑 白露	秋分	寒露 霜降	立冬 小雪	大雪 冬至	小寒 大寒

1935 **乙亥** 民国廿四年 廿五年一月一日即阴历十二月初七日											
2月4日	3月5日	4月3日	5月3日	6月1日	7月1日	7月30日	8月29日	9月28日	10月27日	11月26日	12月26日
正月小	二月小	三月大	四月小	五月大	六月小	七月大	八月大	九月小	十月大	十一月大	十二月小
辛 亥酉未	庚 辰寅子	己 酉未巳	己 卯丑亥	戊 申午辰	戊 寅子戌	丁 未巳卯	丁 丑亥酉	丁 未巳卯	丙 子戌申	丙 午辰寅	丙 子戌申
初二丑 十六亥	初二戌 十七亥	初四丑 十九辰	初四戌 二十辰	初六夜子 廿二申	初八巳 廿四寅	初十戌 廿六巳	十一亥 廿七辰	十二未 廿七申	十三申 廿八未	十三辰 廿八丑	十二戌 廿七未
立春 雨水	惊蛰 春分	清明 谷雨	立夏 小满	芒种 夏至	小暑 大暑	立秋 处暑	白露 秋分	寒露 霜降	立冬 小雪	大雪 冬至	小寒 大寒

1936 **丙子** 民国廿五年 廿六年一月一日即阴历十一月十九日

1月 24日	闰2月 23日	3月 23日	4月 21日	5月 21日	6月 19日	7月 18日	8月 17日	9月 16日	10月 15日	11月 14日	12月 14日	1月 13日
正月大	二月小	三月小	闰三月大	四月小	五月小	六月大	七月大	八月小	九月大	十月大	十一月大	十二月小
乙 巳卯丑	乙 亥酉未	甲 辰寅子	癸 酉未巳	癸 卯丑亥	壬 申午辰	辛 丑亥酉	辛 未巳卯	辛 丑亥酉	庚 午辰寅	庚 子戌酉	庚 午辰寅	庚 子戌申
十廿 三八 辰寅	十廿 三八 丑丑	十廿 四九 辰未	十 六 子	初十 一七 未卯	初十 三九 亥申	初廿 六二 巳丑	初廿 七三 申寅	初廿 八三 未戌	初廿 九四 亥亥	初廿 九四 戌未	初廿 九四 辰丑	初廿 八三 戌未
立雨 春水	惊春 蛰分	清谷 明雨	立 夏	小芒 满种	夏小 至暑	大立 暑秋	处白 暑露	秋寒 分露	霜立 降冬	小大 雪雪	冬小 至寒	大立 寒春

1937 **丁丑** 民国廿六年 廿七年一月一日即阴历十一月三十日

2月 11日	3月 13日	4月 11日	5月 10日	6月 9日	7月 8日	8月 6日	9月 5日	10月 4日	11月 3日	12月 3日	1月 2日
正月大	二月小	三月小	四月大	五月小	六月小	七月大	八月小	九月大	十月大	十一月大	十二月小
己 巳卯丑	己 亥酉未	戊 辰寅子	丁 酉未巳	丁 卯丑亥	丙 申午辰	乙 丑亥酉	乙 未巳卯	甲 子戌申	甲 午辰寅	甲 子戌申	甲 午辰寅
初廿 九四 巳辰	初廿 九四 辰未	初廿 十六 戌卯	十廿 二八 戌午	十廿 四九 寅亥	十 六 申	初十 三八 辰亥	初十 四九 巳戌	初廿 六一 丑寅	初廿 六一 寅丑	初二 五十 戌未	初二 五十 辰丑
雨惊 水蛰	春清 分明	谷立 雨夏	小芒 满种	夏小 至暑	大 暑	立处 秋暑	白秋 露分	寒霜 露降	立小 冬雪	大冬 雪至	小大 寒寒

1938 **戊寅** 民国廿七年 廿八年一月一日即阴历十一月十一日

1月 31日	3月 2日	4月 1日	4月 30日	5月 29日	6月 28日	7月 27日	8月 25日	9月 24日	10月 23日	11月 22日	12月 22日	1月 20日
正 月 大	二 月 大	三 月 小	四 月 小	五 月 大	六 月 小	七 月 小	闰 七 月 大	八 月 小	九 月 大	十 月 大	十 一 月 小	十 二 月 大
癸 亥酉未	癸 巳卯丑	癸 亥酉未	壬 辰寅子	辛 酉未巳	辛 卯丑亥	庚 申午辰	己 丑亥酉	己 未巳卯	戊 子戌申	戊 午辰寅	戊 子戌申	丁 巳卯丑
初二 五十 戊申	初二 五十 未未	初廿 五一 酉丑	初廿 七三 午丑	初廿 九五 酉巳	十廿 一六 寅亥	十廿 三九 未寅	十 五 申	初十 一六 丑辰	初十 二七 午巳	初十 二七 辰寅	初十 一六 戌未	初十 二七 辰丑
立雨 春水	惊春 蛰分	清谷 明雨	立小 夏满	芒夏 种至	小大 暑暑	立处 秋暑	白 露	秋寒 分露	霜立 降冬	小大 雪雪	冬小 至寒	大立 寒春

树珊按自民国戊寅以后必须参阅政府每年所颁布之国民历始臻完善

1939 **己卯** 民国廿八年 廿九年一月一日即阴历十一月廿二日

2月 19日	3月 21日	4月 20日	5月 19日	6月 17日	7月 17日	8月 15日	9月 13日	10月 13日	11月 11日	12月 11日	1月 9日
正 月 大	二 月 大	三 月 小	四 月 小	五 月 大	六 月 小	七 月 小	八 月 大	九 月 小	十 月 大	十 一 月 小	十 二 月 大
丁 亥酉未	丁 巳卯丑	丁 亥酉未	丙 辰寅子	乙 酉未巳	乙 卯丑亥	甲 申午辰	癸 丑亥酉	癸 未巳卯	壬 子戌申	壬 午辰寅	辛 亥酉未
初十 一六 亥戌	初十 一七 戌子	初十 二七 辰酉	初十 四九 辰夜 子	初廿 六二 申巳	初廿 八三 寅戌	初廿 十五 巳亥	十廿 二七 辰未	十廿 二七 申申	十廿 三八 未巳	十廿 三七 丑戌	十廿 三八 午辰
雨惊 水蛰	春清 分明	谷立 雨夏	小芒 满种	夏小 至暑	大立 暑秋	处白 暑露	秋寒 分露	霜立 降冬	小大 雪雪	冬小 至寒	大立 寒春

1940 **庚辰** 民国廿九年 三十年一月一日即阴历十二月初四日

闰2月 8日	3月 9日	4月 8日	5月 7日	6月 6日	7月 5日	8月 4日	9月 2日	10月 1日	10月 31日	11月 29日	12月 29日
正月大	二月大	三月小	四月大	五月小	六月大	七月小	八月小	九月大	十月小	十一月大	十二月小
辛 巳卯丑	辛 亥酉未	辛 巳卯丑	庚 戌申午	庚 辰寅子	己 酉未巳	己 卯丑亥	戊 申午辰	丁 丑亥酉	丁 未巳卯	丙 子戌申	丙 午辰寅
十廿 三八 丑丑	十廿 三八 丑卯	十廿 三九 未子	十 五 未	初十 一六 卯亥	初十 三九 申巳	初二 五十 丑申	初廿 七二 寅未	初廿 八三 戌亥	初廿 八三 亥戌	初廿 九四 未辰	初廿 九三 丑酉
雨惊 水蛰	春清 分明	谷立 雨夏	小 满	芒夏 种至	小大 暑暑	立处 秋暑	白秋 露分	寒霜 露降	立小 冬雪	大冬 雪至	小大 寒寒

1941 **辛巳** 民国三十年 三十一年一月一日即阴历十一月十五日

1月 27日	2月 26日	3月 28日	4月 26日	5月 26日	6月 25日	7月 24日	8月 23日	9月 21日	10月 20日	11月 19日	12月 18日	1月 17日
正月大	二月大	三月小	四月大	五月大	六月小	闰六月大	七月小	八月小	九月大	十月小	十一月大	十二月小
乙 亥酉未	乙 巳卯丑	乙 亥酉未	甲 辰寅子	甲 戌申午	甲 辰寅子	癸 酉未巳	癸 卯丑亥	壬 申午辰	辛 丑亥酉	辛 未巳卯	庚 子戌申	庚 午辰寅
初廿 九四 午辰	初廿 九四 辰辰	初廿 九四 午戌	十廿 一六 卯戌	十廿 二八 巳寅	十廿 三九 亥未	十 六 辰	初十 一七 亥巳	初十 三九 戌丑	初二 五十 寅寅	初十 五九 丑戌	初二 五十 未辰	初十 五九 子酉
立雨 春水	惊春 蛰分	清谷 明雨	立小 夏满	芒夏 种至	小大 暑暑	立 秋	处白 暑露	秋寒 分露	霜立 降冬	小大 雪雪	冬小 至寒	大立 寒春

1942 **壬午** 民国三十一年 三十二年一月一日即阴历十一月廿五日											
2月 15日	3月 17日	4月 15日	5月 15日	6月 14日	7月 13日	8月 12日	9月 10日	10月 10日	11月 8日	12月 8日	1月 6日
正 月 大	二 月 小	三 月 大	四 月 大	五 月 小	六 月 大	七 月 小	八 月 大	九 月 小	十 月 大	十 一 月 小	十 二 月 大
己 亥酉未	己 巳卯丑	戊 戌申午	戊 辰寅子	戊 戌申午	丁 卯丑亥	丁 酉未巳	丙 寅子戌	丙 申午辰	乙 丑亥酉	乙 未巳卯	甲 子戌申
初二 五十 未午	初二 五十 未酉	初廿 七二 丑午	初廿 八三 丑申	初廿 九五 巳寅	十廿 一七 戌未	十廿 三八 寅申	十三 五十 丑辰	十 五 巳	初十 一六 巳辰	初十 一五 丑戌	初十 一六 未卯
雨惊 水蛰	春清 分明	谷立 雨夏	小芒 满种	夏小 至暑	大立 暑秋	处白 暑露	秋寒 分露	霜 降	立小 冬雪	大冬 雪至	小大 寒寒

1943 **癸未** 民国三十二年 三十三年一月一日即阴历十二月初六日											
2月 5日	3月 6日	4月 5日	5月 4日	6月 3日	7月 2日	8月 1日	8月 31日	9月 29日	10月 29日	11月 27日	12月 27日
正 月 小	二 月 大	三 月 小	四 月 大	五 月 小	六 月 大	七 月 大	八 月 小	九 月 大	十 月 小	十 一 月 大	十 二 月 小
甲 午辰寅	癸 亥酉未	癸 巳卯丑	壬 戌申午	壬 辰寅子	辛 酉未巳	辛 卯丑亥	辛 酉未巳	庚 寅子戌	庚 申午辰	己 丑亥酉	己 未巳卯
初十 一五 子戌	初十 一六 酉戌	初十 一七 夜辰 子	初十 三九 酉辰	初二 四十 亥申	初廿 七三 巳丑	初廿 八四 酉巳	初廿 九五 亥辰	十廿 一六 未申	十廿 一六 申未	十廿 二七 辰丑	十廿 一六 戌午
立雨 春水	惊春 蛰分	清谷 明雨	立小 夏满	芒夏 种至	小大 暑暑	立处 秋暑	白秋 露分	寒霜 露降	立小 冬雪	大冬 雪至	小大 寒寒

1944 **甲申** 民国三十三年 三十四年一月一日即阴历十一月十八日

1月 25日	闰2月 24日	3月 24日	4月 23日	5月 22日	6月 21日	7月 20日	8月 19日	9月 17日	10月 17日	11月 16日	12月 15日	1月 14日
正 月 大	二 月 小	三 月 大	四 月 小	闰 四 月 大	五 月 小	六 月 大	七 月 小	八 月 大	九 月 大	十 月 小	十 一 月 大	十 二 月 大
戊 子戌申	戊 午辰寅	丁 亥酉未	丁 巳卯丑	丙 戌申午	丙 辰寅子	乙 酉未巳	乙 卯丑亥	甲 申午辰	甲 寅子戌	甲 申午辰	癸 丑亥酉	癸 未巳卯
十廿 二七 卯丑	十廿 二七 子丑	十廿 三八 卯未	十廿 三九 夜午 子	十 六 寅	初十 一七 亥未	初二 四十 辰子	初廿 五一 申寅	初廿 七二 未戌	初廿 七二 亥亥	初廿 七二 戌未	初廿 八三 辰子	初廿 七二 酉午
立雨 春水	惊春 蛰分	清谷 明雨	立小 夏满	芒 种	夏小 至暑	大立 暑秋	处白 暑露	秋寒 分露	霜立 降冬	小大 雪雪	冬小 至寒	大立 寒春

1945 **乙酉** 民国三十四年 三十五年一月一日即阴历十一月廿八日

2月 13日	3月 14日	4月 12日	5月 12日	6月 10日	7月 9日	8月 8日	9月 6日	10月 6日	11月 5日	12月 5日	1月 3日
正 月 小	二 月 小	三 月 大	四 月 小	五 月 小	六 月 大	七 月 小	八 月 大	九 月 大	十 月 大	十 一 月 小	十 二 月 大
癸 丑亥酉	壬 午辰寅	辛 亥酉未	辛 巳卯丑	庚 戌申午	己 卯丑亥	己 酉未巳	戊 寅子戌	戊 申午辰	戊 寅子戌	戊 申午辰	丁 丑亥酉
初廿 七二 辰卯	初廿 八三 辰午	初廿 九五 戌卯	初廿 十六 酉巳	十廿 三八 寅戌	十 五 未	初十 一六 卯亥	初十 三八 己酉	初十 四九 子寅	初十 四九 寅子	初十 三八 戌未	初十 四八 卯夜 子
雨惊 水蛰	春清 分明	谷立 雨夏	小芒 满种	夏小 至暑	大 暑	立处 秋暑	白秋 露分	寒霜 露降	立小 冬雪	大冬 雪至	小大 寒寒

1946 **丙戌** 民国三十五年　三十六年一月一日即阴历十二月初十日											
2月 2日	3月 4日	4月 2日	5月 1日	5月 31日	6月 29日	7月 28日	8月 27日	9月 25日	10月 25日	11月 24日	12月 23日
正 月 大	二 月 小	三 月 小	四 月 大	五 月 小	六 月 小	七 月 大	八 月 小	九 月 大	十 月 大	十 一 月 小	十 二 月 大
丁 未巳卯	丁 丑亥酉	丙 午辰寅	乙 亥酉未	乙 巳卯丑	甲 戌申午	癸 卯丑亥	癸 酉未巳	壬 寅子戌	壬 申午辰	壬 寅子戌	辛 未巳卯
初十 三八 酉未	初十 三八 午未	初二 四十 酉子	初廿 六二 午子	初廿 七三 申辰	初廿 十五 丑戌	十廿 二八 午寅	十廿 三九 申子	十三 五十 卯巳	十三 五十 巳卯	十廿 五九 丑戌	十三 五十 午卯
立雨 春水	惊春 蛰分	清谷 明雨	立小 夏满	芒夏 种至	小大 暑暑	立处 秋暑	白秋 露分	寒霜 露降	立小 冬雪	大冬 雪至	小大 寒寒

1947 **丁亥** 民国三十六年　三十七年一月一日即阴历十一月廿七日												
1月 22日	2月 21日	3月 23日	4月 21日	5月 20日	6月 19日	7月 18日	8月 16日	9月 15日	10月 14日	11月 13日	12月 12日	1月 11日
正 月 大	二 月 大	闰 二 月 小	三 月 小	四 月 大	五 月 小	六 月 小	七 月 大	八 月 小	九 月 大	十 月 小	十 一 月 大	十 二 月 大
辛 丑亥酉	辛 未巳卯	辛 丑亥酉	庚 午辰寅	己 亥酉未	己 巳卯丑	戊 戌申午	丁 卯丑亥	丁 酉未巳	丙 寅子戌	丙 申午辰	乙 丑亥酉	乙 未巳卯
十廿 四九 夜戌 子	十廿 四九 酉戌	十 四 夜 子	初十 一六 卯酉	初十 三八 卯亥	初二 四十 未辰	初廿 七二 丑酉	初廿 九四 辰亥	初廿 十五 卯午	十廿 一六 申申	十廿 一六 午辰	十廿 二六 丑酉	十廿 一六 午卯
立雨 春水	惊春 蛰分	清 明	谷立 雨夏	小芒 满种	夏小 至暑	大立 暑秋	处白 暑露	秋寒 分露	霜立 降冬	小大 雪雪	冬小 至寒	大立 寒春

1948 **戊子** 民国三十七年 三十八年一月一日即阴历十二月初三日											
闰2月 10日	3月 11日	4月 9日	5月 9日	6月 7日	7月 7日	8月 5日	9月 3日	10月 3日	11月 1日	12月 1日	12月 30日
正 月 大	二 月 小	三 月 大	四 月 小	五 月 大	六 月 小	七 月 小	八 月 大	九 月 小	十 月 大	十 一 月 小	十 二 月 大
乙 丑亥酉	乙 未巳卯	甲 子戌申	甲 午辰寅	癸 亥酉未	癸 巳卯丑	壬 戌申午	辛 卯丑亥	辛 酉未巳	庚 寅子戌	庚 申午辰	己 丑亥酉
十廿 一五 丑夜 子	十廿 一六 子卯	十廿 二七 午亥	十廿 三九 午寅	十 五 戌	初十 一七 未辰	初十 三九 夜未 子	初廿 六一 丑午	初廿 六一 酉亥	初廿 七二 亥酉	初廿 七二 未辰	初廿 八二 子酉
雨惊 水蛰	春清 分明	谷立 雨夏	小芒 满种	夏 至	小大 暑暑	立处 秋暑	白秋 露分	寒霜 露降	立小 冬雪	大冬 雪至	小大 寒寒

1949 **己丑** 民国三十八年 三十九年一月一日即阴历十一月十三日												
1月 29日	2月 28日	3月 29日	4月 28日	5月 28日	6月 26日	7月 26日	8月 24日	9月 22日	10月 22日	11月 20日	12月 20日	1月 18日
正 月 大	二 月 小	三 月 大	四 月 大	五 月 小	六 月 大	七 月 小	闰 七 月 小	八 月 大	九 月 小	十 月 大	十 一 月 小	十 二 月 大
己 未巳卯	己 丑亥酉	戊 午辰寅	戊 子戌申	戊 午辰寅	丁 亥酉未	丁 巳卯丑	丙 戌申午	乙 卯丑亥	乙 酉未巳	甲 寅子戌	甲 申午辰	癸 丑亥酉
初廿 七二 午辰	初廿 七二 卯卯	初廿 八三 巳酉	初廿 九四 寅酉	初廿 十六 巳丑	十廿 二八 戌未	十廿 四九 卯戌	十 六 辰	初十 二八 酉子	初十 三八 寅寅	初十 四八 子戌	初十 三八 午卯	初十 三八 夜酉 子
立雨 春水	惊春 蛰分	清谷 明雨	立小 夏满	芒夏 种至	小大 暑暑	立处 秋暑	白 露	秋寒 分露	霜立 降冬	小大 雪雪	冬小 至寒	大立 寒春

1950 **庚寅** 民国三十九年　四十年一月一日即阴历十一月廿四日

2月 17日	3月 18日	4月 17日	5月 17日	6月 15日	7月 15日	8月 14日	9月 12日	10月 11日	11月 10日	12月 9日	1月 8日
正月小	二月大	三月大	四月小	五月大	六月大	七月小	八月小	九月大	十月小	十一月大	十二月小
癸 未巳卯	壬 子戌申	壬 午辰寅	壬 子戌申	辛 巳卯丑	辛 亥酉未	辛 巳卯丑	庚 戌申午	己 卯丑亥	己 酉未巳	戊 寅子戌	戊 申午辰
初十 三八 午午	初十 四九 午申	初二 五十 夜巳 子	初廿 五一 夜申 子	初廿 八四 辰丑	初廿 九五 酉午	十廿 一六 丑未	十廿 二八 亥卯	十廿 四九 巳辰	十廿 四八 卯夜 子	十廿 四九 酉巳	十廿 四八 寅亥
雨惊 水蛰	春清 分明	谷立 雨夏	小芒 满种	夏小 至暑	大立 暑秋	处白 暑露	秋寒 分露	霜立 降冬	小大 雪雪	冬小 至寒	大立 寒春

1951 **辛卯** 民国四十年　四十一年一月一日即阴历十二月初五日

2月 6日	3月 8日	4月 6日	5月 6日	6月 5日	7月 4日	8月 3日	9月 1日	10月 1日	10月 30日	11月 29日	12月 28日
正月大	二月小	三月大	四月大	五月小	六月大	七月小	八月大	九月小	十月大	十一月小	十二月大
丁 丑亥酉	丁 未巳卯	丙 子戌申	丙 午辰寅	丙 子戌申	乙 巳卯丑	乙 亥酉未	甲 辰寅子	甲 戌申午	癸 卯丑亥	癸 酉未巳	壬 寅子戌
十廿 四九 酉申	十廿 四九 酉亥	十 六 卯	初十 一七 申卯	初十 二八 戌未	初廿 五一 辰子	初廿 六二 酉辰	初廿 八四 戌寅	初廿 九四 巳未	初廿 十五 未巳	初廿 十四 卯夜 子	初廿 十五 申巳
雨惊 水蛰	春清 分明	谷 雨	立小 夏满	芒夏 种至	小大 暑暑	立处 秋暑	白秋 露分	寒霜 露降	立小 冬雪	大冬 雪至	小大 寒寒

1952 **壬辰** 民国四十一年　四十二年一月一日即阴历十一月十六日

1月27日	闰2月25日	3月26日	4月24日	5月24日	6月22日	7月22日	8月20日	9月19日	10月19日	11月17日	12月17日	1月15日
正月小	二月大	三月小	四月大	五月小	闰五月大	六月小	七月大	八月大	九月小	十月大	十一月小	十二月大
壬 申午辰	辛 丑亥酉	辛 未巳卯	庚 子戌申	庚 午辰寅	己 亥酉未	己 巳卯丑	戊 戌申午	戊 辰寅子	戊 戌申午	丁 卯丑亥	丁 酉未巳	丙 寅子戌
初十寅 廿五子	初十夜子 廿六子	十一寅 廿六午	十二亥 廿八午	十四丑 廿九戌	十六未	初二卯 十七夜子	初四未 二十丑	初五巳 二十申	初五戌 二十戌	初六申 廿一午	初六卯 二十亥	初六申 廿一巳
立春 雨水	惊蛰 春分	清明 谷雨	立夏 小满	芒种 夏至	小暑	大暑 立秋	处暑 白露	秋分 寒露	霜降 立冬	小雪 大雪	冬至 小寒	大寒 立春

1953 **癸巳** 民国四十二年　四十三年一月一日即阴历十一月廿七日

2月14日	3月15日	4月14日	5月13日	6月11日	7月11日	8月9日	9月8日	10月8日	11月7日	12月6日	1月5日
正月小	二月大	三月小	四月小	五月大	六月大	七月小	八月大	九月大	十月小	十一月大	十二月小
丙 申午辰	乙 丑亥酉	乙 未巳卯	甲 子戌申	癸 巳卯丑	癸 亥酉未	癸 巳卯丑	壬 戌申午	壬 辰寅子	壬 戌申午	辛 卯丑亥	辛 酉未巳
初六卯 廿一寅	初七卯 廿二巳	初七酉 廿三寅	初九酉 廿五辰	十二丑 廿七戌	十三午 廿九寅	十四戌	初一辰 十六申	初一亥 十七丑	初二子 十六亥	初二酉 十七午	初二寅 十六亥
雨水 惊蛰	春分 清明	谷雨 立夏	小满 芒种	夏至 小暑	大暑 立秋	处暑	白露 秋分	寒露 霜降	立冬 小雪	大雪 冬至	小寒 大寒

1954 **甲午** 民国四十三年 四十四年一月一日即阴历十二月初八日											
2月 3日	3月 5日	4月 3日	5月 3日	6月 1日	6月 30日	7月 30日	8月 28日	9月 27日	10月 27日	11月 25日	12月 25日
正月大	二月小	三月大	四月小	五月小	六月大	七月小	八月大	九月大	十月小	十一月大	十二月大
庚 寅子戌	庚 申午辰	己 丑亥酉	己 未巳卯	戊 子戌申	丁 巳卯丑	丁 亥酉未	丙 辰寅子	丙 戌申午	丙 辰寅子	乙 酉未巳	乙 卯丑亥
初二申 十七午	初二巳 十七午	初三申 十八夜子	初四巳 十九亥	初六未 廿二卯	初九子 廿四酉	初十巳 廿六子	十二午 廿七亥	十三寅 廿八卯	十三卯 廿八寅	十三夜子 廿八酉	十三巳 廿八寅
立春 雨水	惊蛰 春分	清明 谷雨	立夏 小满	芒种 夏至	小暑 大暑	立秋 处暑	白露 秋分	寒露 霜降	立冬 小雪	大雪 冬至	小寒 大寒

1955 **乙未** 民国四十四年 四十五年一月一日即阴历十一月十九日												
1月 24日	2月 22日	3月 24日	4月 22日	5月 22日	6月 20日	7月 19日	8月 18日	9月 16日	10月 16日	11月 14日	12月 14日	1月 13日
正月小	二月大	三月小	闰三月大	四月小	五月小	六月大	七月小	八月大	九月小	十月大	十一月大	十二月大
乙 酉未巳	甲 寅子戌	甲 申午辰	癸 丑亥酉	癸 未巳卯	壬 子戌申	辛 巳卯丑	辛 亥酉未	庚 辰寅子	庚 戌申午	己 卯丑亥	己 酉未巳	己 卯丑亥
十二亥 廿七酉	十三申 廿八酉	十三亥 廿九寅	十五申	初一卯 十六戌	初三午 十九卯	初五夜子 廿一申	初七卯 廿二酉	初九寅 廿四巳	初九午 廿四午	初十巳 廿五寅	初九亥 廿四申	初九巳 廿四寅
立春 雨水	惊蛰 春分	清明 谷雨	立夏	小满 芒种	夏至 小暑	大暑 立秋	处暑 白露	秋分 寒露	霜降 立冬	小雪 大雪	冬至 小寒	大寒 立春

1856 **丙申** 民国四十五年 四十六年一月一日即阴历十二月初一日											
闰 2 月 12 日	3 月 12 日	4 月 11 日	5 月 10 日	6 月 9 日	7 月 8 日	8 月 6 日	9 月 5 日	10 月 4 日	11 月 3 日	12 月 2 日	1 月 1 日
正月小	二月大	三月小	四月大	五月小	六月小	七月大	八月小	九月大	十月小	十一月大	十二月大
己 酉未巳	戊 寅子戌	戊 申午辰	丁 丑亥酉	丁 未巳卯	丙 子戌申	乙 巳卯丑	乙 亥酉未	甲 辰寅子	甲 戌申午	癸 卯丑亥	癸 酉未巳
初廿 八三 夜亥 子	初廿 九五 夜寅 子	初廿 十五 午亥	十廿 二八 巳丑	十十 三九 戌午	十 六 卯	初十 二八 亥午	初十 四九 子巳	初二 五十 申酉	初二 五十 酉申	初廿 六一 巳寅	初二 五十 亥申
雨惊 水蛰	春清 分明	谷立 雨夏	小芒 满种	夏小 至暑	大 暑	立处 秋暑	白秋 露分	寒霜 露降	立小 冬雪	大冬 雪至	小大 寒寒

1957 **丁酉** 民国四十六年 四十七年一月一日即阴历十一月十二日												
1 月 31 日	3 月 2 日	3 月 31 日	4 月 30 日	5 月 29 日	6 月 28 日	7 月 27 日	8 月 25 日	9 月 24 日	10 月 23 日	11 月 22 日	12 月 21 日	1 月 20 日
正月大	二月小	三月大	四月小	五月大	六月小	七月小	八月大	闰八月小	九月大	十月小	十一月大	十二月小
癸 卯丑亥	癸 酉未巳	壬 寅子戌	壬 申午辰	辛 丑亥酉	辛 未巳卯	庚 子戌申	己 巳卯丑	己 亥酉未	戊 辰寅子	戊 戌申午	丁 卯丑亥	丁 酉未巳
初二 五十 巳卯	初二 五十 寅卯	初廿 六一 巳申	初廿 七二 寅申	初廿 九五 辰子	初廿 十六 申午	十廿 三八 寅酉	十三 五十 卯申	十 五 亥	初十 二七 子子	初十 一六 亥申	初十 二七 巳寅	初十 一六 亥申
立雨 春水	惊春 蛰分	清谷 明雨	立小 夏满	芒夏 种至	小大 暑暑	立处 秋暑	白秋 露分	寒 露	霜立 降冬	小大 雪雪	冬小 至寒	大立 寒春

1958 **戊戌** 民国四十七年 四十八年一月一日即阴历十一月廿二日

2月18日	3月20日	4月19日	5月19日	6月17日	7月17日	8月15日	9月13日	10月13日	11月11日	12月11日	1月9日
正月大	二月大	三月大	四月小	五月大	六月小	七月小	八月大	九月小	十月大	十一月小	十二月大
丙 寅子戌	丙 申午辰	丙 寅子戌	丙 申午辰	乙 丑亥酉	乙 未巳卯	甲 子戌申	癸 巳卯丑	癸 亥酉未	壬 辰寅子	壬 戌申午	辛 卯丑亥
初二午 十七巳	初二午 十七申	初二亥 十八辰	初三辰 十九未	初六卯 廿一夜子	初七申 廿三巳	初九夜子 廿五午	十一亥 廿七寅	十二卯 廿七卯	十三寅 廿七亥	二十申 廿七巳	十三丑 廿七亥
雨水 惊蛰	春分 清明	谷雨 立夏	小满 芒种	夏至 小暑	大暑 立秋	处暑 白露	秋分 寒露	霜降 立冬	小雪 大雪	冬至 小寒	大寒 立春

1959 **己亥** 民国四十八年 四十九年一月一日即阴历十二月初三日

2月8日	3月9日	4月8日	5月8日	6月6日	7月6日	8月4日	9月3日	10月2日	11月1日	11月30日	12月30日
正月小	二月大	三月大	四月小	五月大	六月小	七月大	八月小	九月大	十月小	十一月大	十二月小
辛 酉未巳	庚 寅子戌	庚 申午辰	庚 寅子戌	己 未巳卯	己 丑亥酉	戊 午辰寅	戊 子戌申	丁 巳卯丑	丁 亥酉未	丙 辰寅子	丙 戌申午
十二酉 廿七申	十三申 廿八亥	十四寅 廿九未	十五寅	初一戌 十七午	初三卯 十八亥	初五申 廿一卯	初六酉 廿二寅	初八巳 廿三午	初八午 廿三巳	初九寅 廿三亥	初八申 廿三巳
雨水 惊蛰	春分 清明	谷雨 立夏	小满	芒种 夏至	小暑 大暑	立秋 处暑	白露 秋分	寒露 霜降	立冬 小雪	大雪 冬至	小寒 大寒

1960 **庚子** 民国四十九年 五十年一月一日即阴历十一月十五日												
1月 28日	闰2月 27日	3月 27日	4月 26日	5月 25日	6月 24日	7月 24日	8月 22日	9月 21日	10月 20日	11月 19日	12月 18日	1月 17日
正月大	二月小	三月大	四月小	五月大	六月大	闰六月小	七月大	八月小	九月大	十月小	十一月大	十二月小
乙	乙	甲	甲	癸	癸	癸	壬	壬	辛	辛	庚	庚
卯丑亥	酉未巳	寅子戌	申午辰	丑亥酉	未巳卯	丑亥酉	午辰寅	子戌申	巳卯丑	亥酉未	辰寅子	戌申午
初九寅 廿三夜子	初八亥 廿三亥	初十丑 廿五巳	初十戌 廿六巳	十三子 廿八酉	十四午 三十寅	十五亥	初二午 十七夜子	初三巳 十八未	初四酉 十九酉	初四申 十九巳	初五寅 十九亥	初四申 十九巳
立春 雨水	惊蛰 春分	清明 谷雨	立夏 小满	芒种 夏至	小暑 大暑	立秋	处暑 白露	秋分 寒露	霜降 立冬	小雪 大雪	冬至 小寒	大寒 立春

1961 **辛丑** 民国五十年 五十一年一月一日即阴历十一月廿五日											
2月 15日	3月 17日	4月 15日	5月 15日	6月 13日	7月 13日	8月 11日	9月 10日	10月 10日	11月 8日	12月 8日	1月 6日
正月大	二月小	三月大	四月小	五月大	六月小	七月大	八月大	九月小	十月大	十一月小	十二月大
己	己	戊	戊	丁	丁	丙	丙	丙	乙	乙	甲
卯丑亥	酉未巳	寅子戌	申午辰	丑亥酉	未巳卯	子戌申	午辰寅	子戌申	巳卯丑	亥酉未	辰寅子
初五卯 二十寅	初五寅 二十辰	初六申 廿二丑	初七申 廿三卯	初九夜子 廿五酉	十一巳 廿七丑	十三酉 廿九卯	十四未 廿九戌	十五夜子 廿九夜子	十五亥 三十申	十五巳	初一寅 十五戌 三十申
雨水 惊蛰	春分 清明	谷雨 立夏	小满 芒种	夏至 小暑	大暑 立秋	处暑 白露	秋分 寒露	霜降 立冬	小雪 大雪	冬至	小寒 大寒 立春

1962 **壬寅** 民国五十一年 五十二年一月一日即阴历十二月初六日

2月 5日	3月 6日	4月 5日	5月 4日	6月 2日	7月 2日	7月 31日	8月 30日	9月 29日	10月 28日	11月 27日	12月 27日
正 月 小	二 月 大	三 月 小	四 月 小	五 月 大	六 月 小	七 月 大	八 月 大	九 月 小	十 月 大	十 一 月 大	十 二 月 小
甲 戌申午	癸 卯丑亥	癸 酉未巳	壬 寅子戌	辛 未巳卯	辛 丑亥酉	庚 午辰寅	庚 子戌申	庚 午辰寅	己 亥酉未	己 巳卯丑	己 亥酉未
十 五 午	初十 一六 巳巳	初十 一六 未亥	初十 三八 辰亥	初廿 五一 午卯	初廿 六二 夜申 子	初廿 九四 辰夜 子	初廿 十五 午戌	十廿 一六 丑卯	十廿 二七 卯寅	十廿 一六 亥申	十廿 一六 巳丑
雨 水	惊春 蛰分	清谷 明雨	立小 夏满	芒夏 种至	小大 暑暑	立处 秋暑	白秋 露分	寒霜 露降	立小 冬雪	大冬 雪至	小大 寒寒

1963 **癸卯** 民国五十二年 五十三年一月一日即阴历十一月十七日

1月 25日	2月 24日	3月 25日	4月 24日	5月 23日	6月 21日	7月 21日	8月 19日	9月 18日	10月 17日	11月 16日	12月 16日	1月 15日
正 月 大	二 月 小	三 月 大	四 月 小	闰 四 月 小	五 月 大	六 月 小	七 月 大	八 月 小	九 月 大	十 月 大	十 一 月 大	十 二 月 小
戊 辰寅子	戊 戌申午	丁 卯丑亥	丁 酉未巳	丙 寅子戌	乙 未巳卯	乙 丑亥酉	甲 午辰寅	甲 子戌申	癸 巳卯丑	癸 亥酉未	癸 巳卯丑	癸 亥酉未
十廿 一六 亥申	十廿 一六 申申	十廿 二八 戌寅	十廿 三九 未寅	十 五 酉	初十 二八 午卯	初十 三九 亥申	初廿 六一 卯酉	初廿 七二 寅巳	初廿 八三 午午	初廿 八三 巳寅	初廿 七二 亥申	初廿 七二 辰丑
立雨 春水	惊春 蛰分	清谷 明雨	立小 夏满	芒 种	夏小 至暑	大立 暑秋	处白 暑露	秋寒 分露	霜立 降冬	小大 雪雪	冬小 至寒	大立 寒春

1964 **甲辰** 民国五十三年　五十四年一月一日即阴历十一月廿九日											
闰2月 13日	3月 14日	4月 12日	5月 12日	6月 10日	7月 9日	8月 8日	9月 6日	10月 6日	11月 4日	12月 4日	1月 3日
正月大	二月小	三月大	四月小	五月小	六月大	七月小	八月大	九月小	十月大	十一月大	十二月大
壬 辰寅子	壬 戌申午	辛 卯丑亥	辛 酉未巳	庚 寅子戌	己 未巳卯	己 丑亥酉	戊 午辰寅	戊 子戌申	丁 巳卯丑	丁 亥酉未	丁 巳卯丑
初廿 七二 亥戌	初廿 七三 亥丑	初廿 九四 巳戌	初廿 十六 巳子	十廿 二八 酉巳	十三 五十 寅戌	十 六 午	初十 二八 夜巳 子	初十 三八 申酉	初十 四九 酉申	初十 四九 巳寅	初十 三八 亥未
雨惊 水蛰	春清 分明	谷立 雨夏	小芒 满种	夏小 至暑	大立 暑秋	处 暑	白秋 露分	寒霜 露降	立小 冬雪	大冬 雪至	小大 寒寒

1965 **乙巳** 民国五十四年　五十五年一月一日即阴历十二月初十日											
2月 2日	3月 3日	4月 2日	5月 1日	5月 31日	6月 29日	7月 28日	8月 27日	9月 25日	10月 24日	11月 23日	12月 23日
正月小	二月大	三月小	四月大	五月小	六月小	七月大	八月小	九月小	十月大	十一月大	十二月小
丁 亥酉未	丙 辰寅子	丙 戌申午	乙 卯丑亥	乙 酉未巳	甲 寅子戌	癸 未巳卯	癸 丑亥酉	壬 香辰寅	辛 亥酉未	辛 巳卯丑	辛 亥酉未
初十 三八 辰寅	初十 四九 寅寅	初十 四九 辰申	初廿 六一 丑未	初廿 七二 卯亥	初廿 九五 申巳	十廿 二七 丑申	十廿 三八 寅未	十廿 四九 戌夜 子	十三 五十 夜戌 子	十三 五十 申巳	十廿 五九 丑戌
立雨 春水	惊春 蛰分	清谷 明雨	立小 夏满	芒夏 种至	小大 暑暑	立处 秋暑	白秋 露分	寒霜 露降	立小 冬雪	大冬 雪至	小大 寒寒

1966 **丙午** 民国五十五年 五十六年一月一日即阴历十一月廿一日												
1月 21日	2月 20日	3月 22日	4月 21日	5月 20日	6月 19日	7月 18日	8月 16日	9月 15日	10月 14日	11月 12日	12月 12日	1月 11日
正月大	二月大	三月大	闰三月小	四月大	五月小	六月小	七月大	八月小	九月小	十月大	十一月大	十二月小
庚 辰寅子	庚 戌申午	庚 辰寅子	庚 戌申午	己 卯丑亥	己 酉未巳	戊 寅子戌	丁 未巳卯	丁 丑亥酉	丙 午辰寅	乙 亥酉未	乙 巳卯丑	乙 亥酉未
十三 五十 未巳	十三 五十 辰巳	十三 五十 未亥	十 六 辰	初十 二八 戌午	初十 四九 寅亥	初廿 六二 申辰	初廿 八四 夜午 子	初廿 九五 戌寅	十廿 一六 卯卯	十廿 二六 寅亥	十廿 一六 申巳	十廿 一五 丑戌
立雨 春水	惊春 蛰分	清谷 明雨	立 夏	小芒 满种	夏小 至暑	大立 暑秋	处白 暑露	秋寒 分露	霜立 降冬	小大 雪雪	冬小 至寒	大立 寒春

1967 **丁未** 民国五十六年 五十七年一月一日即阴历十二月初二日											
2月 9日	3月 11日	4月 10日	5月 9日	6月 8日	7月 8日	8月 6日	9月 4日	10月 4日	11月 2日	12月 2日	12月 31日
正月大	二月大	三月小	四月大	五月大	六月小	七月小	八月大	九月小	十月大	十一月小	十二月大
甲 辰寅子	甲 戌申午	甲 辰寅子	癸 酉未巳	癸 卯丑亥	癸 酉未巳	壬 寅子戌	辛 未巳卯	辛 丑亥酉	庚 午辰寅	庚 子戌申	己 己卯丑
十廿 一六 申未	十廿 一六 申戌	十廿 二七 丑未	十廿 四九 丑酉	十 五 巳	初十 一六 寅亥	初十 三九 未卯	初廿 五一 酉丑	初廿 六一 辰午	初廿 七二 午巳	初廿 七一 寅亥	初廿 七二 未辰
雨惊 水蛰	春清 分明	谷立 雨夏	小芒 满种	夏 至	小大 暑暑	立处 秋暑	白秋 露分	寒霜 露降	立小 冬雪	大冬 雪至	小大 寒寒

1968 **戊申** 民国五十七年 五十八年一月一日即阴历十一月十三日

1月 30日	闰2月 28日	3月 29日	4月 27日	5月 27日	6月 26日	7月 25日	8月 24日	9月 22日	10月 22日	11月 20日	12月 20日	1月 18日
正月小	二月大	三月小	四月大	五月大	六月小	七月大	闰七月小	八月大	九月小	十月大	十一月小	十二月大
己 亥酉未	戊 辰寅子	戊 戌申午	丁 卯丑亥	丁 酉未巳	丁 卯丑亥	丙 申午辰	丙 寅子戌	乙 未巳卯	乙 丑亥酉	甲 午辰寅	甲 子戌申	癸 巳卯丑
初七丑 廿一亥	初七戌 廿二亥	初八丑 廿三辰	初九戌 廿五辰	初十夜子 廿六申	十二巳 廿八寅	十四戌 三十巳	十五夜子	初二辰 十七未	初二酉 十七酉	初三未 十八巳	初三寅 十七戌	初三未 十八辰
立春 雨水	惊蛰 春分	清明 谷雨	立夏 小满	芒种 夏至	小暑 大暑	立秋 处暑	白露	秋分 寒露	霜降 立冬	小雪 大雪	冬至 小寒	大寒 立春

1969 **己酉** 民国五十八年 五十九年一月一日即阴历十一月廿四日

2月 17日	3月 18日	4月 17日	5月 16日	6月 15日	7月 14日	8月 13日	9月 12日	10月 11日	11月 10日	12月 9日	1月 8日
正月小	二月大	三月小	四月大	五月小	六月大	七月大	八月小	九月大	十月小	十一月大	十二月小
癸 亥酉未	壬 辰寅子	壬 戌申午	辛 卯丑亥	辛 酉未巳	庚 寅子戌	庚 申午辰	庚 寅子戌	己 未巳卯	己 丑亥酉	戊 午辰寅	戊 子戌申
初三寅 十八丑	初四寅 十九辰	初四未 二十子	初六未 廿二卯	初七亥 廿三申	初十巳 廿六丑	十一申 廿七寅	十二未 廿七戌	十三夜子 廿八夜子	十三戌 廿八申	十四巳 廿九丑	十三戌 廿八未
雨水 惊蛰	春分 清明	谷雨 立夏	小满 芒种	夏至 小暑	大暑 立秋	处暑 白露	秋分 寒露	霜降 立冬	小雪 大雪	冬至 小寒	大寒 立春

1970 **庚戌** 民国五十九年　六十年一月一日即阴历十二月初五日											
2月 6日	3月 8日	4月 6日	5月 5日	6月 4日	7月 3日	8月 2日	9月 1日	9月 30日	10月 30日	11月 29日	12月 28日
正月大	二月小	三月小	四月大	五月小	六月大	七月大	八月小	九月大	十月大	十一月小	十二月大
丁 巳丑卯	丁 亥酉未	丙 辰寅子	乙 酉未巳	乙 卯丑亥	甲 申午辰	甲 寅子戌	甲 申午辰	癸 丑亥酉	癸 未巳卯	癸 丑亥酉	壬 午辰寅
十廿 四九 巳辰	十廿 四九 辰未	十 五 戌	初十 二七 卯戌	初十 三九 午寅	初廿 五一 亥申	初廿 七二 辰亥	初廿 八三 巳戌	初廿 十五 丑卯	初廿 十五 卯丑	初廿 九四 亥申	初廿 十五 辰丑
雨惊 水蛰	春清 分明	谷 雨	立小 夏满	芒夏 种至	小大 暑暑	立处 秋暑	白秋 露分	寒霜 露降	立小 冬雪	大冬 雪至	小大 寒寒

1971 **辛亥** 民国六十年　六十一年一月一日即阴历十一月十五日												
1月 27日	2月 25日	3月 27日	4月 25日	5月 24日	6月 23日	7月 22日	8月 21日	9月 19日	10月 19日	11月 18日	12月 18日	1月 16日
正月小	二月大	三月小	四月小	五月大	闰五月小	六月大	七月小	八月大	九月大	十月大	十一月小	十二月大
壬 子戌申	辛 巳卯丑	辛 亥酉未	庚 辰寅子	己 酉未巳	己 卯丑亥	戊 申午辰	戊 寅子戌	丁 未巳卯	丁 丑亥酉	丁 未巳卯	丁 丑亥酉	丙 午辰寅
初廿 九四 戌申	初廿 十五 未未	初廿 十六 酉丑	十廿 二八 午丑	十三 四十 酉巳	十 六 寅	初十 二八 戌未	初十 四九 寅申	初廿 六一 丑辰	初廿 六一 午午	初廿 六一 辰寅	初二 五十 亥未	初廿 六一 辰丑
立雨 春水	惊春 蛰分	清谷 明雨	立小 夏满	芒夏 种至	小 暑	大立 暑秋	处白 暑露	秋寒 分露	霜立 降冬	小大 雪雪	冬小 至寒	大立 寒春

1972 **壬子** 民国六十一年 六十二年一月一日即阴历十一月廿七日

闰2月 15日	3月 15日	4月 14日	5月 13日	6月 11日	7月 11日	8月 9日	9月 8日	10月 7日	11月 6日	12月 6日	1月 4日
正 月 小	二 月 大	三 月 小	四 月 小	五 月 大	六 月 小	七 月 大	八 月 小	九 月 大	十 月 大	十 一 月 小	十 二 月 大
丙 子戌申	乙 巳卯丑	乙 亥酉未	甲 辰寅子	癸 酉未巳	癸 卯丑亥	壬 申午辰	壬 寅子戌	辛 未巳卯	辛 丑亥酉	辛 未巳卯	庚 子戌申
初二 五十 亥戌	初廿 六二 戌子	初廿 七二 辰酉	初廿 九四 辰亥	十廿 一七 申巳	十廿 三八 丑戌	十三 五十 巳亥	十 六 辰	初十 二七 未酉	初十 二七 申未	初十 二七 巳寅	初十 二七 戌未
雨惊 水蛰	春清 分明	谷立 雨夏	小芒 满种	夏小 至暑	大立 暑秋	处白 暑露	秋 分	寒霜 露降	立小 冬雪	大冬 雪至	小大 寒寒

1973 **癸丑** 民国六十二年 六十三年一月一日即阴历十二月初九日

2月 3日	3月 5日	4月 3日	5月 3日	6月 1日	6月 30日	7月 30日	8月 28日	9月 26日	10月 26日	11月 25日	12月 24日
正 月 大	二 月 小	三 月 大	四 月 小	五 月 小	六 月 大	七 月 小	八 月 小	九 月 大	十 月 大	十 一 月 小	十 二 月 大
庚 午辰寅	庚 子戌申	己 巳卯丑	己 亥酉未	戊 辰寅子	丁 酉未巳	丁 卯丑亥	丙 申午辰	乙 丑亥酉	乙 未巳卯	乙 丑亥酉	甲 午辰寅
初十 二七 辰寅	初十 二七 丑丑	初十 三八 卯未	初十 四九 子未	初廿 六一 寅亥	初廿 八四 申辰	初廿 十五 丑申	十廿 二七 寅未	十廿 三八 戌亥	十廿 三八 亥戌	十廿 三八 申辰	十廿 四八 丑戌
立雨 春水	惊春 蛰分	清谷 明雨	立小 夏满	芒夏 种至	小大 暑暑	立处 秋暑	白秋 露分	寒霜 露降	立小 冬雪	大冬 雪至	小大 寒寒

1974 **甲寅** 民国六十三年 六十四年一月一日即阴历十一月十九日

1月 23日	2月 22日	3月 24日	4月 22日	5月 22日	6月 20日	7月 19日	8月 18日	9月 16日	10月 15日	11月 14日	12月 14日	1月 12日
正 月 大	二 月 大	三 月 小	四 月 大	闰 四 月 小	五 月 小	六 月 大	七 月 小	八 月 小	九 月 大	十 月 大	十 一 月 小	十 二 月 大
甲 子戌申	甲 午辰寅	甲 子戌申	癸 巳卯丑	癸 亥酉未	壬 辰寅子	辛 酉未巳	辛 卯丑亥	庚 申午辰	己 丑亥酉	己 未巳卯	己 丑亥酉	戊 午辰寅
十廿 三八 未巳	十廿 三八 辰辰	十廿 三八 午戌	十三 五十 卯戌	十 六 巳	初十 三八 寅戌	初廿 五一 未卯	初廿 六二 亥巳	初廿 八四 戌丑	初廿 十五 寅寅	初廿 十四 丑亥	初廿 九四 未辰	初廿 十四 子戌
立雨 春水	惊春 蛰分	清谷 明雨	立小 夏满	芒 种	夏小 至暑	大立 暑秋	处白 暑露	秋寒 分露	霜立 降冬	小大 雪雪	冬小 至寒	大立 寒春

1975 **乙卯** 民国六十四年 六十五年一月一日即阴历十二月初一日

2月 11日	3月 13日	4月 12日	5月 11日	6月 10日	7月 9日	8月 7日	9月 6日	10月 5日	11月 3日	12月 3日	1月 1日
正 月 大	二 月 大	三 月 小	四 月 大	五 月 小	六 月 小	七 月 大	八 月 小	九 月 小	十 月 大	十 一 月 小	十 二 月 大
戊 子戌申	戊 午辰寅	戊 子戌申	丁 巳卯丑	丁 亥酉未	乙 辰寅子	乙 酉未巳	甲 卯丑亥	癸 申午辰	癸 丑亥酉	壬 未巳卯	子戌申
初廿 九四 未未	初廿 九四 未酉	初廿 十五 丑午	十廿 二七 子申	十廿 三九 巳丑	十 五 戌	初十 二八 午寅	初十 三九 申丑	初二 五十 辰巳	初廿 六一 巳辰	初二 六十 丑戌	初二 六十 未卯
雨惊 水蛰	春清 分明	谷立 雨夏	小芒 满种	夏小 至暑	大 暑	立处 秋暑	白秋 露分	寒霜 露降	立小 冬雪	大冬 雪至	小大 寒寒

1976 **丙辰** 民国六十五年 六十六年一月一日即阴历十一月十二日

1月31日	3月1日	3月31日	4月29日	5月29日	6月27日	7月27日	8月25日	9月24日	10月23日	11月21日	12月21日	1月19日
正月大	二月大	三月小	四月大	五月小	六月大	七月小	八月大	闰八月小	九月小	十月大	十一月小	十二月大
壬	壬	壬	辛	辛	庚	庚	己	己	戊	丁	丁	丙
午辰寅	子戌申	午辰寅	亥酉未	巳卯丑	戌申午	辰寅子	酉未巳	卯丑亥	申午辰	丑亥酉	未巳卯	子戌申
初六子 二十戌	初五酉 二十戌	初五夜子 廿一辰	初七酉 廿三卯	初八亥 廿四未	十一辰 廿七丑	十二酉 廿八巳	十四亥 三十辰	十五未	初一申 十六申	初二未 十七辰	初二丑 十六戌	初二午 十七丑
立春 雨水	惊蛰 春分	清明 谷雨	立夏 小满	芒种 夏至	小暑 大暑	立秋 处暑	白露 秋分	寒露	霜降 立冬	小雪 大雪	冬至 小寒	大寒 立春

1977 **丁巳** 民国六十六年 六十七年一月一日即阴历十一月廿二日

2月18日	3月20日	4月18日	5月18日	6月17日	7月16日	8月15日	9月13日	10月13日	11月11日	12月11日	1月9日
正月大	二月小	三月大	四月大	五月小	六月大	七月小	八月大	九月小	十月大	十一月小	十二月小
丙	丙	乙	乙	乙	甲	甲	癸	癸	壬	壬	辛
午辰寅	子戌申	巳卯丑	亥酉未	巳卯丑	戌申午	辰寅子	酉未巳	卯丑亥	申午辰	寅子戌	未巳卯
初二丑 十七子	初二丑 十七卯	初三未 十八夜子	初四午 二十寅	初五戌 廿一未	初八辰 廿四子	初九申 廿五寅	十一午 廿六戌	十一亥 廿六亥	十二戌 廿七未	十二辰 廿七丑	十二酉 廿七午
雨水 惊蛰	春分 清明	谷雨 立夏	小满 芒种	夏至 小暑	大暑 立秋	处暑 白露	秋分 寒露	霜降 立冬	小雪 大雪	冬至 小寒	大寒 立春

1978 **戊午** 民国六十七年 六十八年一月一日即阴历十二月初三日											
2月 7日	3月 9日	4月 7日	4月 7日	6月 6日	7月 5日	8月 4日	9月 2日	10月 2日	11月 1日	11月 30日	12月 30日
正 月 大	二 月 小	三 月 大	四 月 大	五 月 小	六 月 大	七 月 小	八 月 大	九 月 大	十 月 小	十 一 月 大	十 二 月 小
庚 子戊申	庚 午辰寅	己 亥酉未	己 巳卯丑	己 亥酉未	戊 辰寅子	戊 戌申午	丁 卯丑亥	丁 酉未巳	丁 卯丑亥	丙 申午辰	丙 寅子戌
十廿 三八 辰卯	十廿 三八 辰午	十三 四十 酉卯	十 五 酉	初十 一七 巳丑	初十 三九 戌未	初二 五十 卯戌	初廿 七二 巳酉	初廿 八三 子寅	初廿 八三 寅丑	初廿 八三 戌未	初廿 八三 辰子
雨惊 水蛰	春清 分明	谷立 雨夏	小 满	芒夏 种至	小大 暑暑	立处 秋暑	白秋 露分	寒霜 露降	立小 冬雪	大冬 雪至	小大 寒寒

1979 **己未** 民国六十八年 六十九年一月一日即阴历十一月十三日												
1月 28日	2月 27日	3月 28日	4月 26日	5月 26日	6月 24日	7月 24日	8月 23日	9月 21日	10月 21日	11月 20日	12月 19日	1月 18日
正 月 大	二 月 小	三 月 小	四 月 大	五 月 小	六 月 大	闰 六 月 大	七 月 小	八 月 大	九 月 大	十 月 小	十 一 月 大	十 二 月 小
乙 未巳卯	乙 丑亥酉	甲 午辰寅	癸 亥酉未	癸 巳卯丑	壬 戌申午	壬 辰寅子	壬 戌申午	辛 卯丑亥	辛 酉未巳	辛 卯丑亥	庚 申午辰	庚 寅子戌
初廿 八三 酉未	初廿 八三 午未	初廿 九五 酉子	十廿 一七 巳子	十廿 二八 申辰	十三 五十 丑戌	十 六 午	初十 二七 丑申	初十 四九 子卯	初十 四九 巳巳	初十 四九 辰丑	初十 四九 戌午	初十 四九 卯子
立雨 春水	惊春 蛰分	清谷 明雨	立小 夏满	芒夏 种至	小大 暑暑	立 秋	处白 暑露	秋寒 分露	霜立 降冬	小大 雪雪	冬小 至寒	大立 寒春

1980 **庚申** 民国六十九年　七十年一月一日即阴历十一月廿五日											
闰2月 16日	3月 17日	4月 15日	5月 14日	6月 13日	7月 12日	8月 11日	9月 9日	10月 9日	11月 8日	12月 7日	1月 6日
正月大	二月小	三月小	四月大	五月小	六月大	七月小	八月大	九月大	十月小	十一月大	十二月大
己 未巳卯	己 丑亥酉	戊 午辰寅	丁 亥酉未	丁 巳卯丑	丙 戌申午	丙 辰寅子	乙 酉未巳	乙 卯丑亥	乙 酉未巳	甲 寅子戌	甲 申午辰
初四戌 十九酉	初四戌 十九夜子	初六卯 廿一申	初八卯 廿三亥	初九未 廿五辰	十二丑 廿七酉	十三辰 廿八戌	十五卯 三十午	十五申 三十申	十五午	初一辰 十六丑 三十酉	十五午 三十卯
雨水 惊蛰	春分 清明	谷雨 立夏	小满 芒种	夏至 小暑	大暑 立秋	处暑 白露	秋分 寒露	霜降 立冬	小雪	大雪 冬至 小寒	大寒 立春

1981 **辛酉** 民国七十年　七十一年一月一日即阴历十二月初七日											
2月 5日	3月 6日	4月 5日	5月 4日	6月 2日	7月 2日	7月 31日	8月 29日	9月 28日	10月 28日	11月 26日	12月 26日
正月小	二月大	三月小	四月小	五月大	六月小	七月小	八月大	九月大	十月小	十一月大	十二月大
甲 寅子戌	癸 未巳卯	癸 丑亥酉	壬 午辰寅	辛 亥酉未	辛 巳卯丑	庚 戌申午	己 卯丑亥	己 酉未巳	己 卯丑亥	戊 申午辰	戊 寅子戌
十五丑 廿九夜子	十六子	初一寅 十六午	初二亥 十八午	初五寅 二十戌	初六未 廿二辰	初八夜子 廿四未	十一丑 廿六午	十一酉 廿六亥	十一亥 廿六酉	十二未 廿七辰	十二子 廿六酉
雨水 惊蛰	春分	清明 谷雨	立夏 小满	芒种 夏至	小暑 大暑	立秋 处暑	白露 秋分	寒露 霜降	立冬 小雪	大雪 冬至	小寒 大寒

1982 壬戌 民国七十一年 七十二年一月一日即阴历十一月十七日

1月 25日	2月 24日	3月 25日	4月 24日	5月 23日	6月 21日	7月 21日	8月 19日	9月 17日	10月 17日	11月 15日	12月 15日	1月 14日
正月大	二月小	三月大	四月小	闰四月小	五月大	六月小	七月小	八月大	九月小	十月大	十一月大	十二月大
戊 申午辰	戊 寅子戌	丁 未巳卯	丁 丑亥酉	丙 午辰寅	乙 亥酉未	乙 巳卯丑	甲 戌申午	癸 卯丑亥	癸 酉未巳	壬 寅子戌	壬 申午辰	壬 寅子戌
十廿 一六 午辰	十廿 一六 卯卯	十廿 二七 巳酉	十廿 三八 寅酉	十 五 辰	初十 二七 丑戌	初十 三九 午卯	初廿 五一 戌辰	初廿 七三 酉子	初廿 八三 寅寅	初廿 九三 子戌	初廿 八三 未卯	初廿 七二 夜酉 子
立雨 春水	惊春 蛰分	清谷 明雨	立小 夏满	芒 种	夏小 至暑	大立 暑秋	处白 暑露	秋寒 分露	霜立 降冬	小大 雪雪	冬小 至寒	大立 寒春

1983 癸亥 民国七十二年 七十三年一月一日即阴历十一月廿九日

2月 13日	3月 15日	4月 13日	5月 13日	6月 11日	7月 10日	8月 9日	9月 7日	10月 6日	11月 5日	12月 4日	1月 3日
正月大	二月小	三月大	四月小	五月小	六月大	七月小	八月小	九月大	十月小	十一月大	十二月大
壬 申午辰	壬 寅子戌	辛 未巳卯	辛 丑亥酉	庚 午辰寅	己 亥酉未	己 巳卯丑	戊 戌申午	丁 卯丑亥	丁 酉未巳	丙 寅子戌	丙 申午辰
初廿 七二 未午	初廿 七二 午申	初廿 八四 夜巳 子	初廿 九五 夜未 子	十廿 二八 辰丑	十三 四十 酉午	十 六 丑	初十 二七 未夜 子	初十 四九 卯巳	初十 四九 巳卯	初十 五九 丑戌	初十 四九 午卯
雨惊 水蛰	春清 分明	谷立 雨夏	小芒 满种	夏小 至暑	大立 暑秋	处 暑	白秋 露分	寒霜 露降	立小 冬雪	大冬 雪至	小大 寒寒

1984 **甲子** 民国七十三年　七十四年一月一日即阴历十一月十一日												
闰2月 2日	3月 3日	4月 1日	5月 1日	5月 31日	6月 29日	7月 28日	8月 27日	9月 25日	10月 24日	11月 23日	12月 22日	1月 21日
正月大	二月小	三月大	四月大	五月小	六月小	七月大	八月小	九月小	十月大	闰十月小	十一月大	十二月大
丙 寅子戌	丙 申午辰	乙 丑亥酉	乙 未巳卯	乙 丑亥酉	甲 午辰寅	癸 亥酉未	癸 巳卯丑	壬 戌申午	辛 卯丑亥	辛 酉未巳	庚 寅子戌	庚 申午辰
初三夜子 十八戌	初三酉 十八酉	初四亥 二十卯	初五申 廿一卯	初六戌 廿二未	初九卯 廿五子	十一申 廿七辰	十二戌 廿八卯	十四午 廿九未	十五未 三十午	十五辰	初一丑 十五酉 三十午	十五卯 三十丑
立春 雨水	惊蛰 春分	清明 谷雨	立夏 小满	芒种 夏至	小暑 大暑	立秋 处暑	白露 秋分	寒露 霜降	立冬 小雪	大雪	冬至 小寒 大寒	立春 雨水

1985 **乙丑** 民国七十四年　七十五年一月一日即阴历十一月廿一日											
2月 20日	3月 21日	4月 20日	5月 20日	6月 18日	7月 18日	8月 16日	9月 15日	10月 14日	11月 12日	12月 12日	1月 10日
正月大	二月大	三月大	四月小	五月大	六月小	七月大	八月小	九月小	十月大	十一月小	十二月大
庚 寅子戌	己 未巳卯	己 丑亥酉	己 未巳卯	戊 子戌申	戊 午辰寅	丁 亥酉未	丁 巳卯丑	丙 戌申午	乙 卯丑亥	乙 酉未巳	甲 寅子戌
十四夜子	初一子 十六寅	初一午 十六亥	初二巳 十八丑	初四戌 廿二午	初六卯 廿一亥	初八未 廿四丑	初九午 廿四酉	初十戌 廿五戌	十一酉 廿六未	十一卯 廿五夜子	十一酉 廿六午
惊蛰	春分 清明	谷雨 立夏	小满 芒种	夏至 小暑	大暑 立秋	处暑 白露	秋分 寒露	霜降 立冬	小雪 大雪	冬至 小寒	大寒 立春

1986 **丙寅** 民国七十五年 七十六年一月一日即阴历十二月初二日											
2月 9日	3月 10日	4月 9日	5月 9日	6月 7日	7月 6日	8月 5日	9月 4日	10月 3日	11月 2日	12月 2日	11月 31日
正月小	二月大	三月大	四月大	五月大	六月大	七月小	八月大	九月小	十月大	十一月小	十二月小
甲 申午辰	癸 丑亥酉	癸 未巳卯	癸 丑亥酉	壬 午辰寅	壬 子戌申	壬 午辰寅	辛 亥酉未	辛 巳卯丑	庚 戌申午	庚 辰寅子	己 酉未巳
十一卯 廿六卯	十二卯 廿七巳	十二酉 廿八寅	十三申 廿九辰	十六子	初一酉 十七午	初三寅 十八戌	初五辰 二十酉	初五夜子 廿一丑	初七丑 廿一夜子	初六酉 廿一午	初七卯 廿一亥
雨水 惊蛰	春分 清明	谷雨 立夏	小满 芒种	夏至	小暑 大暑	立秋 处暑	白露 秋分	寒露 霜降	立冬 小雪	大雪 冬至	小寒 大寒

1987 **丁卯** 民国七十六年 七十七年一月一日即阴历十一月十二日												
1月 29日	2月 28日	3月 29日	4月 28日	5月 27日	6月 26日	7月 26日	8月 24日	9月 23日	10月 23日	11月 21日	12月 21日	1月 19日
正月大	二月小	三月大	四月小	五月大	六月大	闰六月小	七月大	八月大	九月小	十月大	十一月小	十二月小
戊 寅子戌	戊 申午辰	丁 丑亥酉	丁 未巳卯	丙 子戌申	丙 午辰寅	丙 子戌申	乙 巳卯丑	乙 亥酉未	乙 巳卯丑	甲 戌申午	甲 辰寅子	癸 酉未巳
初七申 廿二午	初七巳 廿二午	初八申 廿三夜子	初九巳 廿四亥	十一未 廿七卯	十三子 廿八酉	十四巳	初一丑 十六未	初一亥 十七卯	初二辰 十七辰	初三卯 十八子	初二酉 十七午	初三寅 十七亥
立春 雨水	惊蛰 春分	清明 谷雨	立夏 小满	芒种 夏至	小暑 大暑	立秋	处暑 白露	秋分 寒露	霜降 立冬	小雪 大雪	冬至 小寒	大寒 立春

1988 **戊辰** 民国七十七年　七十八年一月一日即阴历十一月廿四日											
闰2月 17日	3月 18日	4月 16日	5月 16日	6月 14日	7月 14日	8月 12日	9月 11日	10月 11日	11月 9日	12月 9日	1月 8日
正月大	二月小	三月大	四月小	五月大	六月小	七月大	八月大	九月小	十月大	十一月大	十二月小
壬 寅子戌	壬 申午辰	辛 丑亥酉	辛 未巳卯	庚 子戌申	庚 午辰寅	己 亥酉未	己 巳卯丑	己 亥酉未	戊 辰寅子	戊 戌申午	戊 辰寅子
初三酉 十八申	初三酉 十八亥	初五寅 二十申	初六寅 廿一戌	初八午 廿四卯	初九夜子 廿五申	十二卯 廿七戌	十三寅 廿八午	十三未 廿八未	十四午 廿九卯	十四子 廿八酉	十三巳 廿八寅
雨水 惊蛰	春分 清明	谷雨 立夏	小满 芒种	夏至 小暑	大暑 立秋	处暑 白露	秋分 寒露	霜降 立冬	小雪 大雪	冬至 小寒	大寒 立春

1989 **己巳** 民国七十八年　七十九年一月一日即阴历十二月初五日											
2月 6日	3月 8日	4月 6日	5月 5日	6月 4日	7月 3日	8月 1日	8月 31日	9月 30日	10月 29日	11月 28日	12月 28日
正月大	二月小	三月小	四月大	五月小	六月小	七月大	八月大	九月小	十月大	十一月大	十二月大
丁 酉未巳	丁 卯丑亥	丙 申午辰	乙 丑亥酉	乙 未巳卯	甲 子戌申	癸 巳卯丑	癸 亥酉未	癸 巳卯丑	壬 戌申午	壬 辰寅子	壬 戌申午
十四子 廿八亥	十三夜子 廿九寅	十五巳	初一亥 十七巳	初三丑 十八酉	初五午 廿一卯	初七亥 廿三午	初九丑 廿四巳	初九申 廿四戌	初十戌 廿五酉	初十午 廿五卯	初九夜子 廿四申
雨水 惊蛰	春分 清明	谷雨	立夏 小满	芒种 夏至	小暑 大暑	立秋 处暑	白露 秋分	寒露 霜降	立冬 小雪	大雪 冬至	小寒 大寒

1990 庚午 民国七十九年 八十年一月一日即阴历十一月十六日												
1月 27日	2月 25日	3月 27日	4月 25日	5月 24日	6月 23日	7月 22日	8月 21日	9月 19日	10月 18日	11月 17日	12月 17日	1月 16日
正月小	二月大	三月小	四月小	五月大	闰五月小	六月小	七月大	八月小	九月大	十月大	十一月大	十二月大
壬 辰寅子	辛 酉未巳	辛 卯丑亥	庚 申午辰	己 丑亥酉	己 未巳卯	戊 子戌申	丁 巳卯丑	丁 亥酉未	丙 辰寅子	丙 戌申午	丙 辰寅子	丙 戌申午
初九巳 廿四卯	初十寅 廿五卯	初十巳 廿五申	十二丑 廿七申	十四辰 三十子	十五酉	初二午 十八寅	初四酉 二十卯	初五申 二十亥	初七丑 廿二丑	初六夜子 廿一酉	初六午 廿一卯	初五亥 二十申
立春 雨水	惊蛰 春分	清明 谷雨	立夏 小满	芒种 夏至	小暑	大暑 立秋	处暑 白露	秋分 寒露	霜降 立冬	小雪 大雪	冬至 小寒	大寒 立春

1991 辛未 民国八十年 八十一年一月一日即阴历十一月廿七日											
2月 15日	3月 16日	4月 15日	5月 14日	6月 12日	7月 12日	8月 10日	9月 8日	10月 8日	11月 6日	12月 6日	1月 5日
正月小	二月大	三月小	四月小	五月大	六月小	七月小	八月大	九月小	十月大	十一月大	十二月大
丙 辰寅子	乙 酉未巳	乙 卯丑亥	甲 申午辰	癸 丑亥酉	癸 未巳卯	壬 子戌申	辛 巳卯丑	辛 亥酉未	庚 辰寅子	庚 戌申午	庚 辰寅子
初五午 二十巳	初六午 廿一申	初六亥 廿二辰	初八亥 廿四未	十一卯 廿六夜子	十二酉 廿八巳	十五子	初一午 十六亥	初二寅 十七辰	初三辰 十八寅	初三子 十七酉	初二巳 十七寅
雨水 惊蛰	春分 清明	谷雨 立夏	小满 芒种	夏至 小暑	大暑 立秋	处暑	白露 秋分	寒露 霜降	立冬 小雪	大雪 冬至	小寒 大寒

1992 **壬申** 民国八十一年 八十二年一月一日即阴历十二月初九日

闰2月 4日	3月 4日	4月 3日	5月 3日	6月 1日	6月 30日	7月 30日	8月 28日	9月 26日	10月 26日	11月 24日	12月 24日
正 月 小	二 月 大	三 月 大	四 月 小	五 月 小	六 月 大	七 月 小	八 月 小	九 月 大	十 月 小	十 一 月 大	十 二 月 大
庚 戌申午	己 卯丑亥	己 酉未巳	己 卯丑亥	戊 申午辰	丁 丑亥酉	丁 未巳卯	丙 子戌申	乙 巳卯丑	乙 亥酉未	甲 辰寅子	甲 戌申午
初十 一六 亥酉	初十 二七 申申	初十 二八 戌寅	初十 三九 未寅	初廿 五一 酉午	初廿 八三 卯亥	初廿 九五 申卯	十廿 一七 酉寅	十廿 三八 巳未	十廿 三八 未巳	十廿 四八 卯夜 子	十廿 三八 申巳
立雨 春水	惊春 蛰分	清谷 明雨	立小 夏满	芒夏 种至	小大 暑暑	立处 秋暑	白秋 露分	寒霜 露降	立小 冬雪	大冬 雪至	小大 寒寒

1993 **癸酉** 民国八十二年 八十三年一月一日即阴历十一月二十日

1月 23日	2月 21日	3月 23日	4月 22日	5月 21日	6月 20日	7月 19日	8月 18日	9月 16日	10月 15日	11月 14日	12月 13日	1月 12日
正 月 小	二 月 大	三 月 大	闰 三 月 小	四 月 大	五 月 小	六 月 大	七 月 小	八 月 大	九 月 大	十 月 小	十 一 月 大	十 二 月 小
甲 辰寅子	癸 酉未巳	癸 卯丑亥	癸 酉未巳	壬 寅子戌	壬 申午辰	辛 丑亥酉	辛 未巳卯	庚 子戌申	己 巳卯丑	己 亥酉未	戊 辰寅子	戊 戌申午
十廿 三七 寅夜 子	十廿 三八 亥亥	十廿 四九 丑巳	十 四 戌	初十 一七 巳子	初十 二八 酉午	初二 五十 寅亥	初廿 六二 午子	初廿 八三 巳申	初廿 九四 戌戌	初廿 九四 申午	初廿 十四 卯亥	初廿 九四 申巳
立雨 春水	惊春 蛰分	清谷 明雨	立 夏	小芒 满种	夏小 至暑	大立 暑秋	处白 暑露	秋寒 分露	霜立 降冬	小大 雪雪	冬小 至寒	大立 寒春

1994 **甲戌** 民国八十三年 八十四年一月一日即阴历十二月初一日

2月10日	3月12日	4月11日	5月11日	6月9日	7月9日	8月7日	9月6日	10月5日	11月3日	12月3日	1月1日
正月大	二月大	三月大	四月小	五月大	六月小	七月大	八月小	九月小	十月大	十一月小	十二月大
丁 卯丑亥	丁 酉未巳	丁 卯丑亥	丁 酉未巳	丙 寅子戌	丙 申午辰	乙 丑亥酉	乙 未巳卯	甲 子戌申	癸 巳卯丑	癸 亥酉未	壬 辰寅子
初十卯 廿五寅	初十寅 廿五辰	初十申 廿六丑	十一申 廿七卯	十三夜子 廿九申	十五巳	初二丑 十七酉	初三卯 十八申	初四亥 二十丑	初六丑 二十亥	初五酉 二十午	初六寅 二十亥
雨水 惊蛰	春分 清明	谷雨 立夏	小满 芒种	夏至 小暑	大暑	立秋 处暑	白露 秋分	寒露 霜降	立冬 小雪	大雪 冬至	小寒 大寒

1995 **乙亥** 民国八十四年 八十五年一月一日即阴历十一月十一日

1月31日	3月1日	3月31日	4月30日	5月29日	6月28日	7月27日	8月26日	9月25日	10月24日	11月22日	12月22日	1月20日
正月小	二月大	三月大	四月小	五月大	六月小	七月大	八月大	闰八月小	九月小	十月大	十一月小	十二月大
壬 戌申午	辛 卯丑亥	辛 酉未巳	辛 卯丑亥	庚 申午辰	庚 寅子戌	己 未巳卯	己 丑亥酉	己 未巳卯	戊 子戌申	丁 巳卯丑	丁 亥酉未	丙 辰寅子
初五申 二十午	初六巳 廿一巳	初六未 廿一亥	初七辰 廿二戌	初九午 廿五卯	初十亥 廿六申	十三辰 廿八夜子	十四午 廿九亥	十五寅	初一卯 十六卯	初二寅 十六夜子	初一酉 十六巳	初二寅 十六寅
立春 雨水	惊蛰 春分	清明 谷雨	立夏 小满	芒种 夏至	小暑 大暑	立秋 处暑	白露 秋分	寒露	霜降 立冬	小雪 大雪	冬至 小寒	大寒 立春

1996 **丙子** 民国八十五年　八十六年一月一日即阴历十一月廿二日

闰2月 19日	3月 19日	4月 18日	5月 17日	6月 16日	7月 16日	8月 14日	9月 13日	10月 12日	11月 11日	12月 11日	1月 9日
正月小	二月大	三月小	四月大	五月大	六月小	七月大	八月小	九月大	十月大	十一月小	十二月小
丙 戌申午	乙 卯丑亥	乙 酉未巳	甲 寅子戌	甲 申午辰	甲 寅子戌	癸 未巳卯	癸 丑亥酉	壬 午辰寅	壬 子戌申	壬 午辰寅	辛 亥酉未
初十 一六 酉申	初十 二七 申戌	初十 三八 寅未	初二 五十 丑酉	初廿 六二 巳寅	初廿 七三 亥未	初廿 十五 卯酉	十廿 一六 寅巳	十廿 二七 午午	十廿 二七 巳卯	十廿 一六 亥申	十廿 二七 巳寅
雨惊 水蛰	春清 分明	谷立 雨夏	小芒 满种	夏小 至暑	大立 暑秋	处白 暑露	秋寒 分露	霜立 降冬	小大 雪雪	冬小 至寒	大立 寒春

1997 **丁丑** 民国八十六年　八十七年一月一日即阴历十二月初三日

2月 7日	3月 9日	4月 7日	5月 7日	6月 5日	7月 5日	8月 3日	9月 2日	10月 2日	10月 31日	11月 30日	12月 30日
正月大	二月小	三月大	四月小	五月大	六月小	七月大	八月大	九月小	十月大	十一月大	十二月小
庚 辰寅子	庚 戌申午	己 卯丑亥	己 酉未巳	戊 寅子戌	戊 申午辰	丁 丑亥酉	丁 未巳卯	丁 丑亥酉	丙 午辰寅	丙 子戌申	丙 午辰寅
十廿 二七 夜亥 子	十廿 二八 亥丑	十廿 四九 巳戌	十 五 辰	初十 一七 夜申 子	初十 三九 巳寅	初廿 五一 戌午	初廿 六二 夜巳 子	初廿 七二 申酉	初廿 八三 酉申	初廿 八三 午寅	初廿 七二 亥未
雨惊 水蛰	春清 分明	谷立 雨夏	小 满	芒夏 种至	小大 暑暑	立处 秋暑	白秋 露分	寒霜 露降	立小 冬雪	大冬 雪至	小大 寒寒

1998 **戊寅** 民国八十七年 八十八年一月一日即阴历十一月十四日

1月 31日	2月 27日	3月 29日	4月 26日	5月 26日	6月 21日	7月 23日	8月 22日	9月 21日	10月 20日	11月 20日	12月 19日	1月 17日
正月大	二月小	三月小	四月大	五月小	闰五月小	六月大	七月大	八月小	九月大	十月大	十一月小	十二月大
乙 亥酉未	乙 巳卯丑	甲 戌申午	癸 卯丑亥	癸 酉未巳	壬 寅子戌	辛 未巳卯	辛 丑亥酉	辛 未巳卯	庚 子戌申	庚 午辰寅	庚 子戌申	己 巳卯丑
初廿 八三 巳寅	初廿 八三 丑寅	初廿 九四 辰申	十廿 一六 丑未	十廿 二七 卯亥	十 四 申	初十 一七 巳丑	初十 二八 申卯	初十 三八 未亥	初二 五十 子子	初十 四九 亥申	初十 四九 巳寅	初十 四九 戌未
立雨 春水	惊春 蛰分	清谷 明雨	立小 夏满	芒夏 种至	小 暑	大立 暑秋	处白 暑露	秋寒 分露	霜立 降冬	小大 雪雪	冬小 至寒	大立 寒春

1999 **己卯** 民国八十八年 八十九年一月一日即阴历十一月廿四日

2月 16日	3月 18日	4月 16日	5月 15日	6月 14日	7月 13日	8月 11日	9月 10日	10月 9日	11月 8日	12月 8日	1月 7日
正月大	二月小	三月小	四月大	五月小	六月小	七月大	八月小	九月大	十月大	十一月小	十二月小
己 亥酉未	己 巳卯丑	戊 戌申午	丁 卯丑亥	丁 酉未巳	丙 寅子戌	乙 未巳卯	乙 丑亥酉	甲 午辰寅	甲 子戌申	甲 午辰寅	甲 子戌申
初十 四九 巳辰	初十 四九 巳未	初廿 五一 戌辰	初廿 七三 戌午	初廿 九四 寅亥	十廿 一七 申辰	十廿 三九 亥午	十 四 戌	初十 一六 寅卯	初十三 一六十 卯寅亥	十三 五十 申巳	十廿 五九 丑戌
雨惊 水蛰	春清 分明	谷立 雨夏	小芒 满种	夏小 至暑	大立 暑秋	处白 暑露	秋 分	寒霜 露降	立小 冬雪	大冬 雪至	小大 寒寒

2000 **庚辰** 民国八十九年 九十年一月一日即阴历十二月初七日											
闰2月 5日	3月 6日	4月 5日	5月 4日	6月 2日	7月 2日	7月 31日	8月 29日	9月 28日	10月 27日	11月 26日	12月 26日
正 月 大	二 月 大	三 月 小	四 月 小	五 月 大	六 月 小	七 月 小	八 月 大	九 月 小	十 月 大	十 一 月 大	十 二 月 小
癸 巳卯丑	癸 亥酉未	癸 巳卯丑	壬 戌申午	辛 卯丑亥	辛 酉未巳	庚 寅子戌	己 未巳卯	己 丑亥酉	戊 午辰寅	戊 子戌申	戊 午辰寅
十三 五十 申未	十三 五十 申戌	十 六 丑	初十 二八 午丑	初二 四十 寅巳	初廿 六一 寅亥	初廿 八四 未寅	初廿 十六 酉丑	十廿 一六 辰午	十廿 二七 午巳	十廿 二六 寅亥	十廿 一六 申辰
雨惊 水蛰	春清 分明	谷 雨	立小 夏满	芒夏 种至	小大 暑暑	立处 秋暑	白秋 露分	寒霜 露降	立小 冬雪	大冬 雪至	小大 寒寒

2001 **辛巳** 民国九十年 九十一年一月一日即阴历十一月十八日												
1月 24日	2月 23日	3月 25日	4月 23日	5月 23日	6月 21日	7月 21日	8月 19日	9月 17日	10月 17日	11月 15日	12月 15日	1月 13日
正 月 大	二 月 大	三 月 小	四 月 大	闰 四 月 小	五 月 大	六 月 小	七 月 小	八 月 大	九 月 小	十 月 大	十 一 月 小	十 二 月 大
丁 亥酉未	丁 巳卯丑	丁 亥酉未	丙 辰寅子	丙 戌申午	乙 卯丑亥	乙 酉未巳	甲 寅子戌	癸 未巳卯	癸 丑亥酉	壬 午辰寅	壬 子戌申	辛 巳卯丑
十廿 二六 丑亥	十廿 一六 戌亥	十廿 二七 丑辰	十廿 三九 酉辰	十 四 夜 子	初十 一七 申巳	初十 三八 寅戌	初二 五十 巳亥	初廿 七二 申未	初廿 七二 酉酉	初廿 八三 申巳	初廿 八二 寅亥	初廿 八三 未辰
立雨 春水	惊春 蛰分	清谷 明雨	立小 夏满	芒 种	夏小 至暑	大立 暑秋	处白 暑露	秋寒 分露	霜立 降冬	小大 雪雪	冬小 至寒	大立 寒春

2002 **壬午** 民国九十一年 九十二年一月一日即阴历十一月廿九日

2月 12日	3月 14日	4月 13日	5月 12日	6月 11日	7月 10日	8月 9日	9月 7日	10月 6日	11月 5日	12月 4日	1月 3日
正月大	二月大	三月小	四月大	五月小	六月大	七月小	八月小	九月大	十月小	十一月大	十二月小
辛 亥酉未	辛 巳卯丑	辛 亥酉未	庚 辰寅子	庚 戌申午	己 卯丑亥	己 酉未巳	戊 寅子戌	丁 未巳卯	丁 丑亥酉	丙 午辰寅	丙 子戌申
初八寅 廿三丑	初八寅 廿三辰	初八未 廿四子	初十未 廿六寅	十一亥 廿七申	十四辰 三十丑	十五申	初二寅 十七未	初三戌 十八夜子	初三夜子 十八亥	初四申 十九巳	初四丑 十八戌
雨水 惊蛰	春分 清明	谷雨 立夏	小满 芒种	夏至 小暑	大暑 立秋	处暑	白露 秋分	寒露 霜降	立冬 小雪	大雪 冬至	小寒 大寒

2003 **癸未** 民国九十二年 九十三年一月一日即阴历十二月初十日

2月 1日	3月 3日	4月 2日	5月 1日	5月 31日	6月 30日	7月 29日	8月 28日	9月 26日	10月 25日	11月 24日	12月 23日
正月大	二月大	三月小	四月大	五月大	六月小	七月大	八月小	九月小	十月大	十一月小	十二月大
乙 巳卯丑	乙 亥酉未	乙 巳卯丑	甲 戌申午	甲 辰寅子	甲 戌申午	癸 卯丑亥	癸 酉未巳	壬 寅子戌	辛 未巳卯	辛 丑亥酉	庚 午辰寅
初四未 十九巳	初四辰 十九辰	初四午 十九戌	初六卯 廿一戌	初七巳 廿三寅	初八亥 廿四未	十一辰 廿六亥	十二巳 廿七戌	十四丑 廿九卯	十五卯 三十丑	十四亥 廿九申	十五辰 三十丑
立春 雨水	惊蛰 春分	清明 谷雨	立夏 小满	芒种 夏至	小暑 大暑	立秋 处暑	白露 秋分	寒露 霜降	立冬 小雪	大雪 冬至	小寒 大寒

2004 **甲申** 民国九十三年 九十四年一月一日即阴历十一月廿一日

1月 22日	闰2月 20日	3月 21日	4月 19日	5月 19日	6月 18日	7月 17日	8月 16日	9月 14日	10月 14日	11月 12日	12月 12日	1月 10日
正月小	二月大	闰二月小	三月大	四月大	五月小	六月大	七月小	八月大	九月小	十月大	十一月小	十二月大
庚 子戌申	己 巳卯丑	己 亥酉未	戊 辰寅子	戊 戌申午	戊 辰寅子	丁 酉未巳	丁 卯丑亥	丙 申午辰	丙 寅子戌	乙 未巳卯	乙 丑亥酉	甲 午辰寅
十廿 四九 戌申	十三 五十 未未	十 五 酉	初十 二七 丑午	初十 三八 丑申	初二 四十 巳丑	初廿 六二 戌未	初廿 八三 寅申	初廿 十五 丑辰	初廿 十五 午午	十廿 一六 辰寅	初廿 十五 亥未	十廿 一六 辰丑
立雨 春水	惊春 蛰分	清 明	谷立 雨夏	小芒 满种	夏小 至暑	大立 暑秋	处白 暑露	秋寒 分露	霜立 降冬	小大 雪雪	冬小 至寒	大立 寒春

2005 **乙酉** 民国九十四年 九十五年一月一日即阴历十二月初一日

2月 10日	3月 11日	4月 10日	5月 9日	6月 8日	7月 7日	8月 6日	9月 5日	10月 4日	11月 3日	12月 2日	1月 1日
正月小	二月大	三月小	四月大	五月小	六月大	七月大	八月小	九月大	十月小	十一月大	十二月小
甲 子戌申	癸 巳卯丑	癸 亥酉未	壬 辰寅子	壬 戌申午	辛 卯丑亥	辛 酉未巳	辛 卯丑亥	庚 申午辰	庚 寅子戌	己 未巳卯	己 丑亥酉
初廿 十五 亥戌	十廿 一七 戌子	十廿 二七 辰酉	十廿 四九 辰亥	十 五 申	初十 二八 辰丑	初十 三九 酉巳	初二 四十 亥辰	初廿 六一 未酉	初廿 六一 酉未	初廿 七二 巳寅	初廿 六一 戌未
雨惊 水蛰	春清 分明	谷立 雨夏	小芒 满种	夏 至	小大 暑暑	立处 秋暑	白秋 露分	寒霜 露降	立小 冬雪	大冬 雪至	小大 寒寒

2006 **丙戌** 民国九十五年 九十六年一月一日即阴历十一月十二日

1月 30日	3月 1日	3月 30日	4月 29日	5月 28日	6月 27日	7月 26日	8月 25日	9月 23日	10月 23日	11月 22日	12月 21日	1月 20日
正 月 大	二 月 小	三 月 大	四 月 小	五 月 大	六 月 小	七 月 大	闰 七 月 小	八 月 大	九 月 大	十 月 大	十 一 月 大	十 二 月 大
戊 午辰寅	戊 子戌申	丁 巳卯丑	丁 亥酉未	丙 辰寅子	丙 戌申午	乙 卯丑亥	乙 酉未巳	甲 寅子戌	甲 申午辰	甲 寅子戌	癸 未巳卯	癸 丑亥酉
初廿 七二 辰卯	初廿 七二 丑丑	初廿 八三 卯未	初廿 八四 夜午 子	十廿 一六 寅戌	十廿 二八 未辰	十三 五十 子申	十 六 寅	初十 二七 未戌	初十 二七 亥夜 子	初十 二七 戌戌	初十 三八 巳丑	初十 二七 戌未
立雨 春水	惊春 蛰分	清谷 明雨	立小 夏满	芒夏 种至	小大 暑暑	立处 秋暑	白 露	秋寒 分露	霜立 降冬	小大 雪雪	冬小 至寒	大立 寒春

2007 **丁亥** 民国九十六年 九十七年一月一日即阴历十一月廿二日

2月 19日	3月 20日	4月 18日	5月 18日	6月 16日	7月 15日	8月 14日	9月 12日	10月 12日	11月 11日	12月 11日	1月 9日
正 月 小	二 月 小	三 月 大	四 月 小	五 月 小	六 月 大	七 月 小	八 月 大	九 月 大	十 月 大	十 一 月 小	十 二 月 大
癸 未巳卯	壬 子戌申	辛 巳卯丑	辛 亥酉未	庚 辰寅子	己 酉未巳	己 卯丑亥	戊 申午辰	戊 寅子戌	戊 申午辰	戊 寅子戌	丁 未巳卯
初十 二七 巳辰	初十 三八 辰午	初二 四十 戌卯	初廿 五一 酉巳	初廿 八三 丑戌	初廿 十六 未卯	十廿 一七 亥巳	十廿 三九 戌丑	十廿 四九 寅寅	十廿 四八 丑亥	十廿 三八 申辰	十廿 四八 丑戌
雨惊 水蛰	春清 分明	谷立 雨夏	小芒 满种	夏小 至暑	大立 暑秋	处白 暑露	秋寒 分露	霜立 降冬	小大 雪雪	冬小 至寒	大立 寒春

2008 **戊子** 民国九十七年 九十八年一月一日即阴历十一月廿九日											
2月 8日	3月 10日	4月 8日	5月 7日	6月 6日	7月 5日	8月 3日	9月 2日	10月 1日	10月 31日	11月 29日	12月 27日
正 月 大	二 月 小	三 月 小	四 月 大	五 月 小	六 月 小	七 月 大	八 月 小	九 月 大	十 月 大	十 一 月 小	十 二 月 大
丁 丑亥酉	丁 未巳卯	丙 子戌申	乙 巳卯丑	乙 亥酉未	甲 辰寅子	癸 酉未巳	癸 卯丑亥	壬 申午辰	壬 寅子戌	壬 申午辰	辛 丑亥酉
十廿 三八 申未	十廿 三八 未酉	十 五 丑	初十 一七 午子	初十 二八 申辰	初二 五十 丑戌	初廿 七三 午寅	初廿 八四 申丑	初廿 十五 辰巳	初廿 十五 巳辰	初廿 十四 寅戌	初廿 十五 未辰
雨惊 水蛰	春清 分明	谷 雨	立小 夏满	芒夏 种至	小大 暑暑	立处 秋暑	白秋 露分	寒霜 露降	立小 冬雪	大冬 雪至	小大 寒寒

2009 **己丑** 民国九十八年 九十九年一月一日即阴历十二月初十日												
1月 25日	2月 23日	3月 20日	4月 17日	5月 16日	6月 14日	7月 13日	8月 11日	9月 10日	10月 22日	11月 21日	12月 21日	1月 21日
正 月 大	二 月 大	三 月 小	四 月 小	五 月 大	闰 五 月 小	六 月 小	七 月 大	八 月 小	九 月 大	十 月 小	十 一 月 大	十 二 月 大
辛 未巳卯	辛 丑亥酉	辛 未巳卯	庚 子戌申	己 巳卯丑	己 亥酉未	戊 辰寅子	丁 酉未巳	丁 卯丑亥	丙 申午辰	丙 寅子戌	乙 未巳卯	乙 丑亥酉
初廿 十四 丑戌	初廿 九四 戌戌	初廿 九五 夜卯 子	十廿 一七 酉卯	十廿 三九 亥未	十 五 辰	初十 二七 丑酉	初十 四九 辰亥	初二 五十 卯未	初廿 六一 申申	初廿 六一 未巳	初廿 七一 丑戌	初廿 六一 午辰
立雨 春水	惊春 蛰分	清谷 明雨	立小 夏满	芒夏 种至	小 暑	大立 暑秋	处白 暑露	秋寒 分露	霜立 降冬	小大 雪雪	冬小 至寒	大立 寒春

2010 **庚寅** 民国九十九年　一百年一月一日即阴历十二月二十日											
2月 20日	3月 20日	4月 16日	5月 16日	6月 14日	7月 14日	8月 12日	9月 10日	10月 9日	11月 8日	12月 8日	1月 6日
正月大	二月小	三月大	四月小	五月大	六月小	七月小	八月大	九月小	十月大	十一月小	十二月大
乙 未巳卯	乙 丑亥酉	甲 午辰寅	甲 子戌申	癸 巳卯丑	癸 亥酉未	壬 辰寅子	辛 酉未巳	辛 卯丑亥	庚 申午辰	庚 寅子戌	己 未巳卯
初六丑 廿一子	初六丑 廿一卯	初七午 廿二夜子	初八午 廿四寅	初十戌 廿六未	十二辰 廿七夜子	十四未	初一寅 十六午	初一戌 十六亥	初二亥 十七戌	初二未 十七辰	初三丑 十七酉
雨水 惊蛰	春分 清明	谷雨 立夏	小满 芒种	夏至 小暑	大暑 立秋	处暑	白露 秋分	寒露 霜降	立冬 小雪	大雪 冬至	小寒 大寒

2011 **辛卯** 民国一百年　一百一年一月一日即阴历十二月廿八日											
2月 5日	3月 5日	4月 2日	5月 1日	5月 31日	6月 29日	7月 29日	8月 27日	9月 25日	10月 25日	11月 23日	12月 23日
正月大	二月小	三月大	四月大	五月小	六月大	七月小	八月小	九月大	十月小	十一月大	十二月小
己 丑亥酉	己 未巳卯	戊 子戌申	戊 午辰寅	戊 子戌申	丁 巳卯丑	丁 亥酉未	丙 辰寅子	乙 酉未巳	乙 卯丑亥	甲 申午辰	甲 寅子戌
初二午 十七辰	初二卯 十七辰	初三午 十八酉	初四寅 十九酉	初五巳 廿一丑	初七戌 廿三未	初九卯 廿四戌	十一辰 廿六酉	十三子 廿八寅	十三寅 廿八丑	十三戌 廿八未	十三辰 廿八子
立春 雨水	惊蛰 春分	清明 谷雨	立夏 小满	芒种 夏至	小暑 大暑	立秋 处暑	白露 秋分	寒露 霜降	立冬 小雪	大雪 冬至	小寒 大寒

2012 **壬辰** 民国一百一年 一百二年一月一日即阴历十二月初七日												
1月 21日	2月 20日	3月 18日	4月 17日	5月 17日	6月 15日	7月 15日	8月 13日	9月 12日	10月 11日	11月 10日	12月 9日	1月 8日
正月大	二月小	三月大	四月大	闰四月小	五月大	六月小	七月大	八月小	九月大	十月小	十一月大	十二月小
癸 未巳卯	癸 丑亥酉	壬 午辰寅	壬 子戌申	壬 午辰寅	辛 亥酉未	辛 巳卯丑	庚 戌申午	庚 辰寅子	己 酉未巳	己 卯丑亥	戊 申午辰	戊 寅子戌
十三酉 廿八未	十三午 廿八未	十四酉 三十子	十五巳 三十夜子	十六未	初三辰 十九丑	初四酉 二十午	初七丑 廿二未	初八子 廿三卯	初九巳 廿四巳	初九辰 廿四丑	初九戌 廿四未	初九卯 廿四子
立春 雨水	惊蛰 春分	清明 谷雨	立夏 小满	芒种	夏至 小暑	大暑 立秋	处暑 白露	秋分 寒露	霜降 立冬	小雪 大雪	冬至 小寒	大寒 立春

2013 **癸巳** 民国一百二年 一百三年一月一日即阴历十二月十六日											
2月 6日	3月 6日	4月 3日	5月 2日	6月 1日	6月 30日	7月 30日	8月 28日	9月 27日	10月 26日	11月 25日	12月 24日
正月大	二月小	三月大	四月大	五月小	六月大	七月小	八月大	九月小	十月大	十一月小	十二月大
丁 未巳卯	丁 丑卯酉	丙 午辰寅	丙 子戌申	丙 午辰寅	乙 亥酉未	乙 巳卯丑	甲 戌申午	甲 辰寅子	癸 酉未巳	癸 卯丑亥	壬 申午辰
初九戌 廿四酉	初九戌 廿四夜子	十一辰 廿六申	十二卯 廿七戌	十三未 廿九辰	十六子	初一酉 十七辰	初三戌 十九卯	初四午 十九申	初五申 二十未	初五辰 二十丑	初五戌 二十午
雨水 惊蛰	春分 清明	谷雨 立夏	小满 芒种	夏至 小暑	大暑	立秋 处暑	白露 秋分	寒露 霜降	立冬 小雪	大雪 冬至	小寒 大寒

2014 **甲午** 民国一百三年 一百四年一月一日即阴历十一月廿五日												
1月 23日	2月 21日	3月 21日	4月 19日	5月 19日	6月 17日	7月 17日	8月 15日	9月 14日	10月 14日	11月 12日	12月 12日	1月 10日
正月小	二月大	三月小	四月大	五月小	六月大	七月小	八月大	九月大	闰九月小	十月大	十一月小	十二月大
壬 寅子戌	辛 未巳卯	辛 丑亥酉	庚 午辰寅	庚 子戌申	己 巳卯丑	己 亥酉未	戊 辰寅子	戊 戌申午	戊 辰寅子	丁 酉未巳	丁 卯丑亥	丙 申午辰
初二 五十 卯丑	初廿 六一 子子	初廿 六一 寅午	初廿 七四 亥午	初廿 九四 丑戌	十廿 一七 午卯	十廿 二八 夜未 子	十三 五十 丑午	十三 五十 酉亥	十 五 亥	初十 一六 酉未	初十 一六 辰子	初十 一六 酉午
立雨 春水	惊春 蛰分	清谷 明雨	立小 夏满	芒夏 种至	小大 暑暑	立处 秋暑	白秋 露分	寒霜 露降	立 冬	小大 雪雪	冬小 至寒	大立 寒春

2015 **乙未** 民国一百四年 一百五年一月一日即阴历十二月初五日											
2月 9日	3月 8日	4月 7日	5月 6日	6月 4日	7月 3日	8月 1日	8月 31日	9月 30日	10月 30日	11月 28日	12月 28日
正月小	二月大	三月小	四月小	五月大	六月小	七月大	八月大	九月大	十月小	十一月大	十二月小
丙 寅子戌	乙 未巳卯	乙 丑亥酉	甲 午辰寅	癸 亥酉未	癸 巳卯丑	壬 戌申午	壬 辰寅子	壬 戌申午	壬 辰寅子	辛 酉未巳	辛 卯丑亥
初十 一六 辰卯	初十 二七 卯巳	初十 二八 酉寅	初二 四十 酉辰	初廿 七二 丑酉	初廿 八四 午寅	初廿 十六 戌辰	十廿 一七 酉子	十廿 二七 寅寅	十廿 二六 子戌	十廿 二七 未卯	十廿 一六 夜酉 子
雨惊 水蛰	春清 分明	谷立 雨夏	小芒 满种	夏小 至暑	大立 暑秋	处白 暑露	秋寒 分露	霜立 降冬	小大 雪雪	冬小 至寒	大立 寒春

2016 **丙申** 民国一百五年　一百六年一月一日即阴历十二月十六日											
1月 26日	2月 25日	3月 26日	4月 25日	5月 24日	6月 22日	7月 22日	3月 20日	9月 20日	10月 20日	11月 18日	12月 17日
正月大	二月小	三月大	四月小	五月小	六月大	七月小	八月大	九月大	十月小	十一月大	十二月大
庚 申午辰	庚 寅子戌	己 未巳卯	己 丑亥酉	戊 午辰寅	丁 亥酉未	丁 巳卯丑	丙 戌申午	丙 辰寅子	丙 戌申午	乙 卯丑亥	乙 酉未巳
十廿 二七 未午	十廿 二七 午申	十廿 三九 夜巳 子	十 四 亥	初十 一七 未卯	初十 四九 子酉	初廿 五一 巳丑	初廿 七二 未夜 子	初廿 八三 卯巳	初廿 八三 巳卯	初廿 九三 丑戌	初廿 八三 午卯
雨惊 水蛰	春清 分明	谷立 雨夏	小 满	芒夏 种至	小大 暑暑	立处 秋暑	白秋 露分	寒霜 露降	立小 冬雪	大冬 雪至	小大 寒寒

2017 **丁酉** 民国一百六　一百七年　二年一月一日即阴历十一月廿六日												
1月 16日	2月 14日	3月 16日	4月 14日	5月 14日	6月 12日	7月 11日	8月 10日	9月 9日	10月 9日	11月 7日	12月 7日	1月 6日
正月小	二月大	三月小	四月大	五月小	六月小	闰六月大	七月小	八月大	九月小	十月大	十一月大	十二月大
乙 卯丑亥	甲 申午辰	甲 寅子戌	癸 未巳卯	癸 丑亥酉	壬 午辰寅	辛 亥酉未	辛 巳卯丑	庚 戌申午	庚 辰寅子	己 酉未巳	己 卯丑亥	己 酉未巳
初廿 七二 夜戌 子	初廿 八三 酉酉	初廿 八四 亥卯	初廿 十六 申寅	十廿 一七 戌午	十廿 四九 卯夜 子	十 六 申	初十 二七 辰戌	初十 四九 卯午	初十 四九 未申	初二 五十 午辰	初十 五九 丑酉	初十 四九 午卯
立雨 春水	惊春 蛰分	清谷 明雨	立小 夏满	芒夏 种至	小大 暑暑	立 秋	处白 暑露	秋寒 分露	霜立 降冬	小大 雪雪	冬小 至寒	大立 寒春

2018 **戊戌** 民国一百七年　一百八年一月一日即阴历十二月初六日

2月5日	3月6日	4月4日	5月3日	6月2日	7月1日	7月31日	8月30日	9月28日	10月28日	11月27日	12月27日
正月小	二月大	三月小	四月大	五月小	六月小	七月大	八月小	九月大	十月小	十一月大	十二月大
己 卯丑亥	戊 申午辰	戊 寅子戌	丁 未巳卯	丁 丑亥酉	丙 午辰寅	乙 亥酉未	乙 巳卯丑	甲 戌申午	甲 辰寅子	癸 酉未巳	癸 卯丑亥
初四丑 十八夜子	初五子 二十寅	初五午 二十亥	初七巳 廿三丑	初八酉 廿四午	十一卯 廿六亥	十三未 廿九丑	十四午 廿九酉	十五戌 三十戌	十五酉	初一未 十六辰	初一子 十五酉 三十午
雨水 惊蛰	春分 清明	谷雨 立夏	小满 芒种	夏至 小暑	大暑 立秋	处暑 白露	秋分 寒露	霜降 立冬	小雪	大雪 冬至	小寒 大寒

2019 **己亥** 民国一百八年　一百九年一月一日即阴历十二月十七日

1月26日	2月24日	3月26日	4月25日	5月24日	6月23日	7月22日	8月20日	9月19日	10月18日	11月16日	12月16日
正月小	二月大	三月大	四月小	五月大	六月小	七月小	八月大	九月小	十月小	十一月大	十二月大
癸 酉未巳	壬 寅子戌	壬 申午辰	壬 寅子戌	辛 未巳卯	辛 丑亥酉	庚 午辰寅	己 亥酉未	己 巳卯丑	戊 戌申午	丁 卯丑亥	丁 酉未巳
十五辰	初一卯 十六卯	初一巳 十六酉	初二寅 十七申	初四辰 二十子	初五酉 廿一午	初八酉 廿三酉	初十辰 廿五酉	初十夜子 廿六丑	十二丑 廿七子	十二戌 廿七未	十二卯 廿六夜子
雨水	惊蛰 春分	清明 谷雨	立夏 小满	芒种 夏至	小暑 大暑	立秋 处暑	白露 秋分	寒露 霜降	立冬 小雪	大雪 冬至	小寒 大寒

2020 **庚子** 民国一百九年　二百十年一月一日即阴历十一月廿七日

1月15日	2月13日	3月15日	4月14日	5月14日	6月12日	7月12日	8月10日	9月8日	10月8日	11月6日	12月6日	1月4日
正月小	二月大	三月大	四月大	闰四月小	五月大	六月小	七月大	八月大	九月小	十月大	十一月小	十二月大
丁 卯丑亥	丙 申午辰	丙 寅子戌	丙 申午辰	丙 寅子戌	乙 未巳卯	乙 丑亥酉	甲 午辰寅	癸 亥酉未	癸 巳卯丑	壬 戌申午	壬 辰寅子	辛 酉未巳
十一酉 廿六未	十二午 廿七午	十二申 廿七亥	十三巳 廿八亥	十四未	初一卯 十六夜子	初二酉 十八巳	初五子 二十未	初六亥 廿二卯	初七辰 廿二辰	初八卯 廿三丑	初七酉 廿二午	初八卯 廿二夜子
立春 雨水	惊蛰 春分	清明 谷雨	立夏 小满	芒种	夏至 小暑	大暑 立秋	处暑 白露	秋分 寒露	霜降 立冬	小雪 大雪	冬至 小寒	大寒 立春

2021 **辛丑** 民国一百十年　一百十一年一月一日即阴历十二月初八日

2月3日	3月4日	4月3日	5月3日	6月1日	7月1日	7月30日	8月29日	9月27日	10月27日	11月25日	12月25日
正月小	二月大	三月大	四月小	五月大	六月小	七月大	八月小	九月大	十月小	十一月大	十二月小
辛 卯丑亥	庚 申午辰	庚 寅子戌	庚 申午辰	己 丑亥酉	己 未巳卯	戊 子戌申	戊 午辰寅	丁 亥酉未	丁 巳卯丑	丙 戌申午	丙 辰寅子
初七酉 廿二申	初八酉 廿三亥	初九寅 廿四未	初十寅 廿五戌	十二午 廿八卯	十三夜子 廿九申	十六卯	初一戌 十七寅	初三午 十八未	初三未 十八午	初四辰 十九子	初三酉 十八巳
雨水 惊蛰	春分 清明	谷雨 立夏	小满 芒种	夏至 小暑	大暑 立秋	处暑	白露 秋分	寒露 霜降	立冬 小雪	大雪 冬至	小寒 大寒

2022 **壬寅** 民国一百十一年 一百十二年一月一日即阴历十二月十九日

1月 23日	2月 22日	3月 23日	4月 22日	5月 21日	6月 20日	7月 20日	8月 18日	9月 17日	10月 16日	11月 15日	12月 14日
正月大	二月小	三月大	四月小	五月大	六月大	七月小	八月大	九月小	十月大	十一月小	十二月大
乙 酉未巳	乙 卯丑亥	甲 申午辰	甲 寅子戌	癸 未巳卯	癸 丑亥酉	癸 未巳卯	壬 子戌申	壬 午辰寅	辛 亥酉未	辛 巳卯丑	庚 戌申午
初四寅 十九子	初三亥 十八夜子	初五寅 二十巳	初五寅 廿一巳	初八子 廿三酉	初九午 廿五寅	初十亥 廿六午	十三子 廿八巳	十三申 廿八戌	十四戌 廿九酉	十四午 廿九卯	十四夜子 廿九申
立春 雨水	惊蛰 春分	清明 谷雨	立夏 小满	芒种 夏至	小暑 大暑	立秋 处暑	白露 秋分	寒露 霜降	立冬 小雪	大雪 冬至	小寒 大寒

2023 **癸卯** 民国一百十二年 一百十三年一月一日即阴历十一月廿九日

1月 13日	2月 11日	3月 13日	4月 11日	5月 11日	6月 9日	7月 9日	8月 7日	9月 6日	10月 6日	11月 4日	12月 4日	1月 2日
正月小	二月大	闰二月小	三月大	四月小	五月大	六月小	七月大	八月大	九月小	十月大	十一月小	十二月大
庚 辰寅子	己 酉未巳	己 卯丑亥	戊 申午辰	戊 寅子戌	丁 未巳卯	丁 丑亥酉	丙 午辰寅	丙 子戌申	丙 午辰寅	乙 亥酉未	乙 巳卯丑	甲 戌申午
十四巳 廿九卯	十五寅 三十卯	十五巳	初一申 十七丑	初二申 十八卯	初四夜子 二十酉	初六巳 廿二寅	初八酉 廿四卯	初九申 廿四亥	初十丑 廿五丑	初十夜子 廿五酉	初十午 廿五卯	初十亥 廿五申
立春 雨水	惊蛰 春分	清明	谷雨 立夏	小满 芒种	夏至 小暑	大暑 立秋	处暑 白露	秋分 寒露	霜降 立冬	小雪 大雪	冬至 小寒	大寒 立春

2024 **甲辰** 民国一百十三年 一百十四年一月一日即阴历十二月九日											
2月 1日	3月 2日	4月 1日	4月 30日	5月 29日	6月 28日	7月 27日	8月 26日	9月 25日	10月 24日	11月 23日	12月 23日
正月小	二月大	三月小	四月小	五月大	六月小	七月大	八月大	九月小	十月大	十一月大	十二月小
甲 辰寅子	癸 酉未巳	癸 卯丑亥	壬 申午辰	辛 丑亥酉	辛 未巳卯	庚 子戌申	庚 午辰寅	庚 子戌申	己 巳卯丑	己 亥酉未	己 巳卯丑
初十午 廿五巳	十一午 廿六申	十一亥 廿七辰	十三亥 廿九午	十六卯	初一亥 十七申	初四巳 十九夜子	初五午 二十亥	初六寅 廿一辰	初七辰 廿二卯	初七子 廿一酉	初六午 廿一寅
雨水 惊蛰	春分 清明	谷雨 立夏	小满 芒种	夏至	小暑 大暑	立秋 处暑	白露 秋分	寒露 霜降	立冬 小雪	大雪 冬至	小寒 大寒

2025 **乙巳** 民国一百十四年 一百十五年一月一日即阴历十一月廿一日												
1月 21日	2月 20日	3月 21日	4月 20日	5月 19日	6月 17日	7月 17日	8月 15日	9月 14日	10月 13日	11月 12日	12月 12日	1月 11日
正月大	二月小	三月大	四月小	五月小	六月大	闰六月小	七月大	八月小	九月大	十月大	十一月大	十二月小
戊 戌申午	戊 辰寅子	丁 酉未巳	丁 卯丑亥	丙 申午辰	乙 丑亥酉	乙 未巳卯	甲 子戌申	甲 午辰寅	癸 亥酉未	癸 巳卯丑	癸 亥酉未	癸 巳卯丑
初六亥 廿一酉	初六申 廿一申	初七戌 廿三寅	初八未 廿四寅	初十酉 廿六午	十三寅 廿八亥	十四未	初一卯 十六酉	初二寅 十七巳	初三未 十八未	初三午 十八卯	初三子 十七酉	初二巳 十七寅
立春 雨水	惊蛰 春分	清明 谷雨	立夏 小满	芒种 夏至	小暑 大暑	立秋	处暑 白露	秋分 寒露	霜降 立冬	小雪 大雪	冬至 小寒	大寒 立春

2026 **丙午** 民国一百十五年　一百十六年一月一日即阴历十二月初二日

2月 9日	3月 11日	4月 9日	5月 9日	6月 7日	7月 6日	8月 5日	9月 3日	10月 2日	11月 1日	12月 1日	1月 31日
正月大	二月小	三月大	四月小	五月小	六月大	七月小	八月小	九月大	十月大	十一月大	十二月小
壬 戌申午	壬 辰寅子	辛 酉未巳	辛 卯丑亥	庚 申午辰	己 丑亥酉	己 未巳卯	戊 子戌申	丁 巳卯丑	丁 亥酉未	丁 巳卯丑	丁 亥酉未
初十 二七 夜亥 子	初十 二八 亥丑	初十 四九 巳戌	初廿 五一 辰子	初廿 七三 申巳	初廿 十五 寅戌	十廿 一七 午子	十廿 三八 巳申	十廿 四九 戌戌	十廿 四九 申午	十廿 四八 卯亥	十廿 三八 申巳
雨惊 水蛰	春清 分明	谷立 雨夏	小芒 满种	夏小 至暑	大立 暑秋	处白 暑露	秋寒 分露	霜立 降冬	小大 雪雪	冬小 至寒	大立 寒春

2027 **丁未** 民国一百十六年　一百十七年一月一日即阴历十二月十二日

1月 30日	3月 1日	3月 31日	4月 29日	5月 29日	6月 27日	7月 26日	8月 25日	9月 23日	10月 22日	11月 21日	12月 21日
正月大	二月大	三月小	四月大	五月小	六月小	七月大	八月小	九月小	十月大	十一月大	十二月小
丙 辰寅子	丙 戌申午	丙 辰寅子	乙 酉未巳	乙 卯丑亥	甲 申午辰	癸 丑亥酉	癸 未巳卯	壬 子戌申	辛 巳卯丑	辛 亥酉未	辛 巳卯丑
十廿 四九 卯寅	十廿 四九 寅辰	十 四 申	初十 一六 丑未	初十 二七 卯亥	初二 四十 申巳	初廿 七二 丑酉	初廿 八三 卯申	初廿 九五 亥丑	十廿 一五 丑亥	初廿 十五 酉午	初廿 十四 寅亥
雨惊 水蛰	春清 分明	谷 雨	立小 夏满	芒夏 种至	小大 暑暑	立处 秋暑	白秋 露分	寒霜 露降	立小 冬雪	大冬 雪至	小大 寒寒

2028 **戊申** 民国一百十七年 一百十八年一月一日即阴历十一月廿三日

1月19日	2月18日	3月20日	4月19日	5月18日	6月17日	7月16日	8月14日	9月13日	10月12日	11月10日	12月10日	1月9日
正月大	二月大	三月大	四月小	五月大	闰五月小	六月小	七月大	八月小	九月小	十月大	十一月大	十二月小
庚 戌申午	庚 辰寅子	庚 戌申午	庚 辰寅子	己 酉未巳	己 卯丑亥	戊 申午辰	丁 丑亥酉	丁 未巳卯	丙 子戌申	乙 巳卯丑	乙 亥酉未	乙 巳卯丑
初十申 廿五午	初十巳 廿五巳	初十未 廿五亥	十一辰 廿六戌	十三午 廿九寅	十四亥	初一申 十七辰	初三夜子 十九午	初四亥 二十寅	初六卯 廿一辰	初七寅 廿一夜子	初六酉 廿一巳	初六寅 二十亥
立春 雨水	惊蛰 春分	清明 谷雨	立夏 小满	芒种 夏至	小暑	大暑 立秋	处暑 白露	秋分 寒露	霜降 立冬	小雪 大雪	冬至 小寒	大寒 立春

2029 **己酉** 民国一百十八年 一百十九年一月一日即阴历十二月初四日

2月7日	3月9日	4月8日	5月7日	6月6日	7月5日	8月4日	9月2日	10月2日	10月31日	11月29日	12月29日
正月大	二月大	三月小	四月大	五月小	六月大	七月小	八月大	九月小	十月小	十一月大	十二月小
甲 戌申午	甲 辰寅子	甲 戌申午	癸 卯丑亥	癸 酉未巳	壬 寅子戌	壬 申午辰	辛 丑亥酉	辛 未巳卯	庚 子戌申	己 巳卯丑	己 亥酉未
初六酉 廿一申	初六申 廿一戌	初七寅 廿二未	初九丑 廿四酉	初十巳 廿六寅	十二亥 廿八未	十四寅 廿九酉	十六寅	初一巳 十六午	初二午 十七巳	初三卯 十七夜子	初二申 十七巳
雨水 惊蛰	春分 清明	谷雨 立夏	小满 芒种	夏至 小暑	大暑 立秋	处暑 白露	秋分	寒露 霜降	立冬 小雪	大雪 冬至	小寒 大寒

2030 **庚戌** 民国一百十九年　一百二十年一月一日即阴历十二月十四日											
1月 27日	2月 26日	3月 28日	4月 26日	5月 26日	6月 25日	7月 24日	8月 23日	9月 21日	10月 21日	11月 19日	12月 19日
正月大	二月大	三月小	四月大	五月大	六月小	七月大	八月小	九月大	十月小	十一月大	十二月小
戊 辰寅子	戊 戌申午	戊 辰寅子	丁 酉未巳	丁 卯丑亥	丁 酉未巳	丙 寅子戌	丙 申午辰	乙 丑亥酉	乙 未巳卯	甲 子戌申	甲 午辰寅
初三寅 十七夜子	初二亥 十七亥	初三丑 十八巳	初四戌 二十辰	初五夜子 廿一申	初七巳 廿三寅	初九戌 廿五巳	初十夜子 廿六辰	十二申 廿七酉	十二酉 廿七申	十三午 廿八卯	十二亥 廿七申
立春 雨水	惊蛰 春分	清明 谷雨	立夏 小满	芒种 夏至	小暑 大暑	立秋 处暑	白露 秋分	寒露 霜降	立冬 小雪	大雪 冬至	小寒 大寒

2031 **辛亥** 民国万万年　一百二一年一月一日即阴历十一月廿四												
1月 18日	2月 16日	3月 18日	4月 17日	5月 16日	6月 15日	7月 14日	8月 13日	9月 12日	10月 11日	11月 10日	12月 9日	1月 8日
正月小	二月大	三月大	闰三月小	四月大	五月小	六月大	七月大	八月小	九月大	十月小	十一月大	十二月小
癸 亥酉未	壬 辰寅子	壬 戌申午	壬 辰寅子	辛 酉未巳	辛 卯丑亥	庚 申午辰	庚 寅子戌	庚 申午辰	己 丑亥酉	己 未巳卯	戊 子戌申	戊 午辰申
十三巳 廿八卯	十四寅 廿九寅	十四辰 廿九未	十五丑	初一未 十七卯	初二亥 十八申	初五巳 廿一丑	初六申 廿二卯	初七未 廿二亥	初九子 廿四子	初八亥 廿三酉	初九午 廿四寅	初八亥 廿三申
立春 雨水	惊蛰 春分	清明 谷雨	立夏	小满 芒种	夏至 小暑	大暑 立秋	处暑 白露	秋分 寒露	霜降 立冬	小雪 大雪	冬至 小寒	大寒 立春

北京学易斋书目

书名	作者	定价	版别
影印涵芬楼本正统道藏（宣纸线装(全 512 函 1120 册)	(明)张宇初编	480000.00	九州
影印涵芬楼本正统道藏（道林纸线装(全 512 函 1120 册)	(明)张宇初编	280000.00	九州
易藏(宣纸线装(全 50 函 200 册)	编委会主编	98000.00	九州
重刊术藏(精装全 100 册)	编委会主编	68000.00	九州
续修术藏(精装全 100 册)	编委会主编	68000.00	九州
易藏(精装全 60 册)	编委会主编	48000.00	九州
道藏(精装全 60 册)	编委会主编	48000.00	九州
菩提叶彩绘明内宫写本金刚经(1 函 1 册)	宣纸线装	480.00	文物
故宫旧藏宋刊妙法莲华经(1 函 3 册)	宣纸线装	900.00	文物
铁琴铜剑楼藏钱氏述古堂抄营造法式(1 函 8 册)	宣纸线装	2800.00	文物
唐楷道德经(通行本全 1 函 1 册)	宣纸线装	380.00	文物
通志堂经解(全 138 种 600 册)	宣纸线装	36000.00	文物
芥子园画传(彩版 3 函 13 册)	(清)李渔纂辑	3800.00	华龄
十竹斋书画谱(彩版 2 函 12 册)	(明)胡正言编印	2800.00	华龄
黄帝内经素问灵枢(影宋本 2 函 9 册)	宣纸线装	3980.00	海南
仲景全书(影宋本 2 函 8 册)	宣纸线装	3980.00	海南
影宋刻备急千金要方(4 函 16 册)	(唐)孙思邈著	2380.00	海南
影元刻千金翼方(2 函 12 册)	(唐)孙思邈著	2380.00	海南
王翰林集注八十一难经(1 函 3 册)	宣纸线装	1280.00	海南
王氏脉经(1 函 5 册)	宣纸线装	1280.00	海南
增补评注温病条辨(1 函 4 册)	宣纸线装	980.00	海南
神农本草经(1 函 1 册)	宣纸线装	380.00	海南
重修政和经史证类备用本草(3 函 12 册)	宣纸线装	3800.00	文物
御制本草品汇精要(宣纸线装彩版 8 函 32 册)	(明)刘文泰等著	18000.00	海南
御纂医宗金鉴(20 函 80 册)	(清)吴谦等著	28000.00	海南
大德重校圣济总录(宣纸线装 20 函 100 册)	官板	38000.00	海南
乾隆大藏经(64 开精装 120 册全本)	雍正编	23800.00	文物
影印文明书局藏善本文献集成	布面精装 60 种	12800.00	九州
影印明天启初刻武备志(精装全 16 册)	(明)茅元仪撰	13800.00	华龄
药王千金方合刊(精装全 16 册)	(唐)孙思邈著	13800.00	华龄
焦循文集(精装全 18 册,库存 1 套)	(清)焦循撰	9800.00	九州
邵子全书(精装全 16 册)	(宋)邵雍撰	12800.00	九州
子平遗书第 1—6 辑(四柱案例集甲子至辛酉全 18 册)	精装古本影印	5880.00	华龄
子部珍本 1:校正全本地学答问	1 函 3 册	680.00	华龄
子部珍本 2:赖仙原本催官经	1 函 1 册	280.00	华龄
子部珍本 3:赖仙催官篇注	1 函 1 册	280.00	华龄

书　　名	作者	定价	版别
子部珍本 4:尹注赖仙催官篇	1 函 1 册	280.00	华龄
子部珍本 5:赖仙心印	1 函 1 册	280.00	华龄
子部珍本 6:新刻赖太素天星催官解	1 函 2 册	480.00	华龄
子部珍本 7:天机秘传青囊内传	1 函 1 册	280.00	华龄
子部珍本 8:阳宅斗首连篇秘授	1 函 1 册	280.00	华龄
子部珍本 9:精刻编集阳宅真传秘诀	1 函 2 册	480.00	华龄
子部珍本 10:秘传全本六壬玉连环	1 函 2 册	480.00	华龄
子部珍本 11:秘传仙授奇门	1 函 2 册	480.00	华龄
子部珍本 12:祝由科诸符秘卷秘旨合刊	1 函 2 册	480.00	华龄
子部珍本 13:校正古本入地眼图说	1 函 2 册	480.00	华龄
子部珍本 14:校正全本钻地眼图说	1 函 2 册	480.00	华龄
子部珍本 15:赖公七十二葬法	1 函 2 册	480.00	华龄
子部珍本 16:杨筠松秘传开门放水阴阳捷径	1 函 2 册	480.00	华龄
子部珍本 17:校正古本地理五诀	1 函 2 册	480.00	华龄
子部珍本 18:重校古本地理雪心赋	1 函 2 册	480.00	华龄
子部珍本 19:吴景鸾先天后天理气心印补注	1 函 1 册	280.00	华龄
子部珍本 20:宋国师吴景鸾秘传夹竹梅花院纂	1 函 2 册	480.00	华龄
子部珍本 21:影印原本任铁樵注滴天髓阐微	1 函 4 册	1080.00	华龄
子部珍本 22:地理真宝一粒粟	1 函 1 册	280.00	华龄
子部珍本 23:聚珍全本天机一贯	1 函 3 册	680.00	华龄
子部珍本 24:阴宅造福秘诀	1 函 1 册	280.00	华龄
子部珍本 25:增补诹吉宝镜图	1 函 2 册	480.00	华龄
子部珍本 26:诹吉便览宝镜图	1 函 1 册	280.00	华龄
子部珍本 27:诹吉便览八卦图	1 函 1 册	280.00	华龄
子部珍本 28:甲遁真授秘集	1 函 4 册	880.00	华龄
子部珍本 29:太上祝由科	1 函 2 册	680.00	华龄
子部珍本 30:邵康节先生心易梅花数	1 函 1 册	280.00	华龄
子部善本 1:新刊地理玄珠(宣纸线装)	2 函 10 册	3000.00	华龄
子部善本 2:参赞玄机地理仙婆集(宣纸线装)	2 函 8 册	2400.00	华龄
子部善本 3:章仲山地理九种(宣纸线装)	1 函 5 册	1500.00	华龄
子部善本 4:八门九星阴阳二遁全本奇门断	2 函 18 册	5400.00	华龄
子部善本 5:六壬统宗大全(宣纸线装)	2 函 6 册	1800.00	华龄
子部善本 6:太乙统宗宝鉴(宣纸线装)	2 函 8 册	2400.00	华龄
子部善本 7:重刊星海词林(宣纸线装)	14 函 56 册	16800.00	华龄
子部善本 8:万历初刻三命通会(宣纸线装)	2 函 12 册	3600.00	华龄
子部善本 9:增广沈氏玄空学(宣纸线装)	2 函 8 册	2400.00	华龄
子部善本 10:江公择日秘稿(宣纸线装)	2 函 6 册	1800.00	华龄
子部善本 11:刘氏家藏阐微通书(宣纸线装)	3 函 12 册	3600.00	华龄
子部善本 12:影印增补高岛易断(宣纸线装)	2 函 8 册	2400.00	华龄
子部善本 13:清刻足本铁板神数(宣纸线装)	3 函 13 册	3900.00	华龄
子部善本 14:增订天官五星集腋(宣纸线装)	2 函 10 册	3000.00	华龄

书　　名	作者	定价	版别
子部善本 15:太乙奇门六壬兵备统宗(宣纸线装)	9 函 36 册	10800.00	华龄
子部善本 16:御定景祐奇门大全(宣纸线装)	8 函 32 册	9600.00	华龄
子部善本 17:地理四秘全书十二种(宣纸线装)	4 函 16 册	4800.00	华龄
子部善本 18:全本地理统一全书(宣纸线装)	3 函 15 册	4500.00	华龄
子部善本 19:廖公画策扒砂经(宣纸线装)	1 函 4 册	1200.00	华龄
子部善本 20:明刊玉髓真经(宣纸线装)	7 函 21 册	6300.00	华龄
子部善本 21:蒋大鸿家藏地学捷旨(宣纸线装)	1 函 4 册	1200.00	华龄
子部善本 22:阳宅安居金镜(宣纸线装)	1 函 4 册	1200.00	华龄
子部善本 23:新刊地理紫囊书(宣纸线装)	2 函 6 册	1800.00	华龄
子部善本 24:地理大成五种(宣纸线装)	8 函 24 册	7200.00	华龄
子部善本 25:初刻鳌头通书大全(宣纸线装)	2 函 10 册	3000.00	华龄
子部善本 26:初刻象吉备要通书大全(宣纸线装)	3 函 12 册	3600.00	华龄
子部善本 27:武英殿板钦定协纪辨方书	8 函 24 册	7200.00	华龄
子部善本 28:初刻陈子性藏书(宣纸线装)	2 函 6 册	1800.00	华龄
重刻故宫藏百二汉镜斋秘书四种(一):火珠林	1 函 1 册	300.00	华龄
重刻故宫藏百二汉镜斋秘书四种(二):灵棋经	1 函 1 册	300.00	华龄
重刻故宫藏百二汉镜斋秘书四种(三):滴天髓	1 函 1 册	300.00	华龄
重刻故宫藏百二汉镜斋秘书四种(四):测字秘牒	1 函 1 册	300.00	华龄
中外戏法图说:鹅幻汇编鹅幻余编合刊	1 函 3 册	780.00	华龄
连山(一函一册)	(清)马国翰辑	280.00	华龄
归藏(一函一册)	(清)马国翰辑	280.00	华龄
周易虞氏义笺订(一函六册)	(清)李翊灼订	1180.00	华龄
周易参同契通真义	1 函 2 册	480.00	华龄
御制周易(一函三册)	武英殿影宋本	680.00	华龄
宋刻周易本义(一函四册)	(宋)朱熹撰	980.00	华龄
易学启蒙(一函二册)	(宋)朱熹撰	480.00	华龄
易余(一函二册)	(明)方以智撰	480.00	九州
奇门鸣法(一函二册)	(清)龙伏山人撰	680.00	华龄
奇门衍象(一函二册)	(清)龙伏山人撰	480.00	华龄
奇门枢要(一函二册)	(清)龙伏山人撰	480.00	华龄
奇门仙机(一函三册)	王力军校订	298.00	华龄
奇门心法秘纂(一函三册)	王力军校订	298.00	华龄
御定奇门秘诀(一函三册)	(清)湖海居士辑	680.00	华龄
宫藏奇门大全(线装五函二十五册)	(清)湖海居士辑	6800.00	星易
遁甲奇门秘传要旨大全(线装二函十册)	(清)范阳耐寒子辑	6200.00	星易
增广神相全编(线装一函四册)	(明)袁珙订正	980.00	星易
耕寸集(线装一函一册)	李锵涛校正	268.00	星易
全本命理约言(线装一函一册)	李锵涛校正	388.00	星易
龙伏山人存世文稿(五函十册)	(清)龙伏山人撰	2800.00	九州
奇门遁甲鸣法(一函二册)	(清)龙伏山人撰	680.00	九州
奇门遁甲衍象(一函二册)	(清)龙伏山人撰	480.00	九州

书　　名	作者	定价	版别
奇门遁甲枢要(一函二册)	(清)龙伏山人撰	480.00	九州
遁甲括囊集(一函三册)	(清)龙伏山人撰	980.00	九州
增注蒋公古镜歌(一函一册)	(清)龙伏山人撰	180.00	九州
古本皇极经世书(一函三册)	(宋)邵雍撰	980.00	九州
明抄真本梅花易数(一函三册)	(宋)邵雍撰	480.00	九州
订正六壬金口诀(一函六册)	(清)巫国匡辑	1280.00	华龄
六壬神课金口诀(一函三册)	(明)适适子撰	298.00	华龄
改良三命通会(一函四册,第二版)	(明)万民英撰	980.00	华龄
增补选择通书玉匣记(一函二册)	(晋)许逊撰	480.00	华龄
绘图全本鲁班经匠家镜	1 函 4 册	680.00	华龄
菊逸山房地理正书(天函):地理点穴撼龙经	1 函 3 册	680.00	华龄
菊逸山房地理正书(地函):秘藏疑龙经大全	1 函 1 册	280.00	华龄
菊逸山房地理正书(人函):杨公秘本山法备收	1 函 1 册	280.00	华龄
青囊海角经	1 函 4 册	680.00	华龄
阳宅三要	1 函 3 册	298.00	华龄
子部珍本备要(宣纸线装)		分函售价	九州
001 岣嵝神书	1 函 1 册	280.00	九州
002 地理啖蔗録	1 函 4 册	880.00	九州
003 地理玄珠精选	1 函 4 册	880.00	九州
004 地理琢玉斧峦头歌括	1 函 4 册	880.00	九州
005 金氏地学粹编	3 函 8 册	1840.00	九州
006 风水一书	1 函 4 册	880.00	九州
007 风水二书	1 函 4 册	880.00	九州
008 增注周易神应六亲百章海底眼	1 函 1 册	280.00	九州
009 卜易指南	1 函 1 册	280.00	九州
010 大六壬占验	1 函 1 册	280.00	九州
011 真本六壬神课金口诀	1 函 3 册	680.00	九州
012 太乙指津	1 函 2 册	480.00	九州
013 太乙金钥匙 太乙金钥匙续集	1 函 1 册	280.00	九州
014 奇门遁甲占验天时	1 函 2 册	480.00	九州
015 南阳掌珍遁甲	1 函 1 册	280.00	九州
016 达摩易筋经 易筋经外经图说 八段锦	1 函 1 册	280.00	九州
017 钦天监彩绘真本推背图	1 函 2 册	680.00	九州
018 清抄全本玉函通秘	1 函 3 册	680.00	九州
019 灵棋经	1 函 1 册	280.00	九州
020 道藏灵符秘法	4 函 9 册	2100.00	九州
021 地理青囊玉尺度金针集	1 函 6 册	1280.00	九州
022 奇门秘传九宫纂要	1 函 1 册	280.00	九州
023 影印清抄耕寸集—真本子平真诠	1 函 2 册	480.00	九州
024 新刊合并官板音义评注渊海子平	1 函 2 册	480.00	九州
025 影抄宋本五行精纪	1 函 6 册	1080.00	九州

书　名	作者	定价	版别
026 影印明刻阴阳五要奇书 1一郭氏阴阳元经	1 函 2 册	480.00	九州
027 影印明刻阴阳五要奇书 2一克择璇玑括要	1 函 1 册	280.00	九州
028 影印明刻阴阳五要奇书 3一阳明按索图	1 函 2 册	480.00	九州
029 影印明刻阴阳五要奇书 4一佐玄直指	1 函 2 册	480.00	九州
030 影印明刻阴阳五要奇书 5一三白宝海钩玄	1 函 1 册	280.00	九州
031 相命图诀许负相法十六篇合刊	1 函 1 册	280.00	九州
032 玉掌神相神相铁关刀合刊	1 函 1 册	280.00	九州
033 古本太乙淘金歌	1 函 1 册	280.00	九州
034 重刊地理葬埋黑通书	1 函 2 册	480.00	九州
035 壬归	1 函 2 册	480.00	九州
036 大六壬苗公鬼撮脚二种合刊	1 函 1 册	280.00	九州
037 大六壬鬼撮脚射覆	1 函 2 册	480.00	九州
038 大六壬金柜经	1 函 1 册	280.00	九州
039 纪氏奇门秘书仕学备余	1 函 1 册	280.00	九州
040 八门九星阴阳二遁全本奇门断	2 函 18 册	3680.00	九州
041 李卫公奇门心法	1 函 1 册	280.00	九州
042 武侯行兵遁甲金函玉镜海底眼	1 函 1 册	280.00	九州
043 诸葛武侯奇门千金诀	1 函 1 册	280.00	九州
044 隔夜神算	1 函 1 册	280.00	九州
045 地理五种秘笈合刊	1 函 1 册	280.00	九州
046 地理雪心赋句解	1 函 2 册	480.00	九州
047 九天玄女青囊经	1 函 1 册	280.00	九州
048 考定撼龙经	1 函 1 册	280.00	九州
049 刘江东家藏善本葬书	1 函 1 册	280.00	九州
050 杨公六段玄机赋杨筠松安门楼玉辇经合刊	1 函 1 册	280.00	九州
051 风水金鉴	1 函 1 册	280.00	九州
052 新镌碎玉剖秘地理不求人	1 函 2 册	480.00	九州
053 阳宅八门金光斗临经	1 函 1 册	280.00	九州
054 新镌徐氏家藏罗经顶门针	1 函 2 册	480.00	九州
055 影印乾隆丙午刻本地理五诀	1 函 4 册	880.00	九州
056 地理诀要雪心赋	1 函 2 册	480.00	九州
057 蒋氏平阶家藏善本插泥剑	1 函 1 册	280.00	九州
058 蒋大鸿家传地理归厚录	1 函 1 册	280.00	九州
059 蒋大鸿家传三元地理秘书	1 函 1 册	280.00	九州
060 蒋大鸿家传天星选择秘旨	1 函 1 册	280.00	九州
061 撼龙经批注校补	1 函 4 册	880.00	九州
062 疑龙经批注校补一全	1 函 1 册	280.00	九州
063 种筠书屋较订山法诸书	1 函 2 册	480.00	九州
064 堪舆倒杖诀 拨砂经遗篇 合刊	1 函 1 册	280.00	九州
065 认龙天宝经	1 函 1 册	280.00	九州
066 天机望龙经刘氏心法 杨公骑龙穴诗合刊	1 函 1 册	280.00	九州

书　　名	作者	定价	版别
067 风水一夜仙秘传三种合刊	1函1册	280.00	九州
068 新镌地理八窍	1函2册	480.00	九州
069 地理解醒	1函1册	280.00	九州
070 峦头指迷	1函3册	680.00	九州
071 茅山上清灵符	1函2册	480.00	九州
072 茅山上清镇禳摄制秘法	1函1册	280.00	九州
073 天医祝由科秘抄	1函2册	480.00	九州
074 千镇百镇桃花镇	1函2册	480.00	九州
075 轩辕碑记医学祝由十三科治病奇书合刊	1函1册	280.00	九州
076 清抄真本祝由科秘诀全书	1函3册	680.00	九州
077 增补秘传万法归宗	1函2册	480.00	九州
078 祝由科诸符秘卷祝由科诸符秘旨合刊	1函1册	280.00	九州
079 辰州符咒大全	1函4册	880.00	九州
080 万历初刻三命通会	2函12册	2480.00	九州
081 新编三车一览子平渊源注解	1函3册	680.00	九州
082 命理用神精华	1函3册	680.00	九州
083 命学探骊集	1函1册	280.00	九州
084 相诀摘要	1函2册	480.00	九州
085 相法秘传	1函1册	280.00	九州
086 新编相法五总龟	1函1册	280.00	九州
087 相学统宗心易秘传	1函2册	480.00	九州
088 秘本大清相法	1函2册	480.00	九州
089 相法易知	1函1册	280.00	九州
090 星命风水秘传	1函1册	280.00	九州
091 大六壬隔山照	1函2册	480.00	九州
092 大六壬考正	1函1册	280.00	九州
093 大六壬类阐	1函2册	480.00	九州
094 六壬心镜集注	1函1册	280.00	九州
095 遁甲吾学编	1函2册	480.00	九州
096 刘明江家藏善本奇门衍象	1函1册	280.00	九州
097 遁甲天书秘文	1函2册	480.00	九州
098 金枢符应秘文	1函2册	480.00	九州
099 秘传金函奇门隐遁丁甲法书	1函2册	480.00	九州
100 六壬行军指南	2函10册	2080.00	九州
101 家藏阴阳二宅秘诀线法	1函2册	480.00	九州
102 阳宅一书阴宅一书合刊	1函1册	280.00	九州
103 地理法门全书	1函1册	280.00	九州
104 四真全书玉钥匙	1函1册	280.00	九州
105 重刊官板玉髓真经	1函4册	880.00	九州
106 明刊阳宅真诀	1函2册	480.00	九州
107 阳宅指南	1函1册	280.00	九州

书　　名	作者	定价	版别
108 阳宅秘传三书	1 函 1 册	280.00	九州
109 阳宅都天滚盘珠	1 函 1 册	280.00	九州
110 纪氏地理水法要诀	1 函 1 册	280.00	九州
111 李默斋先生地理辟径集	1 函 2 册	480.00	九州
112 李默斋先生辟径集续篇 地理秘缺	1 函 2 册	480.00	九州
113 地理辨正自解	1 函 1 册	280.00	九州
114 形家五要全编	1 函 4 册	880.00	九州
115 地理辨正抉要	1 函 1 册	280.00	九州
116 地理辨正揭隐	1 函 1 册	280.00	九州
117 地学铁骨秘	1 函 1 册	280.00	九州
118 地理辨正发秘初稿	1 函 1 册	280.00	九州
119 三元宅墓图	1 函 1 册	280.00	九州
120 参赞玄机地理仙婆集	2 函 8 册	1680.00	九州
121 幕讲禅师玄空秘旨浅注外七种	1 函 1 册	280.00	九州
122 玄空挨星图诀	1 函 1 册	280.00	九州
123 影印稿本玄空地理筌蹄	1 函 1 册	280.00	九州
124 玄空古义四种通释	1 函 2 册	480.00	九州
125 地理疑义答问	1 函 1 册	280.00	九州
126 王元极地理辨正冒禁录	1 函 1 册	280.00	九州
127 王元极校补天元选择辨正	1 函 3 册	680.00	九州
128 王元极选择辨真全书	1 函 1 册	280.00	九州
129 王元极增批地理冰海原本地理冰海合刊	1 函 1 册	280.00	九州
130 王元极三元阳宅萃篇	1 函 2 册	480.00	九州
131 尹一勺先生地理精语	1 函 1 册	280.00	九州
132 古本地理元真	1 函 2 册	480.00	九州
133 杨公秘本搜地灵	1 函 1 册	280.00	九州
134 秘藏千里眼	1 函 1 册	280.00	九州
135 道光刊本地理或问	1 函 1 册	280.00	九州
136 影印稿本地理秘诀	1 函 2 册	480.00	九州
137 地理秘诀隔山照 地理括要 合刊	1 函 1 册	280.00	九州
138 地理前后五十段	1 函 2 册	480.00	九州
139 心耕书屋藏本地经图说	1 函 1 册	280.00	九州
140 地理古本道法双谭	1 函 1 册	280.00	九州
141 奇门遁甲元灵经	1 函 1 册	280.00	九州
142 黄帝遁甲归藏大意 白猿真经 合刊	1 函 1 册	280.00	九州
143 遁甲符应经	1 函 2 册	480.00	九州
144 遁甲通明钤	1 函 1 册	280.00	九州
145 景祐奇门秘纂	1 函 2 册	480.00	九州
146 奇门先天要论	1 函 2 册	480.00	九州
147 御定奇门古本	1 函 2 册	480.00	九州
148 奇门吉凶格解	1 函 1 册	280.00	九州

书　　名	作者	定价	版别
149 御定奇门宝鉴	1 函 3 册	680.00	九州
150 奇门阐易	1 函 2 册	480.00	九州
151 六壬总论	1 函 1 册	280.00	九州
152 稿抄本大六壬翠羽歌	1 函 1 册	280.00	九州
153 都天六壬神课	1 函 1 册	280.00	九州
154 大六壬易简	1 函 2 册	480.00	九州
155 太上六壬明鉴符阴经	1 函 1 册	280.00	九州
156 增补关煞袖里金百中经	1 函 1 册	280.00	九州
157 演禽三世相法	1 函 2 册	480.00	九州
158 合婚便览 和合婚姻咒 合刊	1 函 1 册	280.00	九州
159 神数十种	1 函 1 册	280.00	九州
160 神机灵数一掌经金钱课合刊	1 函 1 册	280.00	九州
161 阴阳二宅易知录	1 函 2 册	480.00	九州
162 阴宅镜	1 函 2 册	480.00	九州
163 阳宅镜	1 函 1 册	280.00	九州
164 清精抄本六圃地学	1 函 1 册	280.00	九州
165 形峦神断书	1 函 1 册	280.00	九州
166 堪舆三昧	1 函 1 册	280.00	九州
167 遁甲奇门捷要	1 函 1 册	280.00	九州
168 奇门遁甲备览	1 函 1 册	280.00	九州
169 原传真本石室藏本圆光真传秘诀合刊	1 函 1 册	280.00	九州
170 明抄全本壬归	1 函 4 册	880.00	九州
171 董德彰水法秘诀水法断诀合刊	1 函 1 册	280.00	九州
172 董德彰先生水法图说	1 函 1 册	280.00	九州
173 董德彰先生泄天机纂要	1 函 2 册	480.00	九州
174 李默斋先生地理秘传	1 函 2 册	480.00	九州
175 新锓希夷陈先生紫微斗数全书	1 函 3 册	680.00	九州
176 海源阁藏明刊麻衣相法全编	1 函 2 册	480.00	九州
177 袁忠彻先生相法秘传	1 函 3 册	680.00	九州
178 火珠林要旨 篋枕	1 函 2 册	480.00	九州
179 火珠林占法秘传 续篋枕	1 函 1 册	280.00	九州
180 六壬类聚	1 函 4 册	880.00	九州
181 新刻麻衣相神异赋	1 函 1 册	280.00	九州
182 诸葛武侯奇门遁甲全书	1 函 2 册	480.00	九州
183 张九仪传地理偶摘	1 函 1 册	280.00	九州
184 张九仪传地理偶注	1 函 1 册	280.00	九州
185 阳宅玄珠	1 函 1 册	280.00	九州
186 阴宅总论	1 函 1 册	280.00	九州
187 新刻杨救贫秘传阴阳二宅便用统宗	1 函 1 册	280.00	九州
188 增补理气图说	1 函 2 册	480.00	九州
189 增补罗经图说	1 函 1 册	280.00	九州

书　　名	作者	定价	版别
190 重镌官板阳宅大全	1函4册	880.00	九州
191 景祐太乙福应经	1函1册	280.00	九州
192 景祐遁甲符应经	1函3册	680.00	九州
193 景祐六壬神定经	1函3册	680.00	九州
194 御制禽遁符应经	1函2册	480.00	九州
195 秘传匠家鲁班经符法	1函3册	680.00	九州
196 哈佛藏本太史黄际飞注天玉经	1函1册	280.00	九州
197 李三素先生红囊经解	1函1册	280.00	九州
198 杨曾青囊天玉通义	1函1册	280.00	九州
199 重编大清钦天监焦秉贞彩绘历代推背图解	1函2册	680.00	九州
200 道光初刻相理衡真	1函4册	880.00	九州
201 新刻袁柳庄先生秘传相法	1函3册	680.00	九州
202 袁忠彻相法古今识鉴	1函2册	480.00	九州
203 袁天纲五星三命指南	1函2册	480.00	九州
204 新刻五星玉镜	1函3册	680.00	九州
205 游艺录:筮遁壬行年斗数相宅	1函1册	280.00	九州
206 新订王氏罗经透解	1函2册	480.00	九州
207 堪舆真诠	1函3册	680.00	九州
208 青囊天机奥旨二种	1函1册	280.00	九州
209 张九仪传地理偶录	1函1册	280.00	九州
210 地学形势集	1函8册	1680.00	九州
211 神相水镜集	1函4册	880.00	九州
212 稀见相学秘笈四种合刊	1函2册	480.00	九州
213 神相金较剪	1函1册	280.00	九州
214 神相证验百条	1函2册	480.00	九州
215 全本神相全编	1函3册	680.00	九州
216 神相全编正义	1函3册	680.00	九州
217 八宅明镜	1函2册	480.00	九州
218 阳宅卜居秘髓	1函3册	680.00	九州
219 地理乾坤法窍	1函3册	680.00	九州
220 秘传廖公画筴拨砂经	1函4册	880.00	九州
221 地理囊金集注	1函1册	280.00	九州
222 赤松子罗经要旨	1函1册	280.00	九州
223 萧仙地理心法堪舆经	1函2册	480.00	九州
224 新刻地理搜龙奥语	1函2册	480.00	九州
225 新刻风水珠神真经	1函2册	480.00	九州
226 寻龙点穴地理索隐	1函1册	280.00	九州
227 杨公撼龙经考注	1函2册	480.00	九州
228 李德贞秘授三元秘诀	1函1册	280.00	九州
229 地理支陇乘气论	1函2册	480.00	九州
230 道光刻全本相山撮要	2函6册	1500.00	九州

书　　名	作者	定价	版别
231 药王真传祝由科全编	1函1册	280.00	九州
232 梵音斗科符箓秘书	1函2册	580.00	九州
233 御定奇门灵占	1函4册	880.00	九州
234 御定奇门宝镜图	1函2册	480.00	九州
235 汇纂大六壬玉钥匙心诀	1函1册	280.00	九州
236 补完直解六壬五变中黄经	1函2册	480.00	九州
237 六壬节要直讲	1函2册	480.00	九州
238 六壬神课捷要占验	1函1册	280.00	九州
239 六壬袖传神课捷要	1函1册	280.00	九州
240 秘藏大六壬大全善本	2函8册	1800.00	九州
241 阳宅藏书	1函2册	480.00	九州
242 阳宅觉元氏新书	1函1册	280.00	九州
243 阳宅拾遗	1函2册	480.00	九州
244 阳基集腋	1函2册	480.00	九州
245 阴阳二宅指正	1函2册	480.00	九州
246 九天玄妙秘书内经	1函1册	280.00	九州
247 青乌葬经葬经翼	1函1册	280.00	九州
248 阳宅六十四卦秘断	1函1册	280.00	九州
249 杨曾地理秘传捷诀	1函3册	680.00	九州
250 三元堪舆秘笈救败全书	1函4册	880.00	九州
251 纪氏地理末学	1函2册	480.00	九州
252 堪舆说原	1函1册	280.00	九州
253 河洛正变喝穴集	1函1册	280.00	九州
254 太上洞玄灵宝素灵真符	1函1册	280.00	九州
255 道家神符霹咒秘传	1函1册	280.00	九州
256 堪舆秘传六十四论记师口诀	1函2册	480.00	九州
257 相法秘笈太乙照神经	1函3册	680.00	九州
258 哈佛藏子平格局解要	1函2册	480.00	九州
259 三车一览命书详论	1函2册	480.00	九州
260 万历初刊平学大成	1函4册	880.00	九州
261 古本推背图说	1函2册	680.00	九州
262 董氏诹吉新书	1函2册	480.00	九州
263 蒋大鸿四十八局图	1函1册	280.00	九州
264 阳宅紫府宝鉴	1函2册	480.00	九州
265 宅经类纂	1函3册	680.00	九州
266 杨公画筴图	1函1册	280.00	九州
267 刘江东秘传金函经	1函1册	280.00	九州
268 茔元总录	1函2册	480.00	九州
269 纪氏奇门占验奇门遁甲要略合刊	1函1册	280.00	九州
270 奇门统宗大全	1函4册	880.00	九州
271 刘天君祛治符法秘卷	1函3册	680.00	九州

书　名	作者	定价	版别
272 圣济总录祝由术全编	1 函 2 册	480.00	九州
273 子平星学精华	1 函 1 册	280.00	九州
274 紫微斗数命理宣微	1 函 1 册	280.00	九州
275 火珠林卦爻精究集	1 函 2 册	480.00	九州
276 韩图孤本奇门秘要	1 函 1 册	280.00	九州
277 哈佛藏明抄六壬断易秘诀	1 函 1 册	280.00	九州
278 大六壬会要全集	1 函 3 册	680.00	九州
279 乾隆初刊六壬视斯	1 函 2 册	480.00	九州
280 精抄历代六壬占验汇选	2 函 6 册	1280.00	九州
281 张九仪先生东湖地学	1 函 1 册	280.00	九州
282 张九仪先生东湖砂法	1 函 1 册	280.00	九州
283 张九仪先生东湖水法	1 函 1 册	280.00	九州
284 姚氏地理辨正图说	1 函 1 册	280.00	九州
285 地理辨正补注	1 函 2 册	480.00	九州
286 地理丛谈元运发微	1 函 1 册	280.00	九州
287 元空宅法举隅	1 函 1 册	280.00	九州
288 平洋地理玉函经	1 函 1 册	280.00	九州
289 元空法鉴三种	1 函 3 册	680.00	九州
290 蒋大鸿先生地理合璧	2 函 7 册	1480.00	九州
291 新刊地理五经图解	1 函 3 册	680.00	九州
292 三元地理辨惑	1 函 1 册	280.00	九州
293 风水内传秘旨	1 函 1 册	280.00	九州
294 杜氏地理图说	1 函 2 册	480.00	九州
295 地学仁孝必读	1 函 5 册	1080.00	九州
296 地理秘珍	1 函 2 册	480.00	九州
297 秘传四课仙机水法	1 函 1 册	280.00	九州
298 地理辨正图诀	1 函 1 册	280.00	九州
299 灵城精义笺	1 函 1 册	280.00	九州
300 仰山子新辑地理条贯	2 函 6 册	1280.00	九州
301 秘传堪舆经传类纂	1 函 1 册	280.00	九州
302 秘传堪舆论状类纂	1 函 1 册	280.00	九州
303 秘传堪舆秘书类纂	1 函 1 册	280.00	九州
304 秘传堪舆诗赋歌诀类纂	1 函 2 册	480.00	九州
305 秘传堪舆问答类纂	1 函 1 册	280.00	九州
306 秘传堪舆杂录类纂	1 函 2 册	480.00	九州
307 秘传堪舆辨惑类纂	1 函 1 册	280.00	九州
308 秘传堪舆断诀类纂	1 函 1 册	280.00	九州
309 秘传堪舆穴法类纂	1 函 1 册	280.00	九州
310 秘传堪舆葬法类纂	1 函 1 册	280.00	九州
311 大六壬兵占三种	1 函 2 册	480.00	九州
312 大六壬秘书四种	1 函 2 册	480.00	九州

书　　名	作者	定价	版别
313 大六壬毕法注解	1 函 1 册	280.00	九州
314 大六壬课体订讹	1 函 1 册	280.00	九州
315 大六壬类占	1 函 2 册	480.00	九州
316 大六壬全编	1 函 2 册	480.00	九州
317 大六壬杂释	1 函 1 册	280.00	九州
318 大六壬心镜	1 函 2 册	480.00	九州
319 六壬灵课玉洞金书	1 函 1 册	280.00	九州
320 六壬通仙	1 函 4 册	880.00	九州
321 五种秘窍全书—1—地理秘窍	1 函 1 册	280.00	九州
322 五种秘窍全书—2—选择秘窍	1 函 4 册	880.00	九州
323 五种秘窍全书—3—天星秘窍	1 函 1 册	280.00	九州
324 五种秘窍全书—4—罗经秘窍	1 函 4 册	880.00	九州
325 五种秘窍全书—5—奇门秘窍	1 函 2 册	480.00	九州
326 新编杨曾地理家传心法捷诀一贯堪舆	2 函 8 册	1780.00	九州
327 玉函铜函真经阴阳剪裁图注	1 函 3 册	680.00	九州
328 新刻石函平砂玉尺经全书	1 函 2 册	480.00	九州
329 三元通天照水经	1 函 2 册	480.00	九州
330 堪舆经书	1 函 5 册	1080.00	九州
331 神相汇编	1 函 2 册	480.00	九州
332 管辂神相秘传	1 函 1 册	280.00	九州
333 冰鉴秘本七篇月波洞中记合刊	1 函 1 册	280.00	九州
334 太清神鉴录	1 函 2 册	480.00	九州
335 新刊京本厘正总括天机星学正传	2 函 10 册	2180.00	九州
336 新监七政归垣司台历数袖里璇玑	1 函 4 册	880.00	九州
337 道藏古本紫微斗数	1 函 2 册	480.00	九州
338 增补诸家选择万全玉匣记	1 函 2 册	480.00	九州
339 杨公造命要诀	1 函 1 册	280.00	九州
340 造命宗镜	1 函 6 册	1280.00	九州
341 上清灵宝济度金书符咒大成	2 函 9 册	1980.00	九州
342 青城山铜板祝由十三科	1 函 2 册	480.00	九州
343 抄本祝由科别传	1 函 1 册	280.00	九州
344 遁甲演义	1 函 2 册	480.00	九州
345 武侯奇门遁甲玄机赋	1 函 1 册	280.00	九州
346 北法变化禽书	1 函 1 册	280.00	九州
347 卜筮全书	1 函 6 册	1280 .00	九州
348 卜筮正宗	1 函 4 册	880.00	九州
349 易隐	1 函 4 册	880.00	九州
350 野鹤老人占卜全书	1 函 5 册	1280.00	九州
351 地理会心集	1 函 2 册	480.00	九州
352 罗经会心集	1 函 2 册	480.00	九州
353 阳宅会心集	1 函 1 册	280.00	九州

书名	作者	定价	版别
354 秘传图注龙经全集	1函3册	680.00	九州
355 地理精微集	1函2册	480.00	九州
356 地理拾铅峦头理气合编	1函2册	480.00	九州
357 萧客真诀	1函1册	280.00	九州
358 地理铁案	1函2册	480.00	九州
359 秘传四神课书仙机消纳水法	1函2册	480.00	九州
360 蒋大鸿先生地理真诠	2函7册	1480.00	九州
361 蒋大鸿仙诀小引	1函1册	280.00	九州
362 管氏地理指蒙	1函1册	280.00	九州
363 原本山洋指迷	1函2册	480.00	九州
364 形家集要	1函1册	280.00	九州
365 重镌地理天机会元	3函15册	3080.00	九州
366 地理方外别传	1函2册	480.00	九州
367 堪舆至秘旅寓集	1函1册	280.00	九州
368 堪舆管见	1函1册	280.00	九州
369 四神秘诀	1函2册	480.00	九州
370 地理辨正补	1函3册	680.00	九州
371 金书秘奥地理一片金合刊	1函1册	280.00	九州
372 阳宅玉髓真经阴宅制煞秘法合刊	1函1册	280.00	九州
373 堪舆至秘旅寓集 堪舆秘传	1函1册	280.00	九州
374 地学杂钞连珠水法合刊	1函1册	280.00	九州
375 黄妙应仙师五星仙机制化砂法	1函2册	480.00	九州
376 造葬便览	1函1册	280.00	九州
377 大六壬秘本	1函2册	480.00	九州
378 太乙统类	1函1册	280.00	九州
379 新雕注疏珞琭子三命消息赋	1函1册	280.00	九州
380 新编四家注解经进珞琭子消息赋	1函2册	480.00	九州
381 清代民间实用灵符汇编	1函2册	680.00	九州
382 王国维批校宋本焦氏易林	1函2册	480.00	九州
383 新刊应验天机易卦通神	1函1册	280.00	九州
384 新镌周易数	1函5册	1080.00	九州
增补四库青乌辑要(全18函59册)	郑同校	11680.00	九州
第1种:宅经(1册)	(署)黄帝撰	180.00	九州
第2种:葬书(1册)	(晋)郭璞撰	220.00	九州
第3种:青囊序青囊奥语天玉经(1册)	(唐)杨筠松撰	220.00	九州
第4种:黄囊经(1册)	(唐)杨筠松撰	220.00	九州
第5种:黑囊经(2册)	(唐)杨筠松撰	380.00	九州
第6种:锦囊经(1册)	(晋)郭璞撰	200.00	九州
第7种:天机贯旨红囊经(2册)	(清)李三素撰	380.00	九州
第8种:玉函天机素书至宝经(1册)	(明)董德彰撰	200.00	九州
第9种:天机一贯(2册)	(清)李三素撰辑	380.00	九州

书　　名	作者	定价	版别
第 10 种:撼龙经(1 册)	(唐)杨筠松撰	200.00	九州
第 11 种:疑龙经葬法倒杖(1 册)	(唐)杨筠松撰	220.00	九州
第 12 种:疑龙经辨正(1 册)	(唐)杨筠松撰	200.00	九州
第 13 种:寻龙记太华经(1 册)	(唐)曾文辿撰	220.00	九州
第 14 种:宅谱要典(2 册)	(清)铣溪野人校	380.00	九州
第 15 种:阳宅必用(2 册)	心灯大师校订	380.00	九州
第 16 种:阳宅撮要(2 册)	(清)吴鼒撰	380.00	九州
第 17 种:阳宅正宗(1 册)	(清)姚承舆撰	200.00	九州
第 18 种:阳宅指掌(2 册)	(清)黄海山人撰	380.00	九州
第 19 种:相宅新编(1 册)	(清)焦循校刊	240.00	九州
第 20 种:阳宅井明(2 册)	(清)邓颖出撰	380.00	九州
第 21 种:阴宅井明(1 册)	(清)邓颖出撰	220.00	九州
第 22 种:灵城精义(2 册)	(南唐)何溥撰	380.00	九州
第 23 种:龙穴砂水说(1 册)	清抄秘本	180.00	九州
第 24 种:三元水法秘诀(2 册)	清抄秘本	380.00	九州
第 25 种:罗经秘传(2 册)	(清)傅禹辑	380.00	九州
第 26 种:穿山透地真传(2 册)	(清)张九仪撰	380.00	九州
第 27 种:催官篇发微论(2 册)	(宋)赖文俊撰	380.00	九州
第 28 种:入地眼神断要诀(2 册)	清抄秘本	380.00	九州
第 29 种:玄空大卦秘断(1 册)	清抄秘本	200.00	九州
第 30 种:玄空大五行真传口诀(1 册)	(明)蒋大鸿等撰	220.00	九州
第 31 种:杨曾九宫颠倒打劫图说(1 册)	(唐)杨筠松撰	200.00	九州
第 32 种:乌兔经奇验经(1 册)	(唐)杨筠松撰	180.00	九州
第 33 种:挨星考注(1 册)	(清)汪董缘订定	260.00	九州
第 34 种:地理挨星说汇要(1 册)	(明)蒋大鸿撰辑	220.00	九州
第 35 种:地理捷诀(1 册)	(清)傅禹辑	200.00	九州
第 36 种:地理三仙秘旨(1 册)	清抄秘本	200.00	九州
第 37 种:地理三字经(3 册)	(清)程思乐撰	580.00	九州
第 38 种:地理雪心赋注解(2 册)	(唐)卜则嵬撰	380.00	九州
第 39 种:蒋公天元余义(1 册)	(明)蒋大鸿等撰	220.00	九州
第 40 种:地理真传秘旨(3 册)	(唐)杨筠松撰	580.00	九州
增补四库未收方术汇刊第一辑(全 28 函)	线装影印本	11800.00	九州
第一辑 01 函:火珠林・卜筮正宗	(宋)麻衣道者著	340.00	九州
第一辑 02 函:全本增删卜易・增删卜易真诠	(清)野鹤老人撰	720.00	九州
第一辑 03 函:渊海子平音义评注・子平真诠・命理易知	(明)杨淙增校	360.00	九州
第一辑 04 函:滴天髓:附滴天秘诀・穷通宝鉴:附月谈赋	(宋)京图撰	360.00	九州
第一辑 05 函:参星秘要诹吉便览・玉函斗首三台通书・精校三元总录	(清)俞荣宽撰	460.00	九州
第一辑 06 函:陈子性藏书	(清)陈应选撰	580.00	九州
第一辑 07 函:崇正辟谬永吉通书・选择求真	(清)李奉来辑	500.00	九州

书　　名	作者	定价	版别
第一辑 08 函：增补选择通书玉匣记·永宁通书	（晋）许逊撰	400.00	九州
第一辑 09 函：新增阳宅爱众篇	（清）张觉正撰	480.00	九州
第一辑 10 函：地理四弹子·地理铅弹子砂水要诀	（清）张九仪注	340.00	九州
第一辑 11 函：地理五诀	（清）赵九峰著	200.00	九州
第一辑 12 函：地理直指原真	（清）释如玉撰	280.00	九州
第一辑 13 函：宫藏真本入地眼全书	（宋）释静道著	680.00	九州
第一辑 14 函：罗经顶门针·罗经解定·罗经透解	（明）徐之镆撰	360.00	九州
第一辑 15 函：校正详图青囊经·平砂玉尺经·地理辨正疏	（清）王宗臣著	300.00	九州
第一辑 16 函：一贯堪舆	（明）唐世友辑	240.00	九州
第一辑 17 函：阳宅大全·阳宅十书	（明）一壑居士集	600.00	九州
第一辑 18 函：阳宅大成五种	（清）魏青江撰	600.00	九州
第一辑 19 函：奇门五总龟·奇门遁甲统宗大全·奇门遁甲元灵经	（明）池纪撰	500.00	九州
第一辑 20 函：奇门遁甲秘笈全书	（明）刘伯温辑	280.00	九州
第一辑 21 函：奇门庐中阐秘	（汉）诸葛武侯撰	600.00	九州
第一辑 22 函：奇门遁甲元机太乙秘书六壬大占	（宋）岳珂纂辑	360.00	九州
第一辑 23 函：性命圭旨	（明）尹真人撰	480.00	九州
第一辑 24 函：紫微斗数全书	（宋）陈抟撰	200.00	九州
第一辑 25 函：千镇百镇桃花镇	（清）云石道人校	220.00	九州
第一辑 26 函：清抄真本祝由科秘诀全书·轩辕碑记医学祝由十三科	（上古）黄帝传	800.00	九州
第一辑 27 函：增补秘传万法归宗	（唐）李淳风撰	160.00	九州
第一辑 28 函：神机灵数一掌经金钱课·牙牌神数七种·珍本演禽三世相法	（清）诚文信校	440.00	九州
增补四库未收方术汇刊第二辑（全 36 函）	线装影印本	13800.00	九州
第二辑第 1 函：六爻断易一撮金·卜易秘诀海底眼	（宋）邵雍撰	200.00	九州
第二辑第 2 函：秘传子平渊源	燕山郑同校辑	280.00	九州
第二辑第 3 函：命理探原	（清）袁树珊撰	280.00	九州
第二辑第 4 函：命理正宗	（明）张楠撰集	180.00	九州
第二辑第 5 函：造化玄钥	庄圆校补	220.00	九州
第二辑第 6 函：命理寻源·子平管见	（清）徐乐吾撰	280.00	九州
第二辑第 7 函：京本风鉴相法	（明）回阳子校辑	380.00	九州
第二辑第 8—9 函：钦定协纪辨方书 8 册	（清）允禄编	780.00	九州
第二辑第 10—11 函：鳌头通书 10 册	（明）熊宗立撰辑	880.00	九州
第二辑第 12—13 函：象吉通书	（清）魏明远撰辑	1080.00	九州
第二辑第 14 函：选择宗镜·选择纪要	（朝鲜）南秉吉撰	360.00	九州
第二辑第 15 函：选择正宗	（清）顾宗秀撰辑	480.00	九州
第二辑第 16 函：仪度六壬选日要诀	（清）张九仪撰	680.00	九州
第二辑第 17 函：葬事择日法	郑同校辑	280.00	九州
第二辑第 18 函：地理不求人	（清）吴明初撰辑	240.00	九州
第二辑第 19 函：地理大成一：山法全书	（清）叶九升撰	680.00	九州

书　　名	作者	定价	版别
第二辑第 20 函:地理大成二:平阳全书	(清)叶九升撰	360.00	九州
第二辑第 21 函:地理大成三:地理六经注·地理大成四:罗经指南拨雾集·地理大成五:理气四诀	(清)叶九升撰	300.00	九州
第二辑第 22 函:地理录要	(明)蒋大鸿撰	480.00	九州
第二辑第 23 函:地理人子须知	(明)徐善继撰	480.00	九州
第二辑第 24 函:地理四秘全书	(清)尹一勺撰	380.00	九州
第二辑第 25—26 函:地理天机会元	(明)顾陵冈辑	1080.00	九州
第二辑第 27 函:地理正宗	(清)蒋宗城校订	280.00	九州
第二辑第 28 函:全图鲁班经	(明)午荣编	280.00	九州
第二辑第 29 函:秘传水龙经	(明)蒋大鸿撰	480.00	九州
第二辑第 30 函:阳宅集成	(清)姚廷銮纂	480.00	九州
第二辑第 31 函:阴宅集要	(清)姚廷銮纂	240.00	九州
第二辑第 32 函:辰州符咒大全	(清)觉玄子辑	480.00	九州
第二辑第 33 函:三元镇宅灵符秘箓·太上洞玄祛病灵符全书	(明)张宇初编	240.00	九州
第二辑第 34 函:太上混元祈福解灾三部神符	(明)张宇初编	360.00	九州
第二辑第 35 函:测字秘牒·先天易数·冲天易数/马前课	(清)程省撰	360.00	九州
第二辑第 36 函:秘传紫微	古朝鲜抄本	240.00	九州
子部善本 1:新刊地理玄珠	精装古本影印	380.00	华龄
子部善本 2:参赞玄机地理仙婆集	精装古本影印	380.00	华龄
子部善本 3:章仲山地理九种(上下)	精装古本影印	760.00	华龄
子部善本 4:八门九星阴阳二遁全本奇门断	精装古本影印	760.00	华龄
子部善本 5:六壬统宗大全	精装古本影印	380.00	华龄
子部善本 6:太乙统宗宝鉴	精装古本影印	380.00	华龄
子部善本 7:重刊星海词林(全五册)	精装古本影印	1900.00	华龄
子部善本 8:万历初刻三命通会(上下)	精装古本影印	760.00	华龄
子部善本 9:增广沈氏玄空学(上下)	精装古本影印	760.00	华龄
子部善本 10:江公择日秘稿	精装古本影印	380.00	华龄
子部善本 11:刘氏家藏阐微通书(上下)	精装古本影印	760.00	华龄
子部善本 12:影印增补高岛易断(上下)	精装古本影印	760.00	华龄
子部善本 13:清刻足本铁板神数	精装古本影印	380.00	华龄
子部善本 14:增订天官五星集腋(上下)	精装古本影印	760.00	华龄
子部善本 15:太乙奇门六壬兵备统宗(上中下)	精装古本影印	1140.00	华龄
子部善本 16:御定景祐奇门大全(上下)	精装古本影印	760.00	华龄
子部善本 17:地理四秘全书十二种	精装古本影印	380.00	华龄
子部善本 18:全本地理统一全书	精装古本影印	380.00	华龄
子部善本 19:廖公画策扒砂经(上下)	精装古本影印	760.00	华龄
子部善本 20:明刊玉髓真经(上下)	精装古本影印	760.00	华龄
子部善本 21:蒋大鸿家藏地学捷旨	精装古本影印	380.00	华龄
子部善本 22:阳宅安居金镜(上下)	精装古本影印	760.00	华龄
子部善本 23:新刊地理紫囊书(上下)	精装古本影印	760.00	华龄

书　　名	作者	定价	版别
子部善本 24:地理大成五种(上下)	精装古本影印	760.00	华龄
子部善本 25:初刻鳌头通书大全(上中下)	精装古本影印	1140.00	华龄
子部善本 26:初刻象吉备要通书大全(上中下)	精装古本影印	1140.00	华龄
子部善本 27:武英殿板钦定协纪辨方书(上下)	精装古本影印	760.00	华龄
子部善本 28:初刻陈子性藏书(上下)	精装古本影印	760.00	华龄
风水择吉第一书:辨方(简体精装)	李明清著	168.00	华龄
珞琭子三命消息赋古注通疏(精装上下)	一明注疏	188.00	华龄
增补高岛易断(简体横排精装上下)	(清)王治本编译	198.00	华龄
白话高岛易断(上下)	孙正治孙奥麟译	128.00	九州
中国古代术数基础理论(精装 1 函 5 册)	刘昌易著	495.00	团结
飞盘奇门:鸣法体系校释(精装上下)	刘金亮撰	198.00	九州
周易辞海	郭文友编著	128.00	巴蜀
增广沈氏玄空学(纪念版)	宋政隆校正	200.00	巴蜀
润德堂丛书全编 1:述卜筮星相学	袁树珊著	38.00	华龄
润德堂丛书全编 2:命理探原	袁树珊著	38.00	华龄
润德堂丛书全编 3:命谱	袁树珊著	68.00	华龄
润德堂丛书全编 4:大六壬探原 养生三要	袁树珊著	38.00	华龄
润德堂丛书全编 5:中西相人探原	袁树珊著	38.00	华龄
润德堂丛书全编 6:选吉探原 八字万年历	袁树珊著	38.00	华龄
润德堂丛书全编 7:中国历代卜人传(上中下)	袁树珊著	168.00	华龄
三式汇刊 1:大六壬口诀纂	(明)林昌长辑	68.00	华龄
三式汇刊 2:大六壬集应钤	(明)黄宾廷撰	198.00	华龄
三式汇刊 3:奇门大全秘纂	(清)湖海居士撰	68.00	华龄
三式汇刊 4:大六壬总归	(宋)郭子晟撰	58.00	华龄
三式汇刊 5:大六壬心镜	(唐)徐道符辑	48.00	华龄
三式汇刊 6:壬窍	(清)无无野人撰	48.00	华龄
青囊汇刊 1:青囊秘要	(晋)郭璞等撰	48.00	华龄
青囊汇刊 2:青囊海角经	(晋)郭璞等撰	48.00	华龄
青囊汇刊 3:阳宅十书	(明)王君荣撰	48.00	华龄
青囊汇刊 4:秘传水龙经	(明)蒋大鸿撰	68.00	华龄
青囊汇刊 5:管氏地理指蒙	(三国)管辂撰	48.00	华龄
青囊汇刊 6:地理山洋指迷	(明)周景一撰	32.00	华龄
青囊汇刊 7:地学答问	(清)魏清江撰	58.00	华龄
青囊汇刊 8:地理铅弹子砂水要诀	(清)张九仪撰	68.00	华龄
青囊汇刊 9:地理啖蔗录	(清)袁守定著	48.00	华龄
青囊汇刊 10:八宅明镜	(清)箬冠道人编	48.00	华龄
青囊汇刊 11:罗经透解	(清)王道亨著	58.00	华龄
青囊汇刊 12:阳宅三要	(清)赵玉材撰	48.00	华龄
青囊汇刊 13:一贯堪舆(上下)	(明)唐世友辑	108.00	华龄
青囊汇刊 14:地理辨证图诀直解	(唐)杨筠松著	58.00	华龄
青囊汇刊 15:地理雪心赋集解	(唐)卜应天著	58.00	华龄

书　　名	作者	定价	版别
青囊汇刊16:四神秘诀	(元)董德彰撰	58.00	华龄
子平汇刊1:渊海子平大全	(宋)徐子平撰	48.00	华龄
子平汇刊2:秘本子平真诠	(清)沈孝瞻撰	38.00	华龄
子平汇刊3:命理金鉴	(清)志于道撰	38.00	华龄
子平汇刊4:秘授滴天髓阐微	(清)任铁樵注	48.00	华龄
子平汇刊5:穷通宝鉴评注	(清)徐乐吾注	48.00	华龄
子平汇刊6:神峰通考命理正宗	(明)张楠撰	38.00	华龄
子平汇刊7:新校命理探原	(清)袁树珊撰	48.00	华龄
子平汇刊8:重校绘图袁氏命谱	(清)袁树珊撰	68.00	华龄
子平汇刊9:增广汇校三命通会(全三册)	(明)万民英撰	168.00	华龄
纳甲汇刊1:校正全本增删卜易	郑同点校	68.00	华龄
纳甲汇刊2:校正全本卜筮正宗	郑同点校	48.00	华龄
纳甲汇刊3:校正全本易隐	郑同点校	48.00	华龄
纳甲汇刊4:校正全本易冒	郑同点校	48.00	华龄
纳甲汇刊5:校正全本易林补遗	郑同点校	38.00	华龄
纳甲汇刊6:校正全本卜筮全书	郑同点校	68.00	华龄
纳甲汇刊7:火珠林注疏	刘恒注解	48.00	华龄
古今图书集成术数丛刊:卜筮(全二册)	(清)陈梦雷辑	80.00	华龄
古今图书集成术数丛刊:堪舆(全二册)	(清)陈梦雷辑	120.00	华龄
古今图书集成术数丛刊:相术(全一册)	(清)陈梦雷辑	60.00	华龄
古今图书集成术数丛刊:选择(全一册)	(清)陈梦雷辑	50.00	华龄
古今图书集成术数丛刊:星命(全三册)	(清)陈梦雷辑	180.00	华龄
古今图书集成术数丛刊:术数(全三册)	(清)陈梦雷辑	200.00	华龄
四库全书术数初集(全四册)	郑同点校	200.00	华龄
四库全书术数二集(全三册)	郑同点校	150.00	华龄
四库全书术数三集:钦定协纪辨方书(全二册)	郑同点校	98.00	华龄
增广沈氏玄空学	郑同点校	68.00	华龄
地理点穴撼龙经	郑同点校	32.00	华龄
绘图地理人子须知(上下)	郑同点校	78.00	华龄
玉函通秘	郑同点校	48.00	华龄
绘图入地眼全书	郑同点校	28.00	华龄
绘图地理五诀	郑同点校	48.00	华龄
一本书弄懂风水	郑同著	48.00	华龄
风水罗盘全解	傅洪光著	58.00	华龄
堪舆精论	胡一鸣著	29.80	华龄
堪舆的秘密	宝通著	36.00	华龄
中国风水学初探	曾涌哲	58.00	华龄
全息太乙(修订版)	李德润著	68.00	华龄
时空太乙(修订版)	李德润著	68.00	华龄
故宫珍本六壬三书(上下)	张越点校	128.00	华龄

书　　名	作者	定价	版别
大六壬通解(全三册)	叶飘然著	168.00	华龄
壬占汇选(精抄历代六壬占验汇选)	肖岱宗点校	48.00	华龄
大六壬指南	郑同点校	28.00	华龄
六壬金口诀指玄	郑同点校	28.00	华龄
大六壬寻源编(全三册)	(清)周螭辑录	180.00	华龄
六壬辨疑　毕法案录	郑同点校	32.00	华龄
大六壬断案疏证	刘科乐著	58.00	华龄
六壬时空	刘科乐著	68.00	华龄
御定奇门宝鉴	郑同点校	58.00	华龄
御定奇门阳遁九局	郑同点校	78.00	华龄
御定奇门阴遁九局	郑同点校	78.00	华龄
奇门秘占合编:奇门庐中阐秘·四季开门	(汉)诸葛亮撰	68.00	华龄
奇门探索录	郑同编订	38.00	华龄
奇门遁甲秘笈大全	郑同点校	48.00	华龄
奇门旨归	郑同点校	48.00	华龄
奇门法窍	(清)锡孟樨撰	48.00	华龄
奇门精粹——奇门遁甲典籍大全	郑同点校	68.00	华龄
御定子平	郑同点校	48.00	华龄
增补星平会海全书	郑同点校	68.00	华龄
五行精纪:命理通考五行渊微	郑同点校	38.00	华龄
绘图三元总录	郑同编校	48.00	华龄
绘图全本玉匣记	郑同编校	32.00	华龄
周易初步:易学基础知识36讲	张绍金著	32.00	华龄
周易与中医养生:医易心法	成铁智著	32.00	华龄
增广梅花易数(精装)	刘恒注	98.00	华龄
梅花心易阐微	(清)杨体仁撰	48.00	华龄
梅花心易疏证	杨波著	48.00	华龄
梅花易数讲义	郑同著	58.00	华龄
白话梅花易数	郑同编著	30.00	华龄
梅花周易数全集	郑同点校	58.00	华龄
梅花易数	(宋)邵雍撰	28.00	九州
梅花易数(大字本)	(宋)邵雍撰	39.00	九州
河洛理数	(宋)邵雍述	48.00	九州
易数钩隐图 大易象数钩深图	(宋)刘牧 撰	58.00	九州
周易正义	(魏)王弼注	78.00	九州
周易本义	(宋)朱熹 撰	68.00	九州
周易集注:易经来注图解(上下)	(明)来知德 撰	88.00	九州
周易禅解	(明)释智旭 撰	58.00	九州
周易尚氏学(上下)	(清)尚秉和著	78.00	九州
船山易学集成(上下)	(清)王夫之著	158.00	九州

书　　名	作者	定价	版别
一本书读懂易经	郑同著	38.00	华龄
白话易经	郑同编著	38.00	华龄
知易术数学:开启术数之门	赵知易著	48.00	华龄
术数入门——奇门遁甲与京氏易学	王居恭著	48.00	华龄
周易虞氏义笺订(上下)	(清)李翊灼校订	78.00	九州
阴阳五要奇书	(晋)郭璞撰	88.00	九州
中国风水史	傅洪光撰	32.00	九州
古本催官篇集注	李佳明校注	48.00	九州
鲁班经讲义	傅洪光著	48.00	九州
天星姓名学	侯景波著	38.00	燕山
解梦书	郑同、傅洪光著	58.00	燕山
命理精论(精装繁体竖排)	胡一鸣著	128.00	燕山
辨方(繁体横排)	张明清著	236.00	星易
古易旁通	刘子扬著	320.00	星易
四柱预测机缄通	明理著	300.00	星易
奇门万年历	刘恒著	58.00	资料
校正增删卜易	(清)野鹤老人著	120.00	影印